Andrew Morton
Diana
Ihr neues Leben

ANDREW MORTON

DIANA

IHR NEUES LEBEN

HESTIA

Die Originalausgabe erschien unter dem Titel
Diana. Her new life by Michael O'Mara Books Ltd., London

Aus dem Englischen von Heike Rosbach
Umschlagentwurf und Gestaltung: Werbeagentur Zeuner, Ettlingen
Umschlagfoto: Mark Thompson/Popperfoto (Vorderseite).
David Hartley/Rex Features (Rückseite)
Satz: MPM, Wasserburg
Druck und Bindung: Mohndruck Graphische Betriebe, Gütersloh
Printed in Germany 1994

ISBN 3-89457-053-9

Inhalt

Vorwort

Die Veröffentlichung von *Diana. Ihre wahre Geschichte* sorgte weltweit für Schlagzeilen, und das Buch entwickelte sich zu einem internationalen Bestseller. Diesen Erfolg verdankte es nicht nur der Popularität seiner Hauptperson. Genauso ausschlaggebend war die Tatsache, daß darin mit einem ehernen Gesetz des Journalismus gebrochen wurde: Die Quellen, die mir die detaillierten Informationen über die königliche Familie lieferten und die der Prinzessin offensichtlich nahestanden, hatte ich mit ihrem vollen Namen genannt.

Dadurch hielten zwar die in dem Buch aufgestellten Behauptungen den heftigen Angriffen von seiten des britischen Establishments und der Medien stand. Es bedeutete aber auch, daß meine Informanten plötzlich ungerechtfertigterweise Opfer einer Hexenjagd wurden, in deren Verlauf ihre eigene Integrität und ihre Lebensumstände ständig und oftmals unangenehm durchleuchtet wurden – und das lediglich, weil sie den Mut aufgebracht hatten, die Wahrheit über Dianas unglückliches Leben in der königlichen Familie zu erzählen.

Seit damals ist eine lange Zeit vergangen. Die Enthüllungen des Buches, die zu Anfang auf verächtliche Ablehnung und Skepsis stießen, werden inzwischen nicht mehr angezweifelt. Die nicht zu übersehende Rivalität zwischen dem Prinzen und der Prinzessin von Wales und die Versuche seitens des Buckingham-Palasts, das angeschlagene Image des Hauses Windsor aufzupolieren, haben noch viel mehr Leute aus dem königlichen Umkreis veranlaßt, frei und offen über die Wirklichkeit der modernen Monarchie zu sprechen.

Diese Bereitschaft zur Offenheit hat allerdings Grenzen. Denn die betreffenden Personen wissen, was auf sie zukommt, wenn sie an die Öffentlichkeit treten: Ununterbrochen klingelt das Telefon, in der Presse erscheinen Artikel, zur frühen

Morgenstunde klopft es an der Haustür. Bei den Nachforschungen zu *Diana. Ihr neues Leben* wurde deshalb gleich zu Anfang entschieden, daß diesmal niemand namentlich genannt würde und daß ferner alle, die von den Medien angegangen würden, jede Verbindung zu dem Buchprojekt abstreiten sollten. Zitate, die nicht mit dem Namen des Urhebers belegt sind, können die Glaubwürdigkeit des Buches beeinträchtigen, doch die Authentizität der Kommentare und der Analysen wird dadurch nicht geschmälert; das ist der Preis, der leider zu zahlen ist. Ich danke aus tiefstem Herzen all jenen, die mit mir bei den Recherchen zu *Diana. Ihr neues Leben* zusammenarbeiteten. Ohne die Hilfe so mancher alter – und neuer – Freunde wäre das Buch nicht möglich gewesen. Und wie immer danke ich meinem Verleger Michael O'Mara für sein kluges Urteilsvermögen und meiner Frau Lynne für ihre Selbstbeherrschung unter oft nervenaufreibenden Umständen.

Andrew Morton
September 1994

1

Die Gefangene von Wales

Wofür ist eine Prinzessin eigentlich da? Oder, genauer gefragt, was für einen Sinn macht eine unzufriedene, in Trennung lebende Prinzessin von Wales? Eine Frau, die sich häufig selbst als »größte Prostituierte der Welt« sieht, die den ihr fremd gewordenen Ehemann, Prinz Charles, ironisch als »die große weiße Hoffnung« und die königliche Familie als »die Leprakolonie« bezeichnet? Was soll man von einer Prinzessin halten, die gelobt hat, sie wolle es mit der Welt aufnehmen, und sich dann aus ihr zurückzieht; einer Frau, die jubiliert, daß sie den stählernen Fesseln einer hoffnungslos unglücklichen Ehe entronnen ist, und sich doch nicht zur Scheidung entschließen kann? Was soll man von einer desillusionierten *royal* halten, die Freunden erzählt: »Ich muß unbedingt aus diesem Höllenloch heraus«, und der es dennoch anscheinend widerstrebt, das Diadem zurückzugeben?

Die echte Verwirrung und Gewissenserforschung der Prinzessin von Wales, als sie versuchte, mit ihrem neuen Status als gefallenes Idol fertig zu werden, wurde weltweit von der Öffentlichkeit mitverfolgt. Diese wiederum suchte eine Frau neu einzuschätzen, die – bis zu ihrer Trennung – eine exquisite Rätselgestalt darstellte, eine angebetete heilige Madonna, deren schwer faßbare Persönlichkeit eine weiße Leinwand war, auf die wir unsere Phantasien und Träume aufmalen durften. Jene unschuldigen Tage der Diana mit den Rehaugen, die von Kindern Blumensträußchen entgegennimmt, scheinen inzwischen genauso lange zurückzuliegen wie die von Mrs. Thatcher mit ihrem Pomp. Seit dieser Zeit hat die königliche Göttin, allzu öffentlich, demonstriert, daß unter der glänzenden Oberfläche ein mit Fehlern behaftetes menschliches Wesen steckt, das zu Zweifeln und Unentschlossenheit neigt und leicht durch Kritik zu verletzen ist. Auch lebende Legenden bluten. »Ich bin nicht einfach ein Stück Fleisch«, beklagte sich Marilyn Monroe kurz vor ihrem tragischen Tod, ein Gefühl, das die Prinzessin ebenfalls kennt, die ernsthaft den Wunsch hegt, eine eigenständige Persönlichkeit zu werden.

Seit ihrer Trennung im Dezember 1992 standen die Prinzessin und der Prinz von Wales tagtäglich vor dem Richterstuhl von Presse und Öffentlichkeit. Deren wankelmütige Stimmungen und willkürliche Rügen verraten uns viel über die Gesellschaft und insbesondere ihre Unfähigkeit, mit einer Frau zurechtzukommen, die sich in kein Muster fügt. Die königliche Trennung löste, wie ein Kommentator anmerkte, »einen Rückfall in frauenfeindliche Empörung aus, der wirklich schockierend war«. Diana reagierte abwechselnd beunruhigt, entrüstet und frustriert, als sie erleben mußte, daß die ihrer Ansicht nach wahre Seite der Angelegenheit von den Medien und der Öffentlichkeit verhöhnt oder ignoriert wurde, da sie die Grenzen ihrer Stellung erst mit reichlicher Verspätung erkannte. Tatsächlich kann man die Debatte um den Fall von O. J. Simpson in den Vereinigten Staaten auf eine Stufe stellen mit dem Eingeständnis des Prinzen von Wales vor laufenden Fernsehkameras, daß er seiner Frau untreu war. Beide Ereignisse werfen die Frage auf, wie die Gesellschaft sich auf die Seite ihrer »Helden« schlägt, wenn diese straucheln. Die enthusiastische Unterstützung des ehemaligen Profifußball-Stars, der sich eine Zeitlang dem Zugriff der Justiz entzog, ist ein Spiegelbild der populären Beifallsstürme und Lobeshymnen für »den Mut und die Ehrlichkeit« des Prinzen, die dieser mit seinem Geständnis, daß er seine Frau fast während der ganzen Zeit ihrer Ehe betrogen hatte, bewiesen habe. Diana weiß sehr wohl, daß man sie, hätte sie ein ähnliches Geständnis abgelegt, als »schlechte Mutter« gebrandmarkt hätte und eine Reihe von selbstgerechten Parlamentsabgeordneten, Kirchenmännern und Kolumnisten sie mit widerlichen Angriffen überschüttet hätten.

Das ist keineswegs eine Übertreibung. Als die unrühmlichen »Zehennuckel-«Bilder der bereits getrennt lebenden Herzogin von York veröffentlicht wurden, sah sich Fergie einer quasi-rituellen öffentlichen Demütigung ausgesetzt. Wenn man Diana bei einer harmlosen Liebkosung oder unschuldigen Umarmung eines Mannes ertappen würde, der nicht ihr Ehemann ist, dann würde eine Flüsterkampagne losbrechen, das weiß sie. Es ist ihre größte Sorge, daß die einflußreichste und meistgefürchtete Familie von Britannien ihr die Kinder wegnehmen könnte. Charles kann zwar über seine Freundschaft mit Camilla Parker-Bowles reden. Die Prinzessin jedoch weiß um die Existenz einer königlichen Anstandsregel, gegen die sie nicht verstoßen kann, nämlich gegen das ungeschriebene Gesetz, daß sie sich keinen anderen Mann suchen darf. Deshalb gibt sie beispielsweise nie Dinnerpartys im Kensington-Palast, aus Angst, diese könnten falsch ausgelegt und irgendwelche anwesenden alleinstehenden Männer könnten zum Freiwild für die stets wachsamen Medien werden.

Es ist eine ungute Situation, die durch den gefühlsbetonten Charakter der Prinzessin noch schlimmer wird. Diana ist eine feinfühlige, herzliche Frau, die sich nach der Art von Wärme und Kameradschaft sehnt, die eine Liebesbeziehung bietet und die ihr so lange vorenthalten wurde. Doch ihre Ängstlichkeit hält sie instinktiv davon ab, neue emotionale Bindungen einzugehen, solange der augenblickliche Status quo sich nicht ändert. Da sie fast all die Jahre, seit sie erwachsen ist, in einer kalten und distanzierten Ehe eingesperrt war, hat die Prinzessin ihre Liebe in andere Richtungen kanalisiert. Extravagante Geschenke sind für sie eine Möglichkeit, Zuneigung zu zeigen, und sie umgibt sich mit materiellen Besitztümern, die ihr die Isolation erträglicher machen sollen. Sie beschützt ihre Söhne zu sehr, genau wie viele alleinerziehende Mütter es tun, ist aufgrund ihrer Einsamkeit allzu vertraulich mit ihrem Personal und entnervend offen gegenüber völlig Fremden, denen sie bei ihrer karitativen Tätigkeit begegnet. Wie eine Freundin feststellt: »Für die anderen macht sie immer alles, sie muß anfangen, etwas für sich selbst zu tun. Da sie so unsicher ist, will sie dafür gelobt und verherrlicht werden, daß sie eine Märtyrerin ist.« Dieser Charakterzug fiel auch der Kolumnistin Lynda Lee-Potter auf, als die Prinzessin im Juli 1993 von ihrer Zimbabwe-Reise zurückkehrte:

Sie hat sich mit fanatischem Eifer diesem Leben des Helfens verschrieben. Es wurde zu einem Ersatz für die liebevolle Ehe, nach der sie sich so sehr sehnte ... Zweifellos gibt es in ihrem Leben Raum für die Arbeit, von der sie besessen ist.

11

*Doch solange sie sich nicht Zeit für sich selbst nimmt und
den Mut hat, wieder Verletzlichkeit zuzulassen, wird sie
niemals ein reifer und persönlich erfüllter Mensch werden.*

Als Diana den Artikel las, bestätigte sie reuevoll die darin
beschriebenen Gefühle: »Na, damit hat sie aber den Nagel auf
den Kopf getroffen.«

Dieses Leben, in dem Diana keine offizielle Funktion mehr
hat, wird unter anderem an der Vielzahl von sportlichen
Aktivitäten und Therapien deutlich, die sie mit Verve betreibt
und die doch nur einen hohlen Ersatz für aufrichtige Liebe und
Zuneigung darstellen. Sie sucht Trost in den Sitzungen mit ihrer
Astrologin Debbie Frank, deren Mutmaßungen über das
Schicksal von Prinz Charles und ihr eigenes Geschick Dianas
Gefühle der Erneuerung und des Optimismus in der einsamen
Welt, in der sie lebt, stärken. Da sie so sehr unter Liebesentzug
leidet, bezahlt sie für sinnliche Vergnügen an den von ihr selbst
so genannten »Hätschel-Diana«-Tagen, an denen eine Reihe
von Therapeuten ihr die Wonnen der Tiefengewebsmassage,
Aromatherapie, Akupunktur, Kopfmassage und Osteopathie
verschaffen. In ihrem einsamen Leben ist das Telefon ihr
treuester Freund. Stundenlang plaudert sie jeden Tag mit
Freunden, schüttet ihnen ihr Herz aus und kaut mit ihnen den
ihr fremd gewordenen Ehemann und die königliche Familie
durch. Dieses Bedürfnis nach Gesellschaft, selbst nach einer
räumlich weit entfernten, ist sie wieder teuer zu stehen gekommen. Im August 1994 wurde sie beschuldigt, ihren Freund, den
Kunsthändler Oliver Hoare, mit Anrufen zu belästigen. Während sie selbst diesen Vorwurf mit aller Heftigkeit abstritt,
waren ihre Freunde der Ansicht, dieses Verhalten sei ein
Zeichen ihrer konstanten Not.
      Das Gefühl emotionaler Isolation wird durch ihre weltweite
Berühmtheit nur noch verstärkt, denn sie erlebt Tag für Tag die
Art von Einsamkeit, die nur jemand in ihrer besonderen Stellung wirklich nachvollziehen kann. »Sie hat das Gefühl, in einem Gefängnis zu sitzen, nicht nur in einem Goldfischglas, sondern – ihrem eigenen Erleben nach – in einem Gefängnis, aus
dem es keinen Weg ins Freie gibt und in dem sie niemanden
hat, an dessen Schulter sie sich mal ausweinen kann. In solch

einem Raum gefangen zu sein, ist fürchterlich«, sagt ein Berater. In ihrem festungsartigen Palast weiß Diana, daß sie sich, jedesmal wenn sie durch die Vordertür hinausgeht, hilflos den Fängen des Schicksals ausliefert. Aufgrund ihrer Verletzlichkeit sorgt sie sich ohne Unterlaß um ihren Platz und ihre Position. So sagte sie einen Kinobesuch ab – sie wollte den Film *What's Love Got to Do with It?* über das Leben der Sängerin Tina Turner sehen, der sich um die stürmische Beziehung zu ihrem Ehemann dreht –, da dies vielleicht falsch ausgelegt worden wäre. »Keine gute Idee«, meinte Diana. Statt dessen ißt sie alleine oder mit ihrem Butler zu Abend oder sieht fern – und die Isolation ist perfekt. »Ich fühle mich im Augenblick sehr einsam, sehr seltsam. Ich habe das Gefühl, daß ich etwas Wichtiges in meinem Leben verloren habe«, sagte sie zu einem Freund kurz nach ihrem Rückzug aus dem öffentlichen Leben. Es ist eine Einsamkeit, die sie mit einer anderen »Göttin« teilt, die tief gefallen ist, mit dem Popstar Madonna. Zu bekannt, um ausgehen zu können, sitzt sie nach einem Konzert in ihrem Hotelzimmer, während alle anderen sich amüsieren. »Man empfindet eine schier unglaubliche Verlassenheit. Ja, alle Welt betet einen in einer Art Massenhysterie an, doch man ist völlig abgeschnitten von der Menschheit. Das ist die perfekte Ironie.« Diana erlebte den vielleicht schmerzlichsten von vielen derartigen Augenblicken am ersten Weihnachtsfeiertag 1993. Sie strahlte, als sie die Menschenmenge vor der Kirche in Sandringham grüßte, und ließ dann wie vereinbart die Prinzen William und Harry bei Charles und dem Rest der königlichen Familie auf dem Norfolker Landsitz der Königin. Die Prinzessin selbst kehrte in den leeren Kensington-Palast zurück, wo die Küchenchefin Mervyn Wycherley für sie ein Weihnachtsmenü vorbereitet hatte. Sie speiste allein, bevor sie ebenfalls alleine ihre Bahnen im Schwimmbad des Buckingham-Palastes schwamm. Dann, am nächsten Tag, flog sie nach Washington, um dort eine Woche mit ihrer Freundin Lucia Flecha de Lima, der Frau des brasilianischen Botschafters, zu verbringen. Da fiel die Maske von ihr ab. Sie erinnert sich: »Ich weinte auf dem ganzen Hinflug und dem ganzen Rückflug, ich hatte so großes Selbstmitleid.«

Da ihre Position ihr verbietet, eine neue Liebe zu finden, lebt die Prinzessin in der Vergangenheit und in der Erinnerung an das, was sie verloren hat. Sie empfindet eine tiefsitzende Wut über die Position, in der sie sich befindet, und ist zutiefst verzweifelt über die »Ungerechtigkeit« – ein Wort, das sie häufig verwendet – ihres Geschicks. Ihr Gefühl der Empörung richtet sich gegen eine Institution, an deren Maßstäbe und Werte sie einmal geglaubt hat und von der sie hintergangen wurde; sie empfindet Bitterkeit gegenüber einem Ehemann, der sie zugunsten einer anderen zurückgewiesen hat, und Entrüstung über diejenigen, vor allem in den Medien, die sich zu sehen weigern, was sie als die Ungerechtigkeit ihrer Situation betrachtet. Sie blickt auf ihr sorgloses Junggesellinnenleben in Coleherne Court »als die glücklichste Zeit meines Lebens« zurück. Sie erinnert sich: »Bevor ich in die königliche Familie einheiratete, kannte ich weder Eifersucht noch Depressionen, noch Unglücklichsein. Es ging mir so wunderbar als Kindergarten-Erzieherin, an so etwas habe ich nicht einmal gedacht.«

Die Prinzessin trauert um eine gescheiterte Ehe und eine verlorene Unschuld, während sie verzweifelt nach einem neuen Leben sucht. »Sie war eine süße und unschuldige Blume, die grausam geknickt wurde«, behauptet ein Freund. »Sie erwarteten von ihr, daß sie die lebende Aufopferung für die Monarchie sei, während Charles vollauf damit beschäftigt war, sie hinter ihrem Rücken zu betrügen. Sie hat ihr ganzes Erwachsenenleben lang mit einer Lüge gelebt.« Es war kein Zufall, daß die Prinzessin, als sie ein Exemplar von *Das Charme-Syndrom* erhielt, in dem beschrieben wird, wie Männer von hohem sozialem Status ihre Frauen isolieren und dann systematisch manipulieren, das Buch in einem Tag ausgelesen hat. Während ihrer Ehe machte sie ihrer Enttäuschung Luft, indem sie sich lautstark mit Prinz Charles stritt und dann, wenn sie von der Schlacht genug hatte, in ihr Schlafzimmer ging und mit einem Tennisschläger auf ihr Bett einschlug. Oder sie setzte sich in ihren Wagen und raste durch die Gegend, bis sie sich beruhigt hatte. Heute bekommen es Fotografen mit ihrer scharfen Zunge zu tun, obwohl sie zahlreiche New-Age-Therapien ausprobiert, die ihre Wut kanalisieren sollen. Ihre regelmäßigen »hohen Einläufe«, eine Wasserbehandlung, die Gifte aus dem Dickdarm spült, sind ein Tonikum, da sie, mit ihren eigenen Worten, »den ganzen Haß aus mir herausholen«. Jeweils donnerstags sucht sie eine Klinik am Beauchamp Place auf, wo sie eine Darmspülung bekommt und Sitzungen zum Abreagieren ihrer Wut absolviert, in denen die walisische Therapeutin Chryssie Fitzgerald sie zum Schreien und Heulen ermutigt, während sie ihren Zorn an einem Punchingball ausläßt. Daraus haben sich richtiggehende Boxstunden mit einem schwarzen Boxer, einem Freund von Chryssie Fitzgerald, entwickelt. Die Prinzessin trainiert regelmäßig an Gewichten, um die Oberarme für diese anstrengenden Stunden zu kräftigen. Dieses Bedürfnis, mit den inneren Dämonen fertig zu werden, hat sie auf zwielichtige Seitenwege in der Welt der New-Age-Therapie geführt. Im Kensington-Palast empfing sie den Harley-Street-Hypnotherapeuten Roderick Lane, der später als Buchbinder auf Windsor Castle entlarvt wurde. Er redete Diana zu, ihre Wut sichtbar zu machen, sie in einen imaginären Kamin zu schleudern und dort zu verbrennen.

Ihre Wahrsager meinen, 1994 werde das Jahr sein, in dem sie mit der Wut, die sie empfindet, fertig würde, eine kurze Umschreibung dafür, daß Diana nun in der Lage sein werde, die Vergangenheit hinter sich zu lassen und eine neue Richtung einzuschlagen. Manchmal setzt sie ihr Gefühl der Wut als Ausrede und Barriere gegen ein Weitermachen ein und legt damit wieder einmal ihr selbstverordnetes Märtyrertum an den Tag. Im Winter 1993 zum Beispiel bot ihr der Motivations-Guru Anthony Robbins an, ihr in einem Washingtoner Hotel ein Privatseminar zu geben. Er und seine Frau hatten die Prinzessin zuvor im Kensington-Palast kennengelernt, und man bewunderte sich gegenseitig sehr. Sie mochte seinen Drive, seine Energie und seinen Optimismus, während der millionenschwere Seminarleiter den Eindruck hatte, daß unter dem Schleier des Leidens und der Traurigkeit, der die Prinzessin umgibt, eine tapfere und starke Frau stecke, die schon die Bereitschaft gezeigt habe, es mit schwierigen Problemen und Herausforderungen aufzunehmen. Der Plan wurde aus vielerlei Gründen fallengelassen, unter anderem, weil sie glaubte, sie müsse erst ihre Wut besiegen, bevor sie diese Art Crashkurs angehen könne, der ihr vielleicht zu einem positiveren Leben verhelfen könnte.

Wie tief die Wut sitzt, läßt sich an ihrem Flirt mit der römisch-katholischen Kirche ablesen. Sie hat eine Reihe von katholischen Freundinnen, darunter Rosa Monckton, Lucia Flecha de Lima und Mutter Teresa aus Kalkutta, und die Prinzessin liebt den Prunk des katholischen Gottesdienstes. Sie glaubt, sie sei in einem früheren Leben Nonne gewesen, und weiß, daß einer ihrer Spencer-Vorfahren heiliggesprochen werden könnte. Doch ernsthaft geweckt wurde ihr Interesse erst durch die Erkenntnis, daß ihre Ehe nach katholischem Kirchenrecht annulliert werden könnte. Und zwar mit der Begründung, ihr Ehemann habe sein Ehegelöbnis in zynischer Verachtung von dessen Bedeutung abgegeben, denn Diana glaubte, daß Charles zu der Zeit ein Verhältnis mit einer anderen Frau hatte. Sie könnte plädieren, daß sie, gerade erst zwanzig, noch nicht reif genug gewesen sei, die Bedeutsamkeit dieses Schrittes voll zu erfassen. Die Idee war verlockend, aber letztlich abstrus. Denn wenn ihre Ehe annulliert würde, wären ihre Kinder unehelich. Sie hat die Idee inzwischen fallengelassen. »Ich kann genausogut Buddhistin oder Muslimin werden, wie ich zum Katholizismus übertreten kann«, hat sie Freunden gesagt.

Genauso groß, wie das Bedürfnis, sich für die Zurückweisung zu rächen, ist ihre anhaltende Besessenheit von der Beziehung, die einen langen Schatten auf ihre Ehe warf. Obwohl sie vorgibt, das Schicksal von Prinz Charles und Camilla Parker-Bowles sei ihr gleichgültig, beobachtet sie doch mit Adleraugen jeden ihrer Schritte und saugt jedes Fitzelchen Tratsch über sie auf, das sie kriegen kann. Nur wenige Monate nach ihrer Trennung kam sie dahinter, wo die beiden sich trafen. Sie beschaffte sich eine amtliche topographische Karte in großem Maßstab, kennzeichnete das Haus mit einer Nadel und erkundete dann die Routen, welche die beiden benutzten, um nicht entdeckt zu werden. Zusammen mit einem ihrer Wahrsager erstellte sie Camillas Horoskop – die wie Diana im Sternzeichen Krebs geboren ist – und sann dann über die Konstellationen nach. Sie dachte mit grüblerischer und morbider Faszination über deren Schicksal nach, stellte sich und ihren Freunden die Frage, ob sie wohl miteinander glücklich würden, oder ob er jemals den Mut aufbringen würde, für eine Frau, die er nach Dianas Ansicht wirklich liebt, auf den Thron zu verzichten. Ab und an empfindet sie Mitgefühl für das Elend der beiden. »Er wird sie nicht aufgeben, und ich bin ihm wohlgesonnen«, erzählte sie einem Freund. »Ich würde ihm das gerne eines Tages persönlich sagen.« Diese Stimmung schlägt schnell in Vorwürfe um. Wenige Tage, nachdem im Juni 1994 Jonathan Dimblebys Dokumentation *Charles: The Private Man, The Public Role* im

Fernsehen ausgestrahlt worden war, in der er für seinen »Mut« gelobt wurde, seine Untreue zu gestehen, erzählte Brenda Stronach, die ehemalige Frau von Charles' Kammerdiener, einer Sonntagszeitung, wie die Mitarbeiter des Prinzen und die Polizei auf Highgrove sich verschworen hätten, Diana über die Liebesbeziehung ihres Mannes zu täuschen. Sie verriet, daß Diana regelmäßig von ihnen über den Verbleib von Charles belogen worden war, daß sie ihr sogar einen Autounfall, in den der Prinz verwickelt war, verheimlicht hatten. Brenda Stronachs Schilderung nach hatte die Umgebung des Prinzen mit Vorliebe den Trick angewandt, in der TV-Programmzeitschrift *Radio Times* Sendungen einzukringeln, so daß Diana den Eindruck vermittelt bekam, Charles habe sich zu Hause einen ruhigen Abend gemacht. Dieses fortwährende Doppelspiel hat den Kammerdiener von Prinz Charles, Ken Stronach, gesundheitlich derart belastet, daß er unter starken Kopfschmerzen litt.

Brenda Stronach, die dieses Tun mitbekam, meinte dazu: »Es war eine betrügerische und grausame Verschwörung. Ich hatte immer Mitleid mit dem armen Mädchen. Es brach mir das Herz zu sehen, in welchen Zustand sie sich brachte.« Als die Prinzessin diese Geschichte las, wurde sie von bitteren und schmerzlichen Erinnerungen überwältigt. Kochend vor Zorn schrieb sie Prinz Charles eine knappe Notiz: »Könnte ich diese Kommentare doch als Lüge abtun. Highgrove war auch mein Zuhause.« Ihr fiel ein, daß diese Leute ihr, als sie sie das erstemal wegen der Untreue von Prinz Charles befragte, geantwortet hatten, ihr Verdacht sei unbegründet. Als ihre Freunde über Charles' Verhältnis sprachen, wurden sie der Übertreibung bezichtigt. Schließlich wurde Diana als »geistig labil« abgetan, da sie derartige Gedanken hege – ein Trick, der im kommunistischen Rußland erfolgreich gegen aufmüpfige Intellektuelle angewandt wurde.

Doch das war nur eine weitere aus dem Hinterhalt abgefeuerte Salve in einer Beziehung, die sich bis zu wechselseitigen Verdächtigungen verschlechtert hatte. Die beiden drücken ihr Bedauern über das Scheitern ihrer Ehe gegenüber ihren Freunden aus – oder vor Fernsehkameras –, aber sie können es sich nicht persönlich sagen. Auch weisen sie nur zu gerne gegenüber anderen auf die Schwächen des Ehepartners hin. Bei der Hochzeit von Prinzessin Margarets Tochter, Lady Sarah Armstrong-Jones, nahm die Prinzessin an der kirchlichen Trauung teil, die von einer Menschenmenge und den Medien begeistert verfolgt wurde, und blieb dem Empfang fern, der privat in Clarence House, dem Londoner Wohnsitz der Königinmutter, stattfand. Prinz Charles meinte während der Trauungszeremonie süffisant zur Königin, es sei interessant, daß Diana lieber den offiziellen als den privaten Teil der Feier besuche, wo sie sich doch aus dem öffentlichen Leben zurückgezogen habe. Genausowenig entging dem entfremdeten Ehemann ihr Auftritt an der Kirchentür, in praktischer Nähe zur offiziellen Kameraposition. Aber Diana kann genauso gehässig sein. Als sie und die Jungen das Haus eines Freundes besuchten, sahen sie sich ein paar Landschaftsbilder an, die ein Amateur gemalt hatte. »Sie sind nicht so gut wie die von Papa«, meinten die Jungen loyal. Die Prinzessin sagte darauf: »Oh, aber er hatte jede Menge Hilfe.«

Es wurmt sie, daß ihr Mann, während sie damit kämpft, mit ihrem jetzigen Leben fertig zu werden, sich nicht dafür zu interessieren scheint, wie es ihr geht. »Da konnten Sie ja eine rührselige Geschichte erzählen«, lautete eine oft zitierte Bemerkung, die er gegenüber einer Frau machte, nachdem sie gestanden hatte, daß sie auch die Prinzessin von Wales getroffen hatte. Diese öffentliche Ablehnung spiegelt seine private Gleichgültigkeit wider. Als einer der Gäste bei einer Dinnerparty jammerte, er würde gerne seine ihm fremd gewordene Frau zurückgewinnen, warf Charles ein: »Nun, ich nicht.« Sie beeinflußt heute sein Leben so wenig, daß er sich, als sie ihn anrief, um sich für sein Geburtstagsgeschenk zu bedanken – sie ist jetzt dreiunddreißig Jahre alt –, nicht einmal erinnern konnte, was es war. Tatsächlich war es ein Strohhut mit Blumen, und die Prinzessin hatte entschieden den Eindruck, daß ihn in Wirklichkeit einer seiner Mitarbeiter gekauft hatte.

Diana ist eine verhöhnte, aber auch eine einsame und verlassene Frau. Als junges Mädchen aus kaputtem Elternhaus hatte sie gelobt, sie würde nur aus Liebe heiraten und sich niemals scheiden lassen. Doch obwohl sie sich getrennt haben, wird sie nie die erste Zeit vergessen, als ihr Eheleben diese Versprechung und Hoffnung noch erfüllte. Sie ist noch immer seine Frau und wird stets die Mutter seiner Kinder bleiben. Ihre Muttergefühle, die anfänglich Charles zu ihr hinzogen, sind stark. Anstatt ihr eigenes Leben zu führen, macht sie sich dauernd Gedanken um seine Pläne, seine Gesundheit und sein öffentliches Image und fragt sich, ob er König werden wird. Diese Gefühle werden nicht nur durch ihren Ehrgeiz und die beidseitige Rivalität wachgehalten, sondern auch durch den Rest an Zuneigung, den sie noch immer für den Prinzen von Wales empfindet. »Er sieht ganz grau aus«, sagt sie und quält sich wegen seiner hohen Arbeitsbelastung, wie sie es in den Tagen ihrer jungen Liebe tat. »Wann wird er es endlich begreifen?« fragte sie gluckenhaft und liebevoll, als sie erfuhr, daß er sich wieder einmal beim Polospiel verletzt hatte. Es gibt eine ganze Reihe von Leuten in ihrem Umkreis, die meinen, daß sie ihn noch immer liebt, und glauben, wenn er nur klein beigebe, sie für das, was sie erreicht hat, lobe und wegen seiner Untreue um Verzeihung bitte, würde sie ihn wieder aufnehmen. Ein Freund, der ihr genau diese Frage stellte, erinnert sich an ihre Antwort: »Ich wäre völlig platt und würde ihm vergeben.« Je weiter sich die Vergangenheit entfernt, desto glorreicher erscheint sie ihr, werden die guten Zeiten in der Erinnerung lebendiger.

Ihr instinktiver Impuls, ihm zu vergeben, deutet auf die Tragödie ihrer gescheiterten Beziehung. Wenn sie ihr unausgefülltes Leben betrauert, wird sie plötzlich von Tränen übermannt. Die Prinzessin mußte eines Abends feststellen, daß sie weinte, als sie den Liebesfilm *Ein unsittliches Angebot* sah. Der Film handelt von einem reichen Mann, gespielt von Robert Redford, der der glücklich verheirateten Demi Moore eine Million Dollar bietet, damit sie mit ihm schläft. Sie nimmt zwar das Angebot an, doch am Ende triumphiert die wahre Liebe, und sie versöhnt sich wieder mit ihrem liebevollen und beschützenden Ehemann, den der *Cheers*-Schauspieler Woody Harrelson darstellt. Sein Satz »Ich würde meine Frau mit niemandem teilen«, schlug in Dianas Herz eine Saite an, und sie mußte feststellen, daß sie zum Taschentuch griff.

Unschuldige Bemerkungen treffen sie tief, reißen alte Wunden in ihrem Herzen von neuem auf. Als sie hörte, wie die Jungen bei ihrer Rückkehr aus Highgrove sagten: »Papa liebt dich wirklich, Mami«, kämpfte sie mit den Tränen. Ihre Söhne sind ihr eine Quelle fortwährenden Trostes und stehen, vor allem Prinz William, im Mittelpunkt ihrer Ambitionen. Doch wenn sie mit ihnen zusammen ist, merkt sie, was sie verloren hat, und wenn sie nicht bei ihr sind, erkennt sie, wie wenig Einfluß sie mittlerweile auf ihr Leben hat. Die Jungen, besonders William, spüren das. Während sie sie beschützt – ihr Wohlergehen steht bei allen juristischen Verhandlungen an oberster Stelle –, verhalten sie sich auch ihr gegenüber zunehmend beschützend. Zum Beispiel weigern sie sich, mit Fotografen zusammenzuarbeiten, wenn sie meinen, diese hätten »Mami« schlecht behandelt. »Warum beschützt Papa sie nicht?« fragte William einmal.

Von Natur aus ein schüchterner, empfindsamer Junge, ist William in dem emotionalen Aufruhr der letzten paar Jahre am stärksten verletzt worden. Eine Zeitlang litten seine schulischen Leistungen darunter, und die Prinzessin besuchte Gerald Barber, den Rektor der Ludgrove School, um mit ihm über eine Verbesserung der schlechten Noten zu sprechen. Auf den ersten Blick sind die Prinzen genau wie alle anderen ausgelassenen Schuljungen. Sie verbringen ihre Zeit mit Go-Kartfahren, Radeln und Computerspielen. »Sie sind wie normale Kinder und wirklich nett«, sagte der Go-Kart-Kamerad Gareth Howell. »Sie mögen genau die gleichen Dinge wie andere Jungen ihres Alters.« Abgesehen davon, daß sie niemals wie andere Jungen sein können. In der Schule sind sie die einzigen, die Kriminalbeamte um sich haben, die einzigen Schüler, die jeden Sonntag im Büro des Rektors abgeschirmt mit ihrer Mutter telefonieren dürfen, die einzigen, deren Vorräte an Näschereien mit Schlössern gesichert sind und die ihre Schulfreunde beauftragen, Briefe »vom Feind« zu verstecken. Williams manchmal ernster Gesichtsausdruck, seine unnatürliche Vorsicht und emotionale Reife passen zu seiner zukünftigen Rolle. Als der Prinzessin eine Stellung bei RSPCA, einer Tierschutzorganisation, angeboten wurde, riet ihr der älteste Sohn, der gerne zur Jagd geht, davon ab. »Jedesmal wenn ich ein Tier töte, werden sie dich angreifen«, bemerkte er scharfsinnig. Sie befolgte seinen Rat und erzählte stolz Freunden: »Manchmal kommt er mit den Sprüchen eines Dreißigjährigen, und dann wieder will er das Gefühl der Sicherheit haben, das alle Kinder brauchen.«

Während Prinz Charles wünscht, daß die Jungen seinen Fußstapfen folgen und in die Streitkräfte eintreten, legt die Prinzessin größten Wert darauf, ihren Kindern einen weiteren Horizont zu zeigen als etwa die Moorhühner von Balmoral. Sorgfältig bereitet sie die Jungen auf ihre Bestimmung vor und »führt sie sanft« ins öffentliche Leben ein, indem sie die beiden ermuntert, bei Mitarbeiterpartys Reden zu halten und privat Wohltätigkeitseinrichtungen zu besuchen. Ihr Ehrgeiz reicht weit darüber hinaus, ihnen gutes Benehmen und Empfindsamkeit für die Gefühle anderer beizubringen. Sie ergeht sich in Andeutungen über einen Traum, der das Haus Spencer in Konkurrenz zu dem Haus Windsor stellen würde. Wie sie Freunden erzählt: »Wenn ich selbst das Drehbuch schreiben könnte, würde ich hoffen, daß mein Mann mit seiner Angebeteten verschwindet und den Titel von Wales mir und den Kindern überläßt, bis William den Thron besteigt. Ich würde die ganze Zeit hinter ihnen stehen.« Ihr Traum, der durch endlose Diskussionen mit ihren Wahrsagern und Beratern über die Möglichkeit, daß Charles seine Stellung aufgibt, bestärkt wird, wird nichts weiter bleiben als – Wunschdenken. Prinz Charles und seine Familie sind entschlossen zu verhindern, daß Diana, mag sie eines Tages auch die Mutter des Königs sein, jemals zur Königsmacherin wird.

Wie wild ihre Phantasien auch sein mögen, die Prinzessin muß sich der alltäglichen Realität ihres entrechteten königlichen Status stellen. Nicht nur, daß sie an den äußersten Rand königlichen Lebens gedrängt worden ist, sie mußte auch hilflos zusehen, wie die königliche Familie auf die sanfte Tour die Rolle unterminierte, die ihrem Leben die größte Erfüllung gab, nämlich die einer liebevollen Mutter. Als sie dahinterkam, daß Prinz Charles eine »Ersatzmutter« unter dem Deckmäntelchen einer Assistentin seines Privatsekretärs eingestellt hatte, konnte sie ihren Ärger kaum bezähmen. »Absolut empörend«, sagte sie zu einem Freund. Und sie setzte hinzu, hätte sie einen Ersatzvater für die Jungen engagiert, wäre ein Aufstand losgebrochen. Das Auftauchen von Alexandra »Tiggy« Legge-Bourke, einer jungen Frau in gleichem Alter und von gleichem gesellschaftlichem Status, deren Mutter Hofdame bei Prinzessin Anne ist, gehörte zu einer umfassenden Strategie, den jungen Prinzen eine zweite Familie zu schaffen, wenn sie sich bei ihrem Vater aufhalten. Die lärmige, überschäumende ehemalige Kindergarten-Erzieherin organisiert Ausflüge, nimmt sie zu Einkaufsbummeln mit und hält sie beschäftigt. Sie freundet sich mit Charles' Freunden an, dem millionenschweren Rennstallbesitzer Hugh van Cutsem und seiner Frau Emilie, die ebenfalls in die Rolle von Ersatzeltern geschlüpft sind, wenn Charles nicht da ist; William und Harry sind regelmäßig auf ihrem Anwesen in Norfolk zu Gast. Diana beobachtet diese Entwicklungen mit zornigem Schweigen. Sie zuckte zusammen, als sie Zeitungsfotos von Harry auf Tiggys Schoß im Fond eines Wagens sah, schauderte bei der Vorstellung, daß Tiggy die Jungen »meine Babys« nannte, und verzog das Gesicht, als sie erfuhr, daß sie die beiden während eines Aufenthalts auf Balmoral zum Kauf eines Geburtstagsgeschenks für Prinz Charles mitgenommen hatte. Zunächst stellte sie sich die Frage, in welcher Beziehung Tiggy zu ihrem Mann stünde, und schickte ihm eine handschriftliche Notiz, in der sie ihre Besorgnis zum Ausdruck brachte. Schließlich schnappte sie zu. Einmal konnte Charles an einem Wochenende nicht zu den Jungen nach Highgrove kommen und überließ es Tiggy, sich um sie zu kümmern. Die Prinzessin rief sie an und teilte ihr unmißverständlich mit: »Ich bin die Mutter der Jungen, herzlichen Dank.«

Ihre Proteste verpufften. Ein einsamer Neujahrstag in Washington, als sie sich bei ihrer Freundin Lucia Flecha de Lima aufhielt, machte der Prinzessin deutlich, wie weit sie sich schon entfernt hatte, nicht nur von der königlichen Familie, sondern auch von den eigenen Kindern. Sie rief in Sandringham an, wo die Jungen waren, um ihnen ein glückliches neues Jahr zu wünschen. Die Telefonistin wußte nicht, wo die beiden waren, deshalb ließ sich Diana mit der Königin verbinden. Etwas verblüfft darüber, daß Diana nicht wußte, wo sich ihre Söhne aufhielten, teilte ihr die Königin mit, sie seien mit den van Cutsems in Anmer Hall, ganz in der Nähe des Wintersitzes der Königin. Eine verlegene Diana gab zur Antwort, sie hätte einen Augenblick lang vergessen gehabt, wo sie waren.

Ihre Ambitionen für die Söhne sind verworren, ihr eigenes königliches Leben hängt in der Schwebe. In den letzten zwei Jahren war sie in heftige Kämpfe verstrickt, nicht nur um das Sorgerecht für ihre Kinder, sondern auch um die Herzen und Meinungen der britischen Öffentlichkeit. Mit ihrem Kampf um Emanzipation hat sie diese Fehde in den Palast getragen, zum Prinzen und in die Medien. Sie hat versucht, die Dämonen in ihrer Ehe und in ihrem Innern zu besiegen. Die Prinzessin von Wales lernt im Augenblick, eine eigenständige Frau zu sein: nämlich Akteurin anstelle einer Marionette und mehr noch ein Individuum anstelle einer Ikone.

2

Bleib dir selbst treu

Die berühmtesten blauen Augen der Welt weiteten sich ungläubig und sarkastisch-amüsiert, als der Mann, den sie »mein Tiger« nannte, ihre finanzielle Zukunft umriß. »Wissen Sie, wieviel Ihr Ehemann besitzt?« fragte Paul Butner, der schwer einzuschätzende Londoner Rechtsanwalt, den die Prinzessin von Wales damit beauftragt hatte, ihre Trennung von Prinz Charles zu regeln. »Also, Ihnen steht davon die Hälfte zu.«

Das war selbst für ein Mädchen, das inmitten des adeligen Prunks von Althorp House in Northamptonshire groß geworden war, respekteinflößend. Der fünfundsechzigjährige Anwalt, den Freunde von Diana auf einer knapp gehaltenen Liste von fünf Namen genannt hatten, war unnachgiebig, was ihre starke Verhandlungsposition anbelangte, und entschlossen zu verhindern, daß seine Klientin, die unter dem Decknamen Mrs. Walsh auftrat, von der Palastmaschinerie wie von einer Dampfwalze überrollt würde. Da wundert es nicht, daß sie ihn ihren Freunden gegenüber als »echten Kämpfer« beschrieb.

Aus Butners Sicht war die Prinzessin unzweifelhaft berechtigt, die Hälfte des Wertes von Highgrove, dem Landsitz in Gloucestershire, den Prinz Charles fünfzehn Jahre zuvor der Mac-Millan-Familie abgekauft hatte und der auf 3 Millionen Pfund geschätzt wird, die Hälfte des Portfolios an Aktien, Firmenanteilen und Eigenkapital im Gesamtwert von mehr als 20 Millionen Pfund und dazu ein beträchtliches Stück der Jahreseinkünfte in Höhe von 4 Millionen Pfund aus dem Herzogtum Cornwall, ein Grundeigentum, das seit 1337 jedem Prinz von Wales zustehen, zu beanspruchen. Was die 130 000 bewirtschafteten Morgen Ackerlandes im Besitz des Herzogtums und Gebäude in dreiundzwanzig Countys anging – darunter auch das berühmte Oval-Kricketfeld in Kennington, im Süden Londons – na gut, die könnten ihnen Verhandlungsspielraum verschaffen, wenn die Prinzessin Schwierigkeiten machen wollte. Bei ihren geheimgehaltenen Treffen in extravaganten thailändischen und chinesischen Restaurants im Herbst 1993 sprachen die Prinzessin und ihr Anwalt über Abfindungszahlungen in mehrstelliger Millionenhöhe – 15 Millionen Pfund wären eine annehmbare Summe.

Doch Diana begriff schnell, daß es so etwas wie einen Gratis-Lunch nicht gibt, vor allem nicht im Umgang mit der königlichen Familie. Die »Pennies«, wie Diana die finanziellen Regelungen nannte, waren zwar wichtig, doch in den turbulenten letzten Monaten des Jahres 1992 hatte sie wichtigere Sorgen: nämlich ihre Kinder, ihr Zuhause und ihr eigenes Überleben. Seit in jenem Sommer mein Buch *Diana. Ihre wahre Geschichte* veröffentlicht worden war, in dem ihre lieblose Ehe mit Prinz Charles, seine Beziehung zu einer anderen Frau, Camilla Parker-Bowles, und Dianas Isolation innerhalb der königlichen Familie beschrieben wurde, hatte sie einen kräftezehrenden emotionalen Dauerangriff von innerhalb wie außerhalb der königlichen Familie über sich ergehen lassen müssen. Unterstellungen, dies sei mit ihrem Einverständnis geschehen, hatten dazu geführt, daß die Familie zornentbrannt über sie herfiel.

In den Monaten seit Juni 1992 hatte sie mit vielen Zweifeln und Ängsten gerungen. Lange Zeit hatte sie in allen Lebensbereichen äußerste Vorsicht walten lassen. Doch nun, in dieser drastisch veränderten Atmosphäre – als ihr auf den Korridoren des Buckingham-Palasts eine gegen sie gerichtete Klatschkampagne entgegenschallte und sie dann noch mit dicken Schlagzeilen in den Zeitungen verfolgt wurde –, nun wußte sie nicht mehr, wem sie noch trauen konnte. Adlige, die sie als Freunde bezeichnet hatten, vergalten ihr das Vertrauen mit feindseligen Auslassungen gegenüber den Medien, königliche Hofbeamte, die sie vormals mit einem Lächeln gegrüßt hatten, wandten nun den Blick ab, und von der königlichen Familie lernte sie jetzt aus erster Hand die Bedeutung der alten Redensart »Blut ist dicker als Wasser« kennen. Sie wurde von wohlmeinenden Ratschlägen von Freunden und offener Feindseligkeit seitens ihres Mannes, seiner Familie und deren Freunde geradezu überschwemmt. »Sie hat ihren Mann verraten, ihre Familie und ihre Klasse«, meinte ein führendes Mitglied einer Familie aus dem britischen Hochadel naserümpfend.

Auslöser für diesen brutalen Wandel in der Einstellung gegenüber der Prinzessin von Wales war ihre Entscheidung, nicht mehr länger die Rolle der lächelnden Einfalt in einer lächerlichen Scharade weiterzuspielen, sondern den Thronfolger mit der peinigenden Realität ihrer elfjährigen Ehe zu konfrontieren. Das raffiniert aufgebaute Märchen der innigen Nähe, die zwischen den beiden herrsche, fraß langsam ihre Seele, ihre Selbstachtung und schlichtweg ihre Existenz auf. Als sie den Schleier der Heuchelei um ihre Ehe zerriß, deckte Diana auf, daß innerhalb der Institution der Monarchie mit zweierlei Maß gemessen wurde. Wie ein Refrain wurde in den Salons der Oberschicht wiederholt und auf den Seiten der Regenbogenpresse hinausposaunt: »Sie wußte, worauf sie sich einließ«, »So hat die Aristokratie schon immer gelebt«, »All diese Privilegien, was beklagt sie sich da?«, und »Warum hat sie sich nicht insgeheim selbst einen Liebhaber gesucht und über Prinz Charles und seine Geliebte einfach hinweggesehen?« Diana hatte mit ihrer Weigerung, die Lüge fortzuführen, die Sache verraten. Naturgemäß warf das die Frage auf, was das eigentlich für eine »Sache« war, bei der Betrug in höherem Kurs stand als Ehrlichkeit, Täuschung mehr galt als Offenheit, Niedergeschlagenheit an die Stelle von Glücklichsein trat.

In diesem wenig mitfühlenden gesellschaftlichen Klima kauten die Prinzessin von Wales und auch die Herzogin von York privat am Scheitern ihrer Ehen und an dem Verlust ihrer Illusionen über das königliche System. Mehr als zehn Jahre lang, in denen sie die überkommenen Pflichten einer Prinzessin von Wales äußerst gut erfüllte und der *royalty* einen Glanz und eine Anziehungskraft verlieh, wie man sie seit den Tagen von Königin Alexandra nicht mehr erlebt hatte, hatte Diana ihre Persönlichkeit unterdrückt. Beide, sowohl die Prinzessin als auch die Herzogin, gehören zu einer neuen Generation von Frauen, die nicht mehr bereit sind, das Joch unglücklicher Ehen und gesellschaftlicher Umstände bis in alle Ewigkeit zu tragen. Oder wie Zelda West Meads, die ehemalige Sprecherin der Eheberatung Relate und Mitglied von Dianas Zirkel, feststellte: »Eine der größten Veränderungen im Laufe der Jahre war die, daß Frauen nicht mehr bereit sind, an schlechten Ehen länger als nötig festzuhalten. Sie sagen zu mir: ›Ich habe nur ein Leben, und ich möchte nicht den größten Teil davon in dieser Beziehung eingesperrt sein.‹«

Nach vielen Monaten qualvoller Gewissenserforschung gelangten die Prinzessin und die Herzogin mit Bedauern zu dem Schluß, daß die Sache die Selbstaufopferung, die von ihnen zur Aufrechterhaltung einer leeren und unglücklichen Ehe um der Monarchie willen, einer Institution, die sie inzwischen mit einer Mischung aus Zynismus und Furcht zu betrachten gelernt hatten, abverlangt wurde, nicht mehr länger wert sei. »Wir sind beide an unsere dummen Pflichten gefesselt und machen unser Leben gemeinsam kaputt«, sagte die Herzogin zu ihrem Mann während eines verzweifelten Telefongesprächs. »Es war, als wäre man in einem Alptraum der Brüder Grimm gefangen«, meinte sie.

Ihre beiden Ehen waren so brüchig, daß noch 1991, während meiner Nachforschungen zu *Diana. Ihre wahre Geschichte* entschieden wurde, den Veröffentlichungstermin des Buches von September 1992 auf den Juni desselben Jahres vorzuziehen, da königliche Trennungen unmittelbar bevorzustehen schienen. Es war klar, daß beide, die Herzogin von York und die Prinzessin von Wales, häufig darüber sprachen, die königliche Familie zu verlassen – entweder gemeinsam oder nacheinander. Die Königin, die sehr wohl ein Auge für die Probleme hatte, mit denen die beiden kämpften, brachte keinerlei Mitgefühl auf. »Ihr schaukelt euch gegenseitig hoch«, sagte sie zu Diana in Sandringham.

Die Prinzessin und die Herzogin führten endlose Diskussionen, bei denen sie ihre jeweiligen Möglichkeiten abzuschätzen versuchten. Die Ratschläge von allerlei hochrangigen Astrologen, Esoterikern, Hellsehern und Kartenlegern wurden von der Königin heftigst mißbilligt. Es kam zum Beispiel vor, daß Fergie eines Tages Diana anrief und sie warnte, ihr Astrologe habe einen Unfall mit einem königlichen Wagen vorausgesagt. Ihre jeweiligen Medien gaben verschiedentlich Prophezeiungen ab, daß Prinz Andrew König werden würde, oder deuteten an, daß das Leben der Königinmutter in Gefahr sei. Tatsächlich maßen die Prinzessin und die Herzogin der Gesundheit der Königinmutter große Bedeutung bei. Sie hielten sie für die Stütze des ganzen Gebäudes der Monarchie und glaubten, ihr Tod würde die Chancen von Prinz Charles, jemals König zu werden, ernsthaft gefährden. Seine Entschlossenheit, die Regierung anzutreten, würde mit dem Zusammenbruch der Dynastie schwinden. Durch diese Prophezeiungen erhielten die Überlegungen der beiden Frauen, die bereits in der bizarren Spiegelglaswelt königlichen Lebens lebten, einen Glorienschein der Unwirklichkeit. Deshalb konnte es kaum überraschen, daß die Herzogin von York an dem Tag, als sie die königliche Familie zu verlassen beschloß, nicht einen königlichen Hofbeamten zu Rate zog, sondern die griechische Esoterikerin Madame Vasso.

Durch die Trennung der Yorks im März 1992 wurde Dianas Stellung nur noch prekärer, denn dadurch rückte die Hohlheit ihrer eigenen Ehe und die nicht zu übersehende Qual der Wales in der Öffentlichkeit noch stärker in den Mittelpunkt. Außerdem wurde zunehmend mehr über den Inhalt meines Buches spekuliert. Fergies Weggang und ihre nachfolgende Isolierung durch die königliche Familie – »Im Buckingham-Palast sind die Messer für die Herzogin von York gewetzt«, teilte ein hochrangiger Hofbeamter der BBC mit – zwangen Diana, sich sehr ernsthaft mit ihrer eigenen Zukunft zu befassen. »Zumindest bin ich mir selbst treu geblieben«, sagte die Herzogin nach einer unangenehmen Audienz bei der Königin in Sandringham. Das war ein Gefühl, mit dem Diana sich den ganzen Sommer 1992 herumschlagen sollte.

Monatelang hatte die Prinzessin von Wales, die als »Meisterin der versteckten Botschaft« gilt, darüber nachgedacht, wie sie der Öffentlichkeit auf subtile Weise die Entfremdung von ihrem Mann vermitteln könnte. Bei einer verunglückten Indienreise im Frühjahr 1992 traten die Risse in ihrer Ehe öffentlich zutage. Während Diana glücklich allein vor dem Tadsch Mahal, dem Denkmal der verlorenen Liebe, für die Kameras posierte, hielt Charles eine Rede bei einer Wirtschaftskonferenz. Die Distanz zwischen dem Ehepaar wurde noch dadurch betont, daß sich die Prinzessin mit Absicht abwandte, als der Prinz sie nach einem Polospiel in Jaipur zu küssen versuchte. Nicht zum ersten – oder letzten – Mal setzte Diana ihre Körpersprache mit verheerendem Effekt ein. Dieses stille öffentliche Schneiden mag zwar den Prinzen verletzt haben, doch es stellte noch keinen richtiggehenden Angriff dar.

Im Laufe der Wochen sollten Fergies Worte der Prinzessin nicht mehr aus dem Kopf gehen. Doch wie konnte sie sich selbst treu bleiben, wenn sie nicht einmal genau wußte, wer die wirkliche Diana war? In den entscheidenden und prägenden

Jahren zwischen zwanzig und dreißig hatte sie sich damit zufriedengegeben, sich von ihrem Mann, den Hofbeamten und den Medien formen und manipulieren zu lassen. Von ihnen erwartete sie Anerkennung und Applaus. Erhielt sie keinen Beifall von dieser Seite, so verstärkte das nur noch ihr tiefsitzendes Gefühl, eine Versagerin zu sein und zurückgewiesen zu werden. Diese Empfindungen sind in ihrer unglücklichen Kindheit begründet, die von der schlimmen Scheidung ihrer Eltern überschattet war. Beinahe ihr ganzes Leben lang hatte sich Diana selbst als das hilflose Opfer von Umständen begriffen und sich unfähig oder unwillig gezeigt, etwas an den Zuständen, die sie hemmten, zu ändern. Diese Charakterschwächen, die Diana davon abhielten, die Kontrolle über ihr eigenes Leben zu übernehmen, wurden durch das vornehme institutionelle Leben im Kensington-Palast noch verschärft. Es waren nicht nur einfach die Beobachtungskameras, das heimlich lauschende Personal und die wachsame Polizei, die »die Gefangene von Wales« an die Kette legten, es war stärker noch die »Marionettenkultur«, die Diana konsequent bei Entscheidungen, die ihr eigenes Leben betrafen, entmündigte; sie mag durchaus den Anschein vermittelt haben, als habe sie die Kontrolle, doch in Wahrheit hing sie fest im eisernen Griff ihres Terminkalenders und ihrer Hofbeamten. Es wurden Alltagsentscheidungen getroffen, die jeden ihrer Schritte regelten. Wenn sie die Grenzen überschritt, meldete sich bei ihr der Privatsekretär der Königin, Sir Robert Fellowes, mit einem feindseligen Memo oder zu einem unfreundlichen Gespräch.

Zu Hause und im Ausland mußte Diana diese »Regeln« königlichen Benehmens befolgen. Ein harmloser Drink mit der Schauspielerin Liza Minelli bei einer Party nach einer königlichen Filmpremiere zum Beispiel wurde als »unpassendes« Verhalten verurteilt, und ihre häufigen Mittagessen in dem In-Restaurant San Lorenzo wurden als »exzessiv« eingestuft. Wenn sie ins Ausland fliegen wollte, mußte Diana dafür zuerst die Erlaubnis der Königin einholen. Fergie mußte im Februar 1993 einige triste und regnerische Tage mit ihren Kindern, den Prinzessinnen Eugenie und Beatrice, in einem leeren Hotel in Torquay zubringen, da der Palast sich weigerte, ihr eine Reise auf die Westindischen Inseln zu gestatten, wo sie in einem Chalet absteigen wollte, das sie bereits gebucht und bezahlt hatte. Das wurde damit begründet, daß die Prinzessin von Wales einige Wochen zuvor in der Karibik in einem Bikinihöschen fotografiert worden sei und man nicht das Risiko eingehen wolle, daß die Herzogin sich auf ähnliche Weise zur Schau stelle.

Da sie zum Zaudern neigte und nicht daran gewöhnt war, ihren eigenen Willen durchzusetzen, wurde Diana von ihrem Freundeskreis in diesem Sommer nervös beobachtet. Einerseits sahen ihre Freunde, daß die Prinzessin zutiefst unglücklich war. Andererseits wußten sie aber auch, daß sie, zumindest im Augenblick, wie paralysiert war. Sie wurde durch ihre Erziehung, die ihr Unterwürfigkeit eingeimpft hatte, und ihren Charakter, der zur Vorsicht neigte, schier erstickt. »Sie ist keine kongruente Persönlichkeit«, bemerkte ein Freund. Womit er ausdrücken wollte, der unharmonische Kern ihrer Persönlichkeit verhindere, daß ihr Herz, ihre Gefühle und ihr Verstand miteinander in Einklang stünden. Stückchen für Stückchen drängten sie der wachsende Glaube an sich selbst und ihr starker Wunsch, aus diesem engen Leben auszubrechen, zum Handeln; dabei half ihr auch, zu sehen, wie die Herzogin von York ihre Probleme anging. Diana begann zu begreifen, daß sie sich erst dann vollständig zu einer eigenständigen Persönlichkeit würde entwickeln können, wenn sie sich mit ihrer gescheiterten Ehe abgefunden hätte.

Doch weder der Prinz noch die Prinzessin hätten voraussehen können, was für einen Drachenschwanz an öffentlicher Debatte sie lostreten würden, als sie sich am 8. Juni 1992 im Kensington-Palast in ihrem Salon zusammensetzten, um die Bilanz ihrer Ehe zu ziehen. Von diesem Augenblick an begab sich Diana auf eine emotionale Berg- und Talfahrt, die nur kurzzeitig zum Stillstand kam, als die Trennung im Dezember bekanntgegeben wurde.

Obwohl das noch nicht lange her ist, fällt es schwer, sich in Erinnerung zu rufen, wie groß das Interesse der Medien, die Gebanntheit der Öffentlichkeit und die Besorgnis bei Dianas Freunden und Anhängern in jenen zehn Tagen im Juni 1992 war, in denen das Märchen zerbrach und die britische Monarchie ins Wanken geriet. Parallel zu dem rasanten Tempo der Ereignisse hinter den verschlossenen Türen des Kensington-Palasts wuchs die Hysterie im britischen Establishment und in den Medien. Als mein Buch *Diana. Ihr wahres Leben* in der

Sunday Times in Fortsetzungen abgedruckt wurde, lautete die Überschrift: »Diana durch den ›gleichgültigen‹ Charles zu fünf Selbstmordversuchen getrieben«. Dann folgten drei sensationelle Behauptungen: daß die Prinzessin von Wales unter der Eßstörung Bulimia nervosa gelitten habe; daß sie mehrere halbherzige Versuche hinter sich habe, ihrem Leben ein Ende zu setzen; und daß Prinz Charles seit dem Augenblick, als er sein Ehegelöbnis abgab, insgeheim ein Verhältnis mit einer anderen Frau, Camilla Parker-Bowles, unterhalten habe.

Die ersten Wochen nach dem Zeitungsabdruck verliefen hektisch und legten die Stärken und Schwächen der königlichen Hauptdarsteller in diesem langwierigen Drama deutlich bloß. Während die Öffentlichkeit gebannt das Hin und Her in der Ehekrise verfolgte, schritten die Ereignisse innerhalb der Palastmauern unaufhaltsam ihrem Höhepunkt entgegen. An dem Tag, als der Abdruck meines Buches begann, war die Königin Ehrengast im Windsor Great Park und sah Prinz Charles beim Polospiel zu. Ihre einladende Geste an Camilla Parker-Bowles und ihren Mann Andrew, doch in den abgetrennten königlichen Zuschauerbereich zu kommen, just an dem Tag, an dem die Nation zu erfassen versuchte, welche Bedeutung die unglückliche Ehe der Wales habe, wurde von Dianas Zirkel als greifbarer Protest gegen die Prinzessin verstanden.

Zur gleichen Zeit heulten das Establishment und seine Gefolgschaft in den Medien auf. Lord McGregor, der Vorsitzende der Press Complaints Commission, gab eine Erklärung ab, in der die Hysterie um das Buch wie folgt verurteilt wurde: »Eine abstoßende Zurschaustellung von Journalisten, die ihre Finger in die Angelegenheiten anderer Menschen Seelenleben stecken.« Diese Kritik galt nicht dem Buch selbst, und Lord McGregor hat mir inzwischen versichert, die Sache sei »die schwierigste« seiner Amtszeit gewesen. Der Erzbischof von Canterbury machte sich Gedanken, wie diese Publicity auf die Prinzen William und Harry wirken würde; Lord Fawsley, vormals ein führender Politiker im Unterhaus, verurteilte die Veröffentlichung, und eine buntgemischte Reihe von Parlamentsmitgliedern schlug süffisant vor, man solle mich doch in den Tower von London stecken; für die Anhänger von Diana war es eine heiße Zeit.

In der Zwischenzeit traf sich am Montag, dem 8. Juni, das königliche Paar im Kensington-Palast in düsterer Stimmung, um über die Zukunft zu reden. Was Diana nicht wußte: Prinz Charles hatte bereits einen ersten entscheidenden Schritt unternommen. Am Tag zuvor hatte er die Königin in Windsor Castle aufgesucht und mit ihr offen über die Konsequenzen einer Scheidung gesprochen. Ihr war seit langem klar gewesen, daß die Beziehung ihres Sohnes zu seiner Frau zerrüttet war, aber sie machte sich dennoch Sorgen, welche Konsequenzen das für ihre Enkelsöhne, das öffentliche Image ihres Sohnes und die Monarchie haben könnte. Nach einer Gewissenserforschung gelangten sie zu dem Schluß, daß die Räder der Justiz in Gang kommen könnten, und sie nannten Lord Goodman, den hervorragenden Rechtsanwalt, als möglichen Berater in Verfassungsfragen. Bevor er sich verabschiedete, fragte die Königin Charles, ob er und die Prinzessin es überhaupt schaffen würden, sich zusammenzusetzen und das Thema vernünftig durchzusprechen. Wie ein nahestehender Freund bemerkte: »Die Königin wußte nur zu gut, daß es schon ein Wunder wäre, wenn man die Wales dazu brächte, überhaupt miteinander zu reden.«

Dieses eine Mal geschah das Wunder, und das königliche Paar diskutierte kühl und ruhig die Folgen einer Trennung. Ein Tagebuch, das eine Freundin der Prinzessin von Wales in diesen angespannten Tagen führte, vermittelt einen Einblick in Dianas seelische Verfassung und die Bedenken, die in ihr hochkamen, ob eine Trennung wirklich durchzusetzen sei, nachdem sie erkannt hatte, wie feindselig die königliche Familie und ihre Anhänger diesem Schritt gegenüberstanden. Der folgende Eintrag zeigt die nachlassende Spannung zwischen den beiden, nachdem sie einmal die schicksalhafte Entscheidung, sich zu trennen, gefällt hatten.

Diana und Charles kamen überein, daß sie nicht zueinander paßten, und beschlossen, sich zu trennen. Sie konnte einen Lichtschimmer sehen. Erleichterung, daß die Wirklichkeit der Situation anscheinend akzeptiert wurde. Es war ein folgenschweres Gespräch, das die Ereignisse des Sommers herbeigeführt hatten. Er war vernünftig, erwachsen und ganz normal. Er hatte niemanden dabei. Keine Tränen. Zum erstenmal schlief Diana die ganze Nacht ohne Schlaf-

*tabletten durch. Hat enorm an Stärke gewonnen. Diana
ruft an, um zu sagen, daß er zustimmt [der Trennung]. Sie
ist begeistert und kann jetzt schlafen.*

Andere Freunde zeigten sich von Dianas neugefundener Entschlossenheit genauso beeindruckt. Einer meinte: »Sie hat Kraft und Mut, und ich habe sie noch nie so entschlossen erlebt.«

Am nächsten Tag, dem 9. Juni, einem Dienstag, flog Prinz Charles nach Dänemark und überließ es Diana, zum Schulsportfest von Prinz Harry zu gehen. Während die Anspannung im Kensington-Palast fast mit den Händen zu greifen war, herrschte in ihrem Freundeskreis ein Gefühl der Erleichterung, nachdem sie nun wußten, daß Diana sich endlich auf eine schwierige Reise begeben hatte, die ihr zumindest die Hoffnung auf einen glücklichen Ausgang bot. »Wir haben sie so lange Zeit unglücklich erlebt. Jetzt war da ein Licht am Ende des Tunnels aufgetaucht«, erinnerte sich eine Vertraute. Dennoch hatte man Angst, Diana habe nicht das Stehvermögen, dem Druck sowohl von innerhalb wie von außerhalb der königlichen Familie standzuhalten. Wegen ihrer Neigung, in Deckung zu gehen, sobald sie angegriffen wurde, war Dianas Umgebung klar, daß es unabdingbar war, ihr einen besonnenen juristischen Berater an die Seite zu stellen, der ihr in der schwierigen Zeit, die vor ihr lag, helfen könnte.

Wie ihre Freundin in ihrem Tagebuch festhielt:

*Sehr stressig im Kensington-Palast. Diana wußte nicht, was
in der Familie vorging. Die Gespräche finden hinter verschlossenen Türen statt. Dachte immer noch, Charles würde
alles mit den Eltern besprechen. Fellowes rief an und teilte
ihr mit, sie mache sein Leben unerträglich. Diana sagte, sie
habe mit ein paar engen Freunden darüber geredet, welche
Anwälte sie empfehlen würden. Als erster wurde Charles
Doughty von der Londoner Kanzlei Withers vorgeschlagen,
aber als sie erfuhr, daß er Fergies Anwalt ist, lehnte sie ihn
ab. Eine kurze Liste mit fünf Namen wurde erstellt.*

Das scharfzüngige Gespräch mit ihrem Schwager, Sir Robert Fellowes, hatte sich um ihre angebliche Mitarbeit an meinem Buch gedreht. Am darauffolgenden Abend, als sie eine ihrer ältesten Freundinnen, Carolyn Bartholomew, in ihrem Haus in Fulham besuchte, wurde sie dann der Zusammenarbeit offen beschuldigt. Als sie nach einer halben Stunde das Haus verließ, lagen mehrere Fotografen auf der Lauer und knipsten die Szene, wie die Prinzessin ihre beste Freundin auf der Türschwelle zum Abschied küßte. Das wurde sofort als Bestätigung für ihre Beteiligung gewertet. Die weniger verfängliche Erklärung, daß ein neugieriger Nachbar verschiedenen Zeitungen Tips gegeben habe, stieß bei Hofe auf ungläubiges Schweigen. Eine Freundin notierte über das Treffen zwischen Diana und ihrer Schwester, Jane Fellowes, in ihrem Tagebuch:

> *Trifft die Fellowes. Er wiederholte noch einmal, daß sie ihm das Leben schwermache. Sie sprach mit Jane. Jane kam sie besuchen und sagte: »Mir war nie klar, daß es für dich so schlimm war.« Sie schien mehr Mitgefühl zu haben.*

Als die Nation sich für die Fotos von den Abschiedsküßchen zwischen Diana und Carolyn zu interessieren begann, stand die Prinzessin vor dem Abflug nach Merseyside, wo sie ein Hospiz eröffnen sollte. Während dieses emotionsgeladenen Besuchs brach sie in Tränen aus, als ihr ein Rentner aus der Menge in einer spontanen Geste der Zuneigung übers Gesicht strich.

Dieser Gefühlsausbruch war zu erwarten gewesen, wie ihre Freundin feststellte:

> *Nach dem Besuch bei Carolyn aufgrund des Drucks veränderte Stimmung. Sie konnte wirklich nicht viel mehr verkraften. Nachricht von Major [dem Premierminister], daß er ihr nicht bei ihrem Weggang helfen kann, wenn sie die Presse zu manipulieren versuche. Tränenbäche. Fühlt sich erschöpft. Am Morgen sagt sie, R [ein Freund] habe ihr mitgeteilt, wenn sie öffentlich weinen will, soll sie das tun: Er meinte, die Welt solle ihre Qual selbst erleben. Diana sagte danach, daß »etwas in mir zerbrach«, als ihr Gesicht gestreichelt wurde. »Ich konnte mich einfach nicht beherrschen, ich mußte weinen.«*

Am darauffolgenden Tag, am Vorabend der Fahnenparade, zu der sich die königliche Familie traditionell sehr zahlreich einfindet, war Diana verständlicherweise nervös und ängstlich. Wie ihre Freundin schrieb: »Diana müde und weinerlich, erschöpft und voller Angst vor dem Zusammentreffen mit der ganzen Familie.« Da ihr der Symbolgehalt dieser althergebrachten Familienversammlung auf dem Balkon des Buckingham-Palasts vollauf bewußt war, plante Diana ihre Strategie für das Wochenende sehr sorgfältig. Wie stets war sie am ausdrucksvollsten, wenn sie die stumme Beredsamkeit ihres Körpers für sich sprechen ließ. Ihre Freundin berichtete:

> Es war ihre wohlüberlegte Absicht, von Prinz Charles ein Stück abzurücken, ihn im Hintergrund stehen zu lassen. Nicht jedoch die Königin. Sie stellte sich dicht neben sie, um ihre unveränderliche Treue zur Krone zu beweisen. Anschließend meinte sie, das habe gut geklappt. Sie wollte nicht, daß irgend jemand den Eindruck bekam, sie wären wieder zusammen. Die Atmosphäre: kalt und öde. Sehr unfreundlich und unbehaglich. Am Sonntag fühlte sich Diana müde. Starke Stimmung gegen sie in der Familie; und jetzt wußte sie, wie hart es werden konnte.

Für die anderen Mitglieder der königlichen Familie war es genauso schwierig. Nach Meinung eines Teilnehmers war es »äußerst unangenehm«. Aber Diana fand doch königlichen Beistand, und zwar in ihrer unmittelbaren Nachbarin, der Prinzessin Michael von Kent, die aufgrund ihres statuenhaften Auftretens, ihres Katholizismus und der ungewöhnlichen Ahnentafel lange Zeit Ziel von Familienscherzen gewesen war: »Du bist viel zu gut für diese Familie«, sagte sie zu Diana. Das Wochenende mit der königlichen Familie war schon freudlos verlaufen, doch dem einwöchigen Aufenthalt auf Windsor Castle während des Ascot-Rennens sah sie mit noch größerer Beklommenheit entgegen. Denn Prinz Charles und sie hatten vereinbart, in dieser Zeit mit der Königin und dem Herzog von Edinburgh über den Zustand ihrer Ehe zu sprechen. Doch zuvor mußte sie noch die Verleihung des Hosenbandordens besuchen, wo Diana spürte – wie ihre Freundin in ihrem Tagebuch vermerkte –, daß die Entschlossenheit von Prinz Charles ins Wanken geriet.

Bei der Verleihung des Hosenbandordens sagte Charles dauernd zu ihr: »Es ist sehr schwierig, es ist sehr schwierig.« Jetzt fängt sie an, sich zu fragen, ob er überhaupt in der Lage ist, das durchzuziehen, was sie beide auf seinen eigenen Wunsch hin wollen. Die Unterredung mit den Schwiegereltern verlief schlimmer, als sie erwartet hatte. Sie war danach total erschüttert. Sie beschuldigten sie, das Buch gemacht zu haben. Aber noch mehr Eindruck erzielten sie bei Diana mit der Behauptung, sie hätten Beweise, daß sie etwas mit dem Buch und den Zeitungen zu tun habe. Diana wurde gefragt: »Kennst du einen Mann namens Andrew Knight?« [den damaligen Vorstand von News International, dem Verlag der Sunday Times]. *Diana wurde mitgeteilt: »Wir haben eine Aufzeichnung eines Kommentars von einem Mann, der Andrew Knight heißt.« Diana stritt ab, daß dies der Fall sei. Sie sagten, sie hätten ein Tonband ihres Gesprächs über den Fortsetzungsabdruck mit einer Zeitung und darüber, ob die* Daily Mail *oder die* Sunday Times *das Abdruckrecht bekommen sollte. Sie wurde heftig dafür kritisiert, daß sie sich hintenherum abgesprochen und die Familie in Mißkredit gebracht habe. Ob sie geholfen habe: »Nein.« Tränenbäche. Prinz Philip verärgert, wütend und unfreundlich. Während des Gesprächs wandte sie sich an Prinz Charles und sagte: »Charles, sag ihnen, was du sagen willst.« Er stand einfach stumm da. Diana sagte: »Wir haben das alles am Montag besprochen.« Wieder nur Schweigen. Diana meinte später: »Es war, als hätte unser Gespräch nie stattgefunden.« Sie betonte, wie platt sie gewesen sei, daß er in Anwesenheit seiner Eltern nicht für sich selbst eintreten konnte. Seine körperliche Nähe läßt sie kalt.*

Verwirrt, völlig durcheinander und perplex, erbat Diana von Sir Robert Fellowes Aufklärung über die ärgerliche Frage der angeblichen Tonbandaufzeichnung. In ihrem Kopf drehte sich alles um mögliche Erklärungen. Konnten die Königin oder ihre Berater tatsächlich das Mitschneiden der Telefongespräche ihrer Schwiegertochter erlaubt haben? Das war zu empörend, als daß man darüber auch nur nachdenken durfte. Diana wußte, daß diese angeblichen Gespräche niemals stattgefunden hatten.

Deshalb nahm sie an, daß es sich dabei nur um einen raffinierten Bluff handelte, mit dem sie zu einem Geständnis verleitet werden sollte. Als sie mit dem Privatsekretär der Königin darüber sprach, teilte dieser ihr mit, es gebe tatsächlich ein Tonband. Er riet ihr allerdings auch, nichts zu unternehmen. Am darauffolgenden Tag informierte er sie, sie solle die Sache mit dem Tonband vergessen, da es nicht gegen sie verwendet würde oder werden könnte. Für ihn war das Thema erledigt.

Das ist erstaunlich. Als ich davon nur Stunden nach dem Gespräch auf Windsor Castle durch mehrere unanfechtbare Quellen unterrichtet wurde, fanden mein Verleger und ich das Ganze so weit hergeholt, daß es nicht zu glauben war. Die Sache schien noch absurder, als mein Verleger Michael O'Mara den Abdruck in der *Sunday Times* persönlich unter absoluter Geheimhaltung ausgehandelt hatte. Dennoch wurden im Laufe der nächsten sechs Monate drei Bänder privater Telefongespräche, angeblich zwischen Diana und einem männlichen Verehrer, Prinz Charles und Camilla Parker-Bowles und dem Herzog und der Herzogin von York, an die Öffentlichkeit gebracht. Es wäre ein leichtes, einfach mit dem Finger auf die Polizei oder die Sicherheitskräfte zu zeigen, das haben viele getan. Doch höchstwahrscheinlich läßt sich das Ganze damit erklären, daß das Tonband als taktischer Trick erwähnt wurde, als eine List, die auf Hörensagen und Palasttratsch beruhte, in dem in Wirklichkeit kaum ein Quentchen Wahrheit steckte. Von einem Manager der News International waren hochrangige Hofbeamte im Buckingham-Palast darüber informiert worden, daß im Safe der *Sunday Times* ein Tonband von einem Interview liege, das ich mit der Prinzessin geführt hätte. Ein derartiges Band existierte nicht, es gab allerdings im Tresor der Zeitung *Sun* eine Aufzeichnung von Diana im Gespräch mit einem männlichen Verehrer, den viele für James Gilbey hielten. Es hat den Anschein, als sei selbst die Königin nicht unempfindlich für wirre Informationen, die nach dem uralten, aber in Verruf gekommenen System halbwahrer Einflüsterungen aufgelesen werden. Dennoch bestärkte diese rätselhafte Sache Diana in ihrem Verdacht, daß sie unter Beschuß stand. Sie ergriff mit noch mehr Entschlossenheit jede nur mögliche Vorsichtsmaßnahme, damit sie nicht ausspioniert werden konnte. Sie hatte ihre Räume im Kensington-Palast bereits von Abhörgeräten säubern lassen und benutzte von Zeit zu Zeit ein Telefon mit Zerhacker für heikle Anrufe.

Das emotionsgeladene Gipfeltreffen mit der Königin und dem Herzog von Edinburgh während der Ascot-Woche vermittelt einen Einblick in die Charaktere des Prinzen und der Prinzessin. Von Angesicht zu Angesicht mit seinen Eltern unter schwierigen Umständen ist Prinz Charles anscheinend keineswegs der charmante nachdenkliche Mann, den die Öffentlichkeit kennt. Er ist wortkarg, gekünstelt und schwach; seine eigenen Gefühle und Ambitionen sind schon in jungen Jahren auf dem harten Amboß von Pflicht, Loyalität gegenüber der Familie und seiner höchsten Bestimmung als zukünftiger König zerschlagen worden. Wie Diana einmal zu einem Freund sagte: »Er muß erst einmal seine Kindheit auf die Reihe bekommen, bevor er mit sich ins reine kommen kann.«

Die Unterredung enthüllte auch eine Seite von Dianas Wesen, die in den anstehenden Verhandlungen und Entscheidungen große Bedeutung erlangen sollte. Obwohl sie Prinz Charles als schwachen Mann abqualifiziert, der auf die beherrschende Präsenz seiner Eltern wie gelähmt reagiert, hat ihm Diana selbst stets gerne die Führung im Umgang mit der Familie überlassen. Sie kritisierte ihn zwar, weil er es nicht geschafft hatte, den gemeinsamen Wunsch nach einer Trennung zu verkünden, doch auch sie verhielt sich unterwürfig gegenüber ihrem Ehemann und den Schwiegereltern. Ihr Schweigen ist ein beredtes Zeugnis ihrer Erziehung. Und das ist keineswegs überraschend, entstammt sie doch einer homogenen Oberschichtkultur, in der Mädchen auf eine helfende Rolle vorbereitet werden, in der sie zwar wichtig sind, sich aber dennoch unterzuordnen haben, Marmelade einkochen, aber nicht selbständig Entscheidungen fällen dürfen. Adlige Mädchen sollen sich verlieben und dann unterordnen.

Dianas Erziehung verlief vielleicht nicht ganz nach klassischem Muster, doch die Stationen waren klassisch: Privatschulen, französisches Mädchenpensionat und Kochkurs in London. Wie Peter York in *The Official Sloane Ranger Handbook* schrieb:

Mädchenpensionate sind wie eine Geishaschule: Es wird erwartet, daß man am Ende mystische Umgangsformen meisterhaft beherrscht, die es einem ermöglichen, mit den

Höchsten des Landes einen Abend zu verbringen, ihnen nach ihrem Tag der Machtausübung ein Ruhepol und züchtiger Trost zu sein. Dann heiratet man einen dieser Männer und ist fähig, sich um die Blumen zu kümmern, den Koch in Französisch anzuweisen und ein großes Haus zu führen.

Die Prinzessin hat selbst 1985 in einem Fernsehinterview mit Sir Alistair Burnet davon gesprochen, daß sie diese untergeordnete Stellung akzeptiert ... »Ich denke, meine Aufgabe besteht darin, meinen Ehemann zu unterstützen, wo ich nur kann, und stets hinter ihm zu stehen, ihn zu ermutigen. Und daneben ist es höchst wichtig, Mutter und Ehefrau zu sein.« Dianas schlechte akademische Ausbildung verstärkt noch ihre angeborene Unterwürfigkeit, sobald es um Fragen der Politik, Vorausplanung oder um Auseinandersetzungen geht. Ihre Emotionen sind stark und tiefgehend, doch intellektuell neigte sie, selbst vor zwei Jahren, allzusehr dazu, vor einem Mann Respekt zu haben, vor allem wenn der Betreffende Zeugnisse besitzt oder einen gebildeten Eindruck macht.

Nachdem sich dieses stürmische Drama hinter den Schloßmauern aufgebaut hatte, nahm es bei der Zeremonie am ersten Tag von Ascot, wenn die königliche Familie an der Zuschauermenge in Pferdekutschen vorbeidefiliert, seinen unerschütterlichen Lauf. Diana fühlte sich »geschmeichelt und peinlich berührt« zugleich, als sie mit lautem Beifall bedacht wurde, während der Königin und den anderen *royals* nur schwach applaudiert wurde. Während sich die Prinzessin für den Applaus bedankte, schwieg ihre Begleiterin in der Kutsche, die Königinmutter, unbehaglich. Noch nie eine Verbündete von Diana – die Prinzessin beschreibt gesellschaftliche Zusammentreffen im Clarence House als »grimmig und gestelzt« –, verhielt sich die Königinmutter gegenüber ihrer angeheirateten Enkelin »eiskalt«. Es gab noch andere Anzeichen, daß die Brüche in der Familie auf die unveränderliche Ascot-Zeremonie übergegriffen hatten. Die getrennt lebende Herzogin von York und ihre Töchter, die Prinzessinnen Beatrice und Eugenie, standen während der Kutschenprozession unter den Zuschauern; der Prinz und die Prinzessin von Wales verließen zweimal zusammen in seinem Aston Martin den

Rennplatz, nur damit Diana in ihren eigenen Wagen umsteigen konnte, der einige Meilen entfernt am Straßenrand geparkt war; und der Herzog von Edinburgh wurde beobachtet, wie er die Prinzessin in der königlichen Loge gezielt ignorierte.

Im Gegensatz zur Königinmutter gab sich ihr Schwiegervater nicht damit zufrieden, seine Mißbilligung lediglich mit vernichtendem Schweigen zum Ausdruck zu bringen. Im Laufe der folgenden Wochen erhielt Diana von ihm vier scharfe Briefe, die abwechselnd bitter, vorwurfsvoll, versöhnlich und verurteilend waren. Der Inhalt des ersten war typisch; er behauptete, Diana sei alles andere als unschuldig an der Zerrüttung ihrer Ehe, und es falle schwer, seinen ältesten Sohn dafür zu verurteilen, daß er Trost bei Camilla Parker-Bowles suche, wenn man bedenke, wie beeinträchtigend Dianas langwierige Eßstörung Bulimia nervosa und ihr sprunghafter Charakter seien. In einer eher versöhnlichen Stimmung räumte er ein, er könne die Schwierigkeiten, unter denen sie während ihrer Kindheit zu leiden hatte, nachvollziehen, denn seine eigenen Kinderjahre seien alles andere als glücklich gewesen. Diana reagierte auf diese verletzenden Sendschreiben geschockt und wie betäubt, aber ausnahmsweise einmal entschlossen, ihre Sache durchzufechten. Ihr Privatsekretär Patrick Jephson, einer ihrer wenigen getreuen Verbündeten, half ihr bei der Abfassung förmlicher Antwortschreiben, die unter anderem eine Bedingung enthielten, wenn sie in der königlichen Familie bleiben sollte: Prinz Charles müsse seine Koffer packen und aus dem Kensington-Palast ausziehen. Trotzdem unterhöhlte dieser enorme Druck langsam ihre Entschlossenheit, wie ihre Freundin in ihrem Tagebuch notierte:

Diana hat das starke Gefühl, daß sie niemandem vertrauen kann. Das Establishment übt großen Druck auf sie aus. Patrick Jephson will, das sich alles beruhigt. Sie bekam kalte Füße, lehnte einen Anwalt ab. »Dafür ist jetzt nicht der richtige Zeitpunkt«, sagte sie. Sie war drauf und dran nachzugeben. Der erbarmungslose Druck von Ascot hatte sie starr vor Angst werden lassen. »Ich werde es auf meine Art machen. Das wird gutgehen«, sagte sie. Aber wird es das?

39

Die Briefe, Beschuldigungen und die üppig blühenden Verdächtigungen waren die Vorboten eines langen widerlichen Sommers der Intrigen, des Klatsches und Rufmords. Jahrelang hatte die Öffentlichkeit dem Haus Windsor das Image der pflichtbewußten, besonnenen und fleißigen Familie ohne zu fragen abgenommen. Die plötzliche und dramatische Enthüllung, daß sie sich in keiner Hinsicht besser benahm als andere Familien, war eine unangenehme Überraschung. Königshöfe und -familien haben seit jeher gegeneinander intrigiert, und in dieser Zeit hatten die Windsors eine starke Ähnlichkeit mit den Tudors. Wie jemand aus Dianas Kreis sagte: »Sie findet sie sehr unloyal. Am einen Tag sind sie sich einig, und am nächsten Tag gehen sie sich gegenseitig an die Kehle. Sie meidet sie und geht ihnen aus dem Weg, damit sie nicht hineingezogen wird.« Doch die Prinzessin von Wales saß, ob sie wollte oder nicht, mit im Cockpit dieser Verschwörung des Hofes und saugte manchmal geschockt, aber stets begierig die schwirrenden Gerüchte dieses Sommers auf. Es gab endlose Telefonate, in denen Tatsachen mit Geschichten, Wahrheit mit Lügen im Wettstreit standen. Diana und Fergie waren beide überzeugt, daß gegen sie zahlreiche Komplotte und Verschwörungen im Gang waren. Manchmal erwiesen sich ihre Vermutungen als richtig, bei anderen Gelegenheiten schenkten sie irgendeiner wilden Übertreibung Glauben. Dennoch entstand eine Atmosphäre des Mißtrauens und der Verdächtigungen. Die Gemüter waren erhitzt und die Nerven am Ende, während die kriegführenden Fraktionen des Hofes einander umkreisten, wachsam, argwöhnisch und sprungbereit. »Ich bin froh, daß mein Urlaub vor der Tür steht«, sagte ein Angestellter des Buckingham-Palasts erleichtert, »das ist hier wie in einer Schlangengrube.«

Es war bereits einige Zeit her, daß die Entscheidung der Herzogin von York, die königliche Familie zu verlassen, an eine überregionale Tageszeitung durchgesickert war. Die Herzogin war überzeugt, der Buckingham-Palast habe das Komplott ausgeheckt, sie zu diskreditieren. Eine Zeitlang verdächtigte sie sogar die Frau, die sie »Kleines Fräulein Tugendlamm mit den zwei Gesichtern« nannte – die Prinzessin von Wales. Sie war tatsächlich so stark daran interessiert, den Schuldigen zu finden, daß sie über einen Mittelsmann, ihren »Finanzberater« John Bryan, bestimmten Journalisten ein Exklusivinterview anbot, wenn diese mit dem Namen des königlichen »Maulwurfs« herausrücken würden. Es meldeten sich jedoch keine Interessenten bei ihr. Ironischerweise sollte es zwei Jahre später die Herzogin selbst sein, die in Verdacht geriet, als Prinz Edwards Romanze mit Sophie Rhys-Jones in einer Sonntags-Boulevardzeitung enthüllt wurde. Bei dieser Gelegenheit deuteten die Königin und der Rest der königlichen Familie auf die glücklose Herzogin, sie sei das Leck. Die Sache wurde derart aufgebauscht, daß ein zorniger Prinz Edward an einem Wochenende nach einer Familienkonferenz auf Windsor Castle ein knappes Memo an Prinz Andrew schrieb, in dem er ihm praktisch befahl, seine ihm entfremdete Frau unter Kontrolle zu halten und dafür zu sorgen, daß sie nicht mehr mit Journalisten rede. Das ist nur eine Momentaufnahme der vorherrschenden paranoiden Atmosphäre in der königlichen Familie. Tatsächlich beschäftigt Prinz Edward dieser Tage einen leitenden Hofbeamten, der alle Zeitungsberichte über ihn sammeln und dann alle Personen auflisten muß, die möglicherweise Informationen weitergegeben haben könnten. Erbitterte Manöverkritiken und verbissene Nachforschungen, zu denen hin und wieder sogar Polizisten der Royal Protection Squad hinzugezogen werden, sind an der Tagesordnung.

Da verwundert es kaum, daß der Gesprächszerhacker, der Reißwolf und verschlüsselte Unterhaltungen zum Alltag von Diana gehören. Ihre Vorsicht ist vollkommen berechtigt. Im Kensington-Palast zerreißt sie jedes Fitzelchen Papier, denn sie weiß, daß es dort Leute gibt, die ihren Papierkorb durchwühlen. Manche Journalisten kennen keine Grenzen, wenn es darum geht, in ihr Privatleben einzudringen. Als sie im Mai 1994 Kurzurlaub in einem Hotel in Spanien machte, durchsuchten örtliche Paparazzi ihr Zimmer, nachdem sie abgereist war, und sandten Notizen, die sie auf Hotelpapier geschrieben hatte, zwecks einer Analyse zu Experten in Paris.

Diejenigen, die dieses endlose Katz-und-Mausspiel noch nicht kennen, sind eine leichte Beute. Kurz nach Ascot warnte Stephen Twigg, Dianas Masseur und Vertrauter, öffentlich davor, daß es eine Tragödie geben würde, falls das Leben der Prinzessin nicht in Ordnung käme – ein Hinweis auf einen weiteren Selbstmordversuch. Die Feinde der Prinzessin reagierten sofort. Diana wurde von Hofbeamten klargemacht, sie habe keine andere Möglichkeit, sie müsse ihn wegen dieses Vertrauensbruches entlassen. Widerwillig ließ sie sich darauf ein, in dem Wissen, daß sie damit einen Freund und Verbündeten verlor, der in einer schwierigen Zeit für sie eingetreten war. Später wurde er wieder eingestellt, wenn er ihr auch mittlerweile nicht mehr zur Seite steht und sich nur noch auf seine schriftstellerische Arbeiten über Gesundheitsthemen konzentriert.

Stephen Twiggs erzwungene Entlassung erfolgte zu einer Zeit, als die Verbündeten von Prinz Charles gerade anfingen, ernsthaft Kräfte zu sammeln. Freunde von Prinz Charles, die ihn zwölf Jahre zuvor vor einer Heirat mit Diana gewarnt hatten, bedrängten ihn nun, sie sofort hinauszuwerfen. In dieser giftigen Atmosphäre qualifizierte sein Highgrove-Kreis, der mit der Prinzessin nie warm geworden ist, Diana als »klinisch verrückt«, »manipulierend und intrigant« ab. Bei einem »fürchterlichen« gesellschaftlichen Zusammentreffen empfahl einer von Prinz Charles' aristokratischen Freunden Diana, einen Psychiater aufzusuchen. Dem Kreis um Charles war bekannt, daß er sich seit zwei Jahren so einsam fühlte, daß er bereits über eine formelle Trennung oder sogar Scheidung nachgedacht hatte. Tatsächlich hatte einer von ihnen im Januar 1992 in privatem Kreis eine große Summe darauf gewettet, daß sie sich bis Dezember trennen würden. Mehrfach, wenn Kriegsrat gehalten wurde, beknieten seine Verbündeten, die *Diana. Ihre wahre Geschichte* als »längstes Scheidungsgesuch der Geschichte« bezeichneten, Charles, eine Attacke auf die Integrität seiner ihm fremd gewordenen Frau zu gestatten.

Während eines Barbecues auf Highgrove, dem Landsitz von Charles, schlürften seine Freunde ihre Drinks in der Junisonne und diskutierten über ein detailliertes Schriftstück, in dem eine Strategie für die Behandlung von Diana entworfen wurde. Darin wurde festgestellt, die Prinzessin müsse mit ihrer vermuteten Beteiligung an *Diana. Ihre wahre Geschichte* konfrontiert werden. Das geschah auch tatsächlich, wie ich bereits erwähnte, als die Königin das Thema auf Windsor Castle anschnitt. Weitere Vorschläge lauteten, daß man den republikanischen Neigungen des damaligen Herausgebers der *Sunday Times*, Andrew Neil, und des Verlegers Rupert Murdoch genauer nachgehen müßte. Das war eine Aufgabe, der sich mit Freuden mehrere konkurrierende Tageszeitungen annahmen. Schließlich wurde vereinbart, daß verschiedene Freunde damit beauftragt werden sollten, Charles' Situation den Medien gegenüber darzustellen.

Diese Strategie erschien auf dem Papier ausgezeichnet, doch die praktische Umsetzung des Vergeltungsangriffs war nicht so einfach, wie es schien. Der offizielle Kanal für Informationen über die königliche Familie, die Pressestelle des Buckingham-Palasts, war dafür völlig ungeeignet. Außerdem war der Highgrove-Klüngel von Prinz Charles, zu dem der griechische Ex-König Konstantin, der konservative Minister Nicholas Soames, Lord und Lady Romsey, der Earl of Shelburne, die Grundbesitzer Hugh und Emilie van Cutsem, der frühere Rennfahrer Jackie Stewart, Lord und Lady Tryon und die Skifreunde Charles und Patti Palmer-Tomkinson zählten, gesellschaftlich schlecht gerüstet, einen Grabenkrieg in der Boulevardpresse zu führen, dem Hauptkampfplatz für die Herzen und Köpfe der britischen Öffentlichkeit. Auch lehnte der Prinz jede Art von Kritik ab, durch die das Image der Monarchie noch mehr Kratzer bekäme. Seiner Ansicht nach war es am besten, einfach zu schweigen. »Der Sturm wird sich totlaufen«, meinte er. Sein Privatsekretär, Commander Richard Aylard, sagte Journalisten gegenüber: »Er macht sich Sorgen wegen ihrer Sprunghaftigkeit und Gefühlsbetontheit, und deshalb glaubt er, es sei absolut unfair, sie anzugehen.« Ein Mitglied seines Kreises verwies auf noch andere Schwierigkeiten:

Seine Freunde kennen Charles als freundlichen, pflichtbewußten, mitfühlenden und intellektuellen Mann, und wir mußten versuchen, unsere tiefe Überzeugung, daß er mit einer labilen, launischen irrationalen Frau verheiratet war, die außer Kontrolle war, rüberzubringen. Wir konnten keine richtige Kampagne zu seiner Verteidigung aufziehen, da wir weder über ein System noch über die Kontakte verfügten, um seine Ansicht der Geschichte darzustellen.

Zu Anfang fiel die Reaktion von Charles' Anhängerschaft uneinheitlich aus, im Buckingham-Palast herrschte eine Stimmung machtloser Panik. Nach und nach nahmen es die Sympathisanten von Charles auf sich, die Medien anzusprechen und seine Version der Geschichte zu erläutern. Eine Sache in *Diana. Ihre wahre Geschichte*, die ihm sehr schadete, war zum Beispiel Dianas Selbstmordversuch auf Sandringham, als sie mit Prinz William schwanger war. Sie stürzte sich während eines wilden Streits mit Prinz Charles die Treppe hinab, als er reiten ging. Seine Freunde hoben hervor, daß sie sich nicht verletzt und ihm noch immer Schimpfworte nachgeschrien habe, als sie wieder vom Boden aufstand. Deshalb habe er das Haus verlassen und sei reiten gegangen. Charles' Freunde zogen diese verzweifelten Hilferufe als »laienhaftes Melodram« ins Lächerliche. Sie suchten sich ein Vorkommnis an Bord des Flugzeugs der Königin aus, als das königliche Paar vom RAF-Stützpunkt Northolt nach Swansea flog. Im Laufe einer erbitterten Diskussion bestand Charles darauf, daß sie mit ihm Urlaub in Balmoral mache. Diana lehnte das hitzig ab, erhob sich aus ihrem Sitz und schloß sich in der Toilette des Flugzeugs ein. Kurz darauf tauchte sie wieder auf, und von ihren Armen tropfte Blut, das sie über die Wände und Sitze schmierte. »Das war kein Selbstmordversuch«, sagte jemand aus Charles' Kreis, »das war einfach ein verrücktes Mädchen, das versuchte, auf sich aufmerksam zu machen.«

An dieser Kampagne der Verhöhnung und Verächtlichmachung beteiligten sich auch zahlreiche Zeitungsredakteure bereitwillig. Bei einer Gelegenheit sandte ein Chefredakteur sogar einen mitfühlenden Artikel per Fax an Charles nach Highgrove, um seine Genehmigung einzuholen. Obwohl er zunächst gegen den Artikel sein Veto einlegte, wurde dieser dennoch einige Wochen später veröffentlicht. Mehrere Freunde versorgten die Biographin von Charles, Penny Junor, mit Material für einen langen Artikel, in dem Diana als eine explosive junge Frau geschildert wurde, die am Abgrund stehe. [Penny Junor hatte gehofft, mit einem Buch zum fünfundzwanzigjährigen Jahrestag der Investitur des Prinzen von Wales im Juli 1994 beauftragt zu werden. Schließlich bat der Prinz Jonathan Dimbleby, den Fernsehjournalisten, die Aufgabe zu übernehmen, sein Image zu verbessern.] Als sich das tägliche Tröpfeln der kritischen, häufig offen beleidigenden Artikel über Diana zu einer wahren Flut entwickelte, war es kein Wunder, daß die Unschuldsbezeugungen ihres Ehemannes nicht mehr länger stichhaltig waren. »Warum rufst du die Zeitungen nicht selbst an?« fragte sie ihn während eines bösen Wortwechsels. Am meisten gewurmt hat sie möglicherweise eine giftige Darstellung ihres Charakters im Londoner *Evening Standard.* »Sie ist eine Egomanin geworden und von ihrer großen Bedeutung für die Welt und selbst ihren Heilkräften überzeugt. Sie vertraut keinem Menschen, sie ist irrational und isoliert und plant ihre Flucht. Die Freunde von Prinz Charles sind angesichts der Aussicht erbittert und frustriert, daß die königliche Familie von einer verzogenen und zunehmend boshaften Frau erpreßt wird ... In ihrer verwirrten und kindischen Vorstellung kann sie nur Rettung finden, wenn sie ihren Ehemann losgeworden ist. Wenn dabei die Monarchie selbst zerbrechen sollte, dann ist ihr das auch egal.«

Nicht der gnadenlos unfreundliche Ton des Porträts tat Diana so weh, sondern vielmehr die Erkenntnis, daß diejenigen, die noch immer vor ihr buckelten und Hofknickse machten und sie »Freundin« nannten, hinter diesem Angriff steckten. »Ich kann's nicht glauben, ich kann's einfach nicht glauben«, sagte sie geschockt, als ein Freund ihr die Namen der Schuldigen nannte. Denn das war genau der gleiche Freundeskreis, der Charles' Verhältnis mit Camilla Parker-Bowles nachsichtig beurteilt hatte, eine Beziehung, die in Dianas Augen das Krebsgeschwür darstellte, das ihre Ehe von innen heraus aufgefressen hatte. In Anbetracht des Tonfalls der Kritik war das nur noch frustrierender. Wenn sie, wie die Freunde von Charles behaupteten, labil war, konnte man ihre Überzeugung, daß Camilla und Charles in Wirklichkeit eine Ersatzehe führten, glatt als die Einbildung einer unkontrollierbar eifersüchtigen Frau vom Tisch wischen. Etwas Trost bezog sie aus der Tatsache, daß die Wahrheit, sosehr sie ihren Charakter auch verunglimpfen mochte, schließlich doch ans Licht gelangen würde.

Die geflüsterten Telefonate, die klammheimlichen Treffen und die geheimen Geschenke von Camilla und Charles wurden nun als rein freundschaftlich wegerklärt. Doch Diana und ihrer Clique war bekannt, daß ein Versteck mit Liebesbriefen und kessen Postkarten existierte, das sich nicht so einfach als unverfänglich unter den Teppich fegen ließ. Sie war ganz zufällig auf diese Liebesbriefe gestoßen, als sie und Charles sich als Gäste der Königin auf Balmoral aufhielten. Auf Papier mit Camillas Briefkopf verfaßt, bewiesen sie Diana zweifelsfrei die Tiefe der Empfindungen zwischen ihrem Ehemann und der

Frau, die er einst angebetet und dann verloren, jedoch die ganze Zeit über geliebt hatte. Als sie die Briefe las, wurde ihr übel, aber sie empfand auch grimmige Befriedigung darüber, daß ihre Instinkte und Beobachtungen richtig gewesen waren.

Obwohl zwischen den Wales offener Krieg herrschte, der Buckingham-Palast sich in Aufruhr befand und die Diskussionen über eine Trennung liefen, wurde die groteske Farce der Normalität fortgesetzt. Man gab eine Sommerkreuzfahrt, die albernerweise als »zweite Hochzeitsreise« für Charles und Diana tituliert wurde, bekannt. Für die Prinzessin wurde dieser Urlaub zur Hölle. Schmerzliche Erinnerungen an frühere Ferien an Bord der *Alexander* – einer von elf Luxusyachten, die dem griechischen Milliardär John Latsis gehören – machten ihr die Reise unerträglich; aber auch das besorgte Warten auf Neuigkeiten von ihrem Freund Adrian Ward-Jackson, der gerade an AIDS starb; das Telefonat ihres Mannes mit Camilla, das sie mitbekam; und die kochende Wut, die sie bei einer Dinnerparty an Bord empfand, als Charles unbeschwert eine Diskussion über den Wert von Geliebten anfing, trugen das ihre dazu bei. Der Urlaub war mit militärischer Präzision organisiert worden – das ging so weit, daß man sogar zur Täuschung der Medien einen Scheinkonvoi vom Kensington-Palast wegfahren ließ. Diana, zu der an Bord Prinzessin Alexandra, Sir Angus Ogilvy und Lord und Lady Romsey stießen, blieb für sich. Sie hatte eine separate Kabine, lehnte es ab, zusammen mit den Erwachsenen die Mahlzeiten einzunehmen, und spielte die ganze Zeit mit den Kindern. Da sie die Alltagsroutine ihres Mannes kannte, war sie nicht überrascht, als sie ein weiteres Mal zufällig ein Telefonat mithörte, das ihr Mann von der Yacht aus mit seiner speziellen Freundin führte. »Warum haust du mit deiner Lady nicht ab und machst dem Ganzen ein Ende?« fragte sie ihn, der Sache überdrüssig. Für die Prinzessin war dieser Urlaub nur ein weiteres Beispiel für die königliche Doppelzüngigkeit und eigennützige Heuchelei.

Sosehr sich Charles' Clique auch bemühte, die böse Stunde hinauszuschieben, das Netz begann sich dennoch um den Prinzen und seine »andere Frau« zu schließen. Im Laufe des Sommers 1992 erhielten die *News of the World* eine Reihe von anonymen Briefen, die persönlich im Büro der Sicherheitskräfte am Verwaltungssitz der Zeitung in Wapping im Londoner East

End abgegeben wurden. Sie waren an »Mr. Goodwin« adressiert – Clive Goodman ist der Korrespondent aus dem Königshaus – und führten haarklein Daten und Orte von Treffen zwischen Camilla und Charles in Dorset, Gloucestershire und Wiltshire auf. Alle Angaben erwiesen sich als hieb- und stichfest.

Im gleichen Zeitraum ging ein getürkter Brief, auf dem Briefpapier des Buckingham-Palasts, mit »Informationen« über das Privatleben der Wales bei verschiedenen Zeitungen ein. Dann folgte ein Telefonanruf zu diesem Memo von einem Mann, der behauptete, ein »königlicher Insider« zu sein, der jedoch bald als der Verleger eines exzentrischen Wälzers über die Prinzessin von Wales entlarvt wurde. Einige Tage später stand die Herzogin von York jedoch im Mittelpunkt eines weiteren Komplotts, das sie sich diesmal nicht eingebildet hatte.

Die Herzogin, ihre Töchter und ihr »Finanzberater« John Bryan flogen in Begleitung von ein paar Scotland-Yard-Beamten mit einem Privatflugzeug nach Südfrankreich. Sie und Bryan hatten alle nur denkbaren Vorsichtsmaßnahmen getroffen, um die Privatsphäre sicherzustellen. Doch als sie am Swimmingpool ihrer Villa ausgelassen herumschäkerten, konnte ein Fotograf diese intimen Minuten auf Film bannen. Die Bilder, auf denen Bryan Fergie küßt und an ihren Zehen nuckelt, machten weltweit Schlagzeilen. Es war verheerend, für ihr öffentliches Image wie für ihre Verhandlungsposition hinsichtlich der finanziellen Abfindung, die sie von der königlichen Familie bei der Scheidung zu erhalten hoffte. Sie und Bryan vermuteten schmutzige Tricks hinter der Sache. Sie vertraute ihre Angst einer keineswegs überraschten Prinzessin von Wales an. Fergie, die klugerweise an hochrangiger Stelle innerhalb des königlichen Systems einen »Maulwurf« plaziert hatte, bevor sie dem königlichen Leben den Rücken kehrte, erfuhr: »Das war ein abgekartetes Spiel.«

Dahinter stand die Idee, die Herzogin vorzuführen, die sich den wenig beneidenswerten Spitznamen »Freebie Fergie« – sinngemäß »Fergie, die es umsonst macht« – eingehandelt hatte, wie sie wieder einmal einen lockeren Urlaub verlebt. Doch der Palast und die Öffentlichkeit bekamen einiges mehr, als sie erwartet hatten. Obwohl das vielleicht unglaublich machiavellistisch erscheint, akzeptierten die Herzogin und die Prinzessin von Wales diese Auskunft und handelten auch dementsprechend. Es sollte noch schlimmer kommen. Die Veröffentlichung dieser kompromittierenden Fotos fiel mit Fergies Aufenthalt auf Balmoral zusammen. Sie hat dieses Ereignis im nachhinein als »absoluten Tiefpunkt meines Lebens« bezeichnet – Prinz Andrew war so besorgt, daß er sogar den örtlichen Arzt holte –, und nur im Gespräch mit der Prinzessin von Wales fand sie ein bißchen Trost.

Diana hatte jedoch eigene Probleme. Kurz bevor die Unterhandlungen im August 1992 über die leidige Frage der königlichen Trennung von neuem aufgenommen werden sollten, erfuhr sie, daß die Zeitung *Sun* die Veröffentlichung eines unerlaubten Tonbandmitschnitts vorbereitete, auf dem sie sich mit einem Mann unterhielt, der für ihren Freund James Gilbey gehalten wurde. Die dann folgende Veröffentlichung des sogenannten Squidgytape in der *Sun* mit der balkengroßen Schlagzeile »Mein Leben ist die reine Folter« war das peinlichste Ereignis in der königlichen Karriere der Prinzessin. Auf Balmoral besprachen die Königin und Prinz Charles die Konsequenzen des Tonbands, während an anderen weniger großartigen Frühstückstischen die Öffentlichkeit den Gehalt der Unterhaltung zu verdauen versuchte, die angeblich am Silvesterabend 1989 stattgefunden haben sollte, als Diana sich mit der königlichen Familie auf Sandringham in Norfolk aufhielt.

Zunächst stieß die Echtheit des Mitschnitts auf Skepsis, vor allem da der Buckingham-Palast ihn als Fälschung hinzustellen schien. Wie ein Zeitungsredakteur bemerkte: »Es war lediglich ein Telefonanruf von Sir Robert Fellowes nötig, in dem er uns bat, die Sache tiefer zu hängen. Doch das geschah nicht.« Wie bei Fergies Fotos war auch der Zeitpunkt dieser Veröffentlichung grausam gewählt, nämlich genau zu der Zeit, als Diana auf Balmoral war, zu einem Ferienaufenthalt mit der königlichen Familie, die sie selbst unter normalen Umständen stets so anstrengend empfand, daß sie häufig von ihrer Bulimie eingeholt wurde.

Dann kam heraus, daß ihr vorgebliches pikantes Gespräch mit einem männlichen Verehrer, der von seinem Autotelefon aus sprach, unabhängig von zwei neugierigen Amateurfunkern aufgenommen worden war: von einem pensionierten Bankmanager und einer Stenotypistin, die beide im Empfangsbereich einer Landstraße bei Abingdon, Oxfordshire, lebten, wo die Anrufe getätigt wurden. Im Laufe der Unterhaltung ist zu hören, wie die Prinzessin über ihre Isoliertheit innerhalb der königlichen Familie klagt und sich kritisch über ihr unmögliches Leben mit Prinz Charles und die Herzogin von York äußert. Sie sprach von ihrer Angst, schwanger zu werden, ihrer Besorgnis über ein klammheimliches Treffen mit ihrem Bewunderer und ihre Zukunftsträume. »Ich werde hinausgehen und die Welt erobern ... meinen kleinen Teil so, wie ich es kann, beitragen und ihn hinter mir lassen«, sagte sie, nachdem sie beklagt hatte, daß ihr Ehemann ihr Leben »wirklich zu einer echten Tortur« mache. Mitten im Geplauder über gemeinsame Freunde, astrologische Vorhersagen und Mode – Diana gestand, daß sie einen anderen Verehrer, den Armeeoffizier James Hewitt, »von Kopf bis Fuß« eingekleidet habe – redet das Paar über die königliche Familie. Die Prinzessin tut Fergies Versuche, mit Hilfe der Fernsehberühmtheit Jimmy Savile ihr Image aufzupolieren, ab. Sie ruft sich den »seltsamen Blick« der Königinmutter in Erinnerung, mit dem sie während des Mittagessens fixiert wurde. »Es ist kein Haß, es ist eine Art Interesse und Mitleid«, überlegt sie bei ihren Klagen über das Essen mit der königlichen Familie auf Sandringham. »Mir ging es während des Mittagessens sehr schlecht, und ich habe beinahe zu flennen angefangen. Ich habe mich einfach wirklich traurig gefühlt und leer und gedacht: ›Verflucht noch mal, nach allem, was ich für diese verdammte Familie getan habe.‹ ... Es ist einfach so schrecklich. Immer diese Anspielungen, die Tatsache, daß ich irgend etwas Drastisches tun werde, weil ich die Grenzen dieser Ehe nicht ertragen kann.« Während der Unterhaltung mit der Prinzessin, die offensichtlich einsam, verzweifelt und vernachlässigt ist, erhält sie großen Trost von ihrem vernarrten Verehrer, der sie dreiundfünfzigmal »Liebling« und vierzehnmal »Squidgy« oder »Squidge« nennt. Dieses schäkernde Ferngespräch zu einer Zeit, als die Prinzessin gerade erst begann, ihre Eßstörung Bulimia nervosa anzugehen und sich mit dem Verhältnis ihres Mannes mit Camilla Parker-Bowles abzufinden, belegt deutlich ihr chronisch geringes Selbstwertgefühl und daneben den im Entstehen begriffenen Ehrgeiz, ihre zweifelsfrei vorhandenen Fähigkeiten außerhalb der Grenzen des königlichen Systems einzusetzen.

Diana war »am Boden zerstört«, weil das Squidgy-Tonband

auf den Titelseiten erschien, während gleichzeitig Gilbey zum meistgefragten Mann Britanniens aufstieg und Tag und Nacht von Journalistenteams gejagt wurde. Die nächsten paar Wochen verbrachte er größtenteils damit, sich zu verstecken, im Kofferraum der Autos von Freunden verborgen ständig umzuziehen, während Diana versuchte, vor der königlichen Familie ein tapferes Gesicht zu machen. Ihre Stimmungen schwankten wild. »Ich werde nirgendwo hingehen. Ich habe in dieser Familie absolut keinen Beistand, aber sie werden mich nicht kleinkriegen«, erzählte sie besorgten Freunden, nur, um später zu gestehen: »Wenn dies der Preis für ein öffentliches Leben ist, dann ist er zu hoch.«

Obwohl ihre Bemerkungen über eine Schwangerschaft erst am Vorabend ihrer Reise nach Nepal im März 1993 veröffentlicht wurden, wartete sie jeden Morgen besorgt auf die Zeitungen, um herauszufinden, ob dieser Teil des Bandes veröffentlicht wurde. Sie wußte ganz genau, daß Prinz Charles, den sie nach der Veröffentlichung des Tonbands als »ganz aus dem Häuschen« schilderte, und seine Clique unbedingt wollten, daß ihre Unterhaltung in vollem Umfang abgedruckt wurde. Sie meinten, damit könnte der Spielstand ausgeglichen werden. Einer von Charles' aristokratischen Freunden sagte zu einem leitenden Manager der *Sun*: »Wenn News International [die Besitzer der *Sun*] nicht behaupten, daß Diana eine Ehebrecherin ist, werden sie ihre Glaubwürdigkeit verlieren.« Das Gefühl der Isolation in diesem feindseligen Klima war für Diana vollkommen. Eine Freundin, die ihr in dieser Zeit mit Trost zur Seite stand, erinnerte sich:

Sie ist am tiefsten Punkt seit Jahren. Ihr Selbstvertrauen ist zerstört. Diana wird zerbrechen, wenn sie nicht die Hilfe erhält, die sie verdient, und wenn sie die Zitate über die Schwangerschaft veröffentlichen, wird sie gehen. Tatsächlich ist sie drauf und dran, noch heute nacht ihre Koffer zu packen.

Dianas Freundeskreis war aufrichtig gespalten über der Frage, was sie am besten tun sollte. Sollte sie den Sturm aussitzen, angeschlagen, aber immer noch kämpfend, oder sollte sie um ihrer Gemütsruhe willen den Kampf aufgeben? Eine enge

Freundin sagte zu ihr: »Wenn du nicht gehst, werden sie dich zerstören. Wenn nun dein weißes Hochzeitskleid elfenbeinfarben erscheint, ist das nichts Schlimmes. Für die Monarchie und uns selbst ist die Zeit der Unschuld vorbei.« Als sich der Sturm langsam legte, erholte sich das Nervenkostüm der Prinzessin wieder etwas, und von Zeit zu Zeit tauchte der übliche Spencer-Stahl an der Oberfläche auf. Sie sagte zu ihrer Clique: »Ich hatte in elf Jahren zwei Wochen lang eine schlechte Presse. Wenn ihr mir in zwei Monaten sagt, es geht gegen mich los, werde ich es glauben. Es ist ein hartes Geschäft, aber ich gebe nicht auf. Diese ganze Kampagne beruht auf Phantasien und Erfindungen.« Der Leiter der Royal Protection Squad sandte an alle Mitglieder der königlichen Familie ein Memo, in dem er ihnen die Verwendung von Mobiltelefonen für »heikle« Anrufe verbot – ein klassisches Beispiel dafür, die Stalltür zu schließen, nachdem das Pferd durchgegangen ist.

Während die Prinzessin noch ihre Wunden leckte, erhielt sie einen Telefonanruf, diesmal auf einer sicheren Leitung, der ihr fast das Blut in den Adern gefrieren ließ. Ihr wurde mitgeteilt, daß Major James Hewitt, dem gegenüber sie sich so großzügig gezeigt hatte, dabei sei, seine Geschichte an eine Boulevardzeitung zu verkaufen. Diana war entsetzt. Mit den hinterhältigen Angriffen vom Zirkel um Charles konnte sie fertig werden, doch Verrat von ihrer eigenen Seite war unverzeihlich. »Mir fällt es schwer, das zu glauben«, sagte sie. Ganz zufällig rief Hewitt die Prinzessin ein paar Stunden nach der telefonischen Vorwarnung an. Als sie ihn nach seinen Absichten fragte, wich Hewitt ihr ganz uncharakteristisch aus. Schließlich bestritt er die Behauptung. Erst zwei Jahre später beschloß er, Einzelheiten seiner fünfjährigen Freundschaft mit der Prinzessin an die Öffentlichkeit zu bringen. Erstaunlicherweise glaubten die Anhänger von Charles, Hewitt sei einfach nur Dianas Strohmann und seine Geschichte nur eine weitere »Stimme« zur Darstellung ihrer Sicht der Dinge: noch ein Trittstein auf dem Weg aus der königlichen Familie heraus.

Gleichzeitig war Diana bewußt, daß im verschlossenen Tresor in den Büroräumen der *News of the World* bereits eine kontroverse Geschichte über ihre Beziehung zu Hewitt lag, wie sein unzuverlässiger Kammerdiener Lance-Corporal Malcolm Leete enthüllte. Nur Tage nach ihrem Telefonat mit Hewitt schilderte

Leete die frühmorgendlichen Reitstunden der Prinzessin und des schneidigen Majors bei den Combermere Barracks, Windsor, auf den Titelseiten der Zeitungen. Nach Leete kam sich das Paar immer näher und zeigte Diana ihre Wertschätzung für Hewitts professionelle Hilfe in Form teurer Geschenke, darunter eine diamantenbesetzte Krawattennadel und eine Uhr aus Gold und Silber vom Hofjuwelier Asprey. Zuerst reichte Hewitt Klage wegen übler Nachrede ein, doch später zog er die Klage wieder zurück, mit der Begründung, er könne sich eine Fortsetzung der gerichtlichen Auseinandersetzung nicht mehr leisten.

Diese neue persönliche Krise hätte kaum zu einem weniger günstigen Moment kommen können. Diana wußte, daß sie bei zukünftigen Verhandlungen in der Defensive wäre. Stets bereit, sich ihrer Souveränin zu beugen, hatte sie mehrere Unterredungen mit der Königin, die Diana schließlich überzeugte, sie solle ihren Ehemann auf einer offiziellen Besuchsreise nach Südkorea begleiten, die für November angesetzt war. Die Instabilität ihrer Ehe hatte es mit sich gebracht, daß der stellvertretende Privatsekretär von Prinz Charles, Peter Westmacott, mit der Anweisung in den Fernen Osten geflogen war, zwei Reiserouten zu arrangieren: eine mit der Prinzessin zusammen und eine allein für den Prinzen. Diana, die keine Lust zum Streiten hatte, glaubte, die Konzentration der Medien auf ihre Ehe würde von der Reise selbst ablenken.

Schließlich steht die Prinzessin stets loyal zur Krone, und sie war sich bewußt, daß die Königin mit ihren eigenen Schwierigkeiten in einem Jahr zu kämpfen hatte, das sie später als ihr *annus horribilis* bezeichnen sollte. Ihr Anwalt, Sir Matthew Farrer, steckte tief in Verhandlungen mit Downing Street über geheime Vorschläge zur Bezahlung von Einkommensteuern; zahlreiche hohe Kirchenleute geißelten die königliche Familie, weil sie kein gutes Beispiel für das Familienleben gebe; und Meinungsumfragen enthüllten, daß die allgemeine Öffentlichkeit zunehmend unzufrieden mit der Monarchie sei. Prinz Michael von Kent erinnerte rechtzeitig daran, worin die Konsequenzen eines königlichen Lebens bestehen, als er seine Verwandten öffentlich warnte: »Wenn man Privilegien genießt, wie es bei mir durch Geburt der Fall ist, hat man nur die Möglichkeit, eine Art Verpflichtung zu akzeptieren. Man kann nicht all diese Vorrechte in Anspruch nehmen, ohne seinen Teil zu leisten.« Der Premierminister, John Major, nahm stillschweigend die Krise zur Kenntnis, mit der sich das Haus Windsor konfrontiert sah, als er die Monarchie als »verwurzelt, fortdauernd und wertvoll« beschrieb, bevor er zu seinem traditionellen Besuch bei der Königin nach Balmoral aufbrach.

Vor diesem Hintergrund öffentlicher und privater Unruhe hatte die Prinzessin von Wales im Herbst 1992 eine Reihe von Sitzungen mit ihrem Privatsekretär Patrick Jephson und ihrem Anwalt Paul Butner, in denen über die offizielle Trennung von ihrem Mann und ihre königliche Zukunft gesprochen wurde. Zeitungsschlagzeilen, die verkündeten, sie verlange einen eigenen Palast, tat sie als »lächerliche Spekulation« ab, und sie sagte zu jedem, der es hören wollte: »Alles, was ich will, ist, daß Charles den Kensington-Palast verläßt.« Das war nun ihr kurzfristiges Ziel, nachdem das Zerbrechen der märchenhaften königlichen Ehe für alle deutlich geworden war. Personen, die mit den delikaten Verhandlungen zu tun hatten, erinnern sich an ihre augenscheinliche Verletzlichkeit. »Sie hatte schreckliche Angst, daß die königliche Familie ihr die Kinder wegnehmen und sie ins Exil schicken würde«, weiß ein Ratgeber zu berichten. »Es war ihre größte Sorge, und sie war bereit, alles aufzugeben, alles zu tun, damit sie die Jungen behalten könne.« Diana dachte dabei an die Scheidung ihrer Eltern, die mit einer bitterbösen Gerichtsverhandlung endete, bei der ihre Mutter, Frances Shand Kydd, das Sorgerecht für ihre vier Kinder an Dianas Vater, den Earl Spencer, verlor.

Die Gespräche zwischen den Wales, bei denen über die Fragen einer formellen Trennung diskutiert wurde, verliefen durchweg emotional und gereizt; sie endeten – ja, manchmal begannen sie sogar so – mit zugeschlagenen Türen, erhobenen Stimmen und feuchten Augen. »Sie schrien sich an, wie es bei schmutzigen Scheidungen üblich ist«, erinnert sich ein Teilnehmer an den Treffen. Lord Goodman, ein ehrwürdiger Mann des Gesetzes, wurde hinzugezogen, um in Verfassungsfragen, die die Aussicht einer formellen Trennung aufwarf, zu vermitteln. Zu verschiedenen Zeitpunkten wurde der Premierminister konsultiert und gefragt, ob eine Trennung Folgen für die Regierbarkeit des Landes haben würde. Er meinte, das sei nicht der Fall.

Überwiegend standen die Kinder, die Wohnsitze des Paares und ihre Büros im Mittelpunkt der Diskussion. Zur gleichen Zeit, als Diana Charles zum Verlassen des Kensington-Palasts aufforderte, wollte sie auch ihr Büropersonal von dem seinen trennen, die beide im St.-James-Palast saßen, und ihre Mitarbeiter in Räume des Buckingham-Palasts verlegen. Für Charles war diese Forderung nicht akzeptabel. Er war nicht bereit, die Koffer zu packen, sah keinen Anlaß, ihren Verwaltungsstab zu trennen, und blieb hinsichtlich der Zukunft der Kinder hart. Ein Ratgeber des Prinzen erinnert sich: »Dem Prinzen widerstrebte es, den Weg einer formellen Trennung und Scheidung zu beschreiten, nicht nur wegen der Kinder, sondern auch wegen der verfassungsrechtlichen Schwierigkeiten, die daraus entstehen würden. Im Grunde wünschte er, daß alles weiterliefe wie bisher, nur mit dem Unterschied, daß sie getrennt lebten.« Wie sein Stab bezeugen wird, lautet einer seiner Lieblingssätze: »Alles für ein ruhiges Leben.«

Der Mann, der von Geburt an nur die Pflicht und eine nahezu überirdische Verpflichtung der Nation gegenüber kannte, mußte sich nun mit dem zerrütteten Zustand seiner Ehe und seiner unmöglichen Beziehung zu seiner Ehefrau, die ihn schon lange vor diesem schwierigen Sommer des Jahres 1992 quälte, auseinandersetzen. Wie einer seiner Berater mir mitteilte:

Schon Jahre, bevor Ihr Buch herauskam, litt der Prinz in seiner Ehe Höllenqualen. Da war ein Mann, der ein ruhiges, geordnetes Leben liebt, gerne am Strand malt oder in den Bergen wandert. Jedesmal wenn er sie traf, litt er Seelenqualen, da er aus erster Hand erlebte, wie sie Türen zuschlug, drohte, schrie, mit den Füßen stampfte, sich schier unvernünftig benahm. Wenn er mit ihr in der Öffentlichkeit auftrat, war sein Magen vor Anspannung permanent verkrampft. Er fürchtete, sie würde eine Szene machen.

Bei einem Treffen, bei dem die Prinzessin von »meinen Kindern« sprach, wies ihr Mann kühl darauf hin, daß sie sich da irre, es seien die Kinder des zukünftigen Königs. Diana spielte ihr As aus. Ihre Verzweiflung war so groß, daß sie Prinz Charles drohte, sie würde die Kinder nehmen und im Ausland leben, in Australien ein neues Leben beginnen. Zu Anfang stieß ihr Vorschlag auf Hohn und Spott. Dann begann man ihn ernst zu nehmen. Für Prinz Charles und die königliche Familie, die nun Diana als »außer Kontrolle geraten« ansahen, würde damit ihr schlimmster Alptraum Wirklichkeit werden. Anläßlich eines Kriegsrates meinte einer von Charles' Ratgebern, indem er den Präzedenzfall des Herzogs von Windsor anführte, der nach seiner Abdankung kaum jemals mehr nach Britannien zurückgekehrt war, daß die Prinzessin eine so große Gefahr für die Monarchie darstelle, daß man sie ermutigen solle, allein im Ausland zu leben, also im Exil. Dianas Bombe ging also nach hinten los.

Die Vorstellung, ohne ihre Kinder zu leben, war für Diana schlichtweg entsetzlich. Sie wurde schmerzlich daran erinnert, daß ihre Kinder die direkten Thronerben waren und als solche am königlichen Hof großgezogen werden mußten, damit sie die Erfahrung erwarben, um ihre königlichen Pflichten zu erfüllen. Nicht nur konfrontierte man Diana mit den starren moralischen Vorrechten des königlichen Erbes ihrer Söhne, sondern ihr wurde auch bewußt, welche nackten juristischen Gegebenheiten dieser mißlichen Lage zugrunde lagen. Gesetze, die ausschließlich für die königliche Familie gelten, verweigern einer königlichen Mutter effektiv jede Entscheidung bei der Erziehung ihrer Kinder. Klipp und klar gesagt: Die Prinzessin von Wales, die allgemein als fürsorgliche Mutter bewundert wird, hat weniger Rechte über ihre Kinder als eine geschiedene Frau, die in einer Mietwohnung ihren Nachwuchs großzieht. So absurd das scheinen mag, theoretisch kann die Gesetzgebung sie daran hindern, die Mutter zu sein, die sie sein will.

Die braunen in Leder gebundenen Bände der *Halsbury's Statutes* stellen klar, daß die Souveränin nach dem Gewohnheitsrecht die Versorgung und Ausbildung ihrer engeren Familie einschließlich ihrer Enkelkinder kontrollieren darf. Diese Meinung vertraten zehn von zwölf Richtern, die 1717 George I. während einer Auseinandersetzung mit seinem Sohn George, dem Prinzen von Wales, über die Erziehung seines Enkels Prinz Frederick konsultierte. Es ist eine Beurteilung, die seit fast drei Jahrhunderten fortbesteht, ohne je hinterfragt zu werden. Dianas Anwalt warnte, wenn sie es mit der Königin aufnehmen wolle, so sei das ein ungleicher Kampf. Sie würde verlieren, aber Prinz

Charles ginge es genauso. Das Urteil, bekannt unter der Bezeichnung The Grand Question, legt fest, daß der Souverän das Recht besitzt, die mutmaßlichen Erben zu überwachen, in diesem Fall die Prinzen William und Harry, und zwar sogar zu Lebzeiten ihrer Eltern.

Da die Königin das letzte Wort über das Sorgerecht und die Erziehung der jungen Prinzen hat, kann Diana lediglich nach eigenem Gutdünken agieren und verhandeln. Tatsächlich hat die Königin, die sich keineswegs in alles einmischt, dieses letzte Wort bereits einmal gesprochen, als die Prinzessin plante, zusammen mit ihren Söhnen Ende März 1994 ohne Leibwachen Skiurlaub im österreichischen Lech zu machen. Diana fällte diese Entscheidung in dem vollen Wissen, daß die Paparazzi sie verfolgen würden, doch sie wollte nicht nachgeben, selbst als leitende Beamte der Royalty Protection Squad sie dazu aufforderten. Als letzter Ausweg wurde die Angelegenheit der Königin vorgetragen, und nur nach hartnäckigem Protest seitens der Souveränin ließ Diana zu, daß Leibwächter ihre Jungen beschatteten. Noch am Abend vor dem Abflug nach Zürich änderte sie ihre Meinung und sperrte die königlichen Aufpasser aus. Zu spät. Wohl oder übel mußte Diana ihren königlichen Schatten erlauben, an der Reise teilzunehmen, sie stellte aber gleichzeitig klar, daß sie nur die Jungen schützen und ihre eigenen Ferien nicht stören dürften.

Um den Kummer Dianas, wenn die Jungen sich bei ihrem Vater und dem Rest der königlichen Familie bei traditionellen Gelegenheiten wie Weihnachten auf Sandringham und Ostern auf Windsor Castle aufhalten, wurde viel Aufhebens gemacht. Es ist zwar zu spüren, daß der Thronfolger und »Reservist« am Hof ihre Pflichten und Zuständigkeiten kennen, doch die Prinzessin und ihre juristischen Berater wissen, daß sie letztlich nicht die Macht haben, die Königin und den Prinzen von Wales in dieser Frage anzugreifen. Diana erkannte das in ihrer »Time and Space«-Rede im Dezember 1993 an, als sie ihren Rückzug aus dem öffentlichen Leben bekanntgab. »Höchsten Vorrang werden weiterhin für mich unsere Kinder William und Harry haben, die soviel Liebe, Fürsorge und Aufmerksamkeit verdienen, wie ich nur in der Lage bin, ihnen zu geben, und genauso hat eine Wertschätzung der Tradition Vorrang, in die sie hineingeboren wurden.«

Während die Prinzessin von Wales nur eine einzige Schlacht auszukämpfen hatte, sah sich ihr Mann mit einem Zweifrontenkrieg konfrontiert – gegen Diana und Camilla. Camilla war den dauernden Wankelmut genauso leid wie die Prinzessin. Welche Versprechungen er gemacht, welche Zukunftsträume sie geschmiedet haben, wissen einzig Charles und Camilla selbst. Trotzdem berichtete die Prinzessin ihren Freunden schadenfroh über eine Unterhaltung zwischen ihrem Ehemann und seiner ehemaligen Freundin, in deren Verlauf sie zu ihm sagte: »Du tust nie das, was du sagst. Wann wirst du dich endlich entscheiden?« Diana meinte zu ihren Freunden: »Ich habe nicht erkannt, daß sie auf genau das gleiche drängt wie ich.« Das vermittelte Diana Befriedigung, vor allem nach einem im Fernsehen übertragenen Gedenkgottesdienst in der Westminster Abbey, bei dem sie alle drei anwesend waren. »Die Frau hat Nerven«, sagte sie aufgebracht zu ihren Freunden.

In diesem angespannten Herbst 1992 griffen die beiden königlichen Lager nach jedem Fitzelchen Information, gleichgültig, ob sie aus erster oder zweiter Hand stammte oder es sich nur um ein Gerücht handelte. Eine Zeitlang war die Prinzessin überzeugt, Andrew Parker-Bowles sei zur Scheidung entschlossen und wolle zur juristischen Begründung Charles anführen. Damit wäre Dianas Triumph vollkommen gewesen, sie hätte gleichzeitig ihren Ehemann losgehabt, ihre Rivalin bezwungen und der Welt gezeigt, daß sie an der Zerrüttung ihrer Ehe keine Schuld traf. Ihre Triumphgefühle waren nur von kurzer Dauer. Die Sache war gerade erst bekannt geworden, da erklärte Diana bereits ihrem Kreis, der Buckingham-Palast habe auf Parker-Bowles starken Druck ausgeübt, das königliche Boot nicht ins Wanken zu bringen.

Doch das ständige Durchsickern von Pro-Charles-Geschichten hörte nicht auf. Es wurde bekannt, daß er von seinen Angestellten auf Highgrove begeistert empfangen wurde, als er eine Party veranstaltete; daß Diana den Jungen verboten habe, ihren Vater auf einem Besuch eines neuen Kindermuseums in Halifax zu begleiten; und daß er den Fernsehredakteur Jonathan Dimbleby beauftragt habe, seine Biographie zu schreiben, die als »scharfe Erwiderung« zu *Diana. Ihre wahre Geschichte* bezeichnet wurde, und zwar zum fünfundzwanzigjährigen Jubiläum seiner Investitur. Das Image des loyalen Arbeitgebers, des liebenden, wenn auch gehinderten Vaters und der mißverstandenen öffentlichen Persönlichkeit, die er auf Dauer sein würde, begann sich jetzt langsam abzuzeichnen. Als die Vorbereitungen für die gemeinsame Reise nach Korea abgeschlossen wurden, informierte der Privatsekretär von Prinz Charles mehrere Zeitungsredakteure, darunter auch Sir Nicholas Lloyd vom *Daily Express*, daß dies die »Zusammengehörigkeits-Tour« sein würde. »Sie hat wieder das Funkeln in den Augen – vielleicht ist sie verliebt«, meinte eine Zeitung.

Der Festzug kam nicht weit. Die Prinzessin hatte absolut keine Lust, die Heuchelei fortzusetzen, jetzt, da die Trennungsverhandlungen ein kritisches Stadium erreicht hatten. Sie hatte die Absicht, zu signalisieren, wie weit sie sich von ihrem Mann distanziert hatte, wollte aber gleichzeitig, wie bei der Fahnenparade im Juni, ihre Verbundenheit mit der Krone demonstrieren. »Das ist nur erwachsen gehandelt«, bemerkte sie. Eine Freundin, mit der sie ihre Pläne besprach, bevor sie die, wie sich erweisen sollte, letzte Reise mit Prinz Charles antrat, erinnerte sich: »Sie war entschlossen, es zu versuchen und der Welt zu zeigen, was wirklich vorging. Diana war so weit gekommen, sie hatte keine Lust, sich durch eine närrische Posse vom Kurs abbringen zu lassen.« Schlagzeilen wie »Die Mürrischen« und »Wie lange kann diese Tragödie noch weitergehen?« sorgten dafür, daß ihrem Trick Erfolg beschieden war. Wie ein Kommentator meinte: »Auf dem Hangarvorfeld gestern in Seoul vermittelte die tränenfeuchte Maske aufgesetzter Unschuld eine vertraute Botschaft: ›Ich bin so unglücklich. Ich werde so schlecht behandelt.‹« Dianas Gefühl der Verzweiflung war so stark, daß sie, als sie einmal von Seoul aus die Herzogin von York anrief, wehleidig zu ihr sagte: »Ich muß hier raus.«

Die Reise stand außerdem im Schatten überzogener Berichte über den Inhalt der Taschenbuchausgabe von *Diana. Ihre wahre Geschichte*, in der kurz die wütenden Briefe erwähnt wurden, die Diana von Prinz Philip erhalten hatte. Zu dem Zeitpunkt, als die ausgeschmückte Geschichte in den Boulevardzeitungen erschien, konnte man es dem unschuldigen Leser nachsehen, wenn er glaubte, Prinz Philip habe ein Meister der Fleet Street die Feder geführt. Das hatte eine knappe öffentliche Erklärung Dianas zur Folge, in der sie ihre Beziehung zur Königin und zum Herzog von Edinburgh erklärte. »Die Vermutung, sie hätten sich nicht mitfühlend und hilfreich verhalten, ist unwahr und insbesondere schmerzlich«, sagte sie. Normalerweise hätte die Prinzessin nur die Königin namentlich genannt, doch unter den besonderen Umständen der Berichterstattung war das unmöglich. Sie hoffte trotzdem, mit der Unterschlagung von Prinz Charles in der Erklärung die Öffentlichkeit auf ihre Trennung vorbereitet zu haben. Und sie gab noch andere Hinweise. Während einer Reise nach Paris war sie bester Laune, nachdem sie von ihrem Anwalt erfahren hatte, daß Prinz Charles sich endlich bereitgefunden habe, aus dem Kensington-Palast auszuziehen. Dem altgedienten Fotografen Arthur Edwards teilte sie geheimnisvoll mit: »Es ist an der Zeit, daß ich meine Flügel ausbreite.«

Nur Stunden vor der Bekanntgabe der offiziellen Trennung im Unterhaus am 9. Dezember 1992 mußte Diana mit einer eigenen häuslichen Krise fertig werden. Als der Buckingham-Palast und Downing Street gerade den geeigneten Zeitpunkt für die Neuigkeit abstimmten, hatte Diana ganz anderes im Kopf. Ein frühmorgendlicher Anruf von ihrer Mutter Frances Shand Kydd stürzte sie in große Besorgnis. Das Verhältnis zu ihrer Mutter war seit jeher turbulent gewesen und hatte zwischen Abschnitten aufrichtiger Nähe und langen Schweigeperioden geschwankt, doch diese Unterhaltung nun war eine der emotional aufwühlendsten ihres Lebens. Der Ton ihrer Mutter war voller Selbstmitleid, tränenreich, hysterisch und destruktiv. Da sie in der Liebe nie Glück hatte – zwei Ehen hatten mit einer Scheidung geendet –, war Dianas Mutter nach dem Bruch einer dritten ernsthaften Beziehung zutiefst verzweifelt. Diana schob ihre eigenen Probleme beiseite und schaffte es unter Einsatz all ihrer Kräfte, die Mutter zu beruhigen und sie aus ihrer Melancholie zu holen. Das war noch eine zusätzliche emotionale Belastung, die sie zu einer Zeit nie dagewesenen Stresses aushalten mußte.

Und sie mußte noch mehr Tränen trocknen, als sie ihre Jungen, die Prinzen William und Harry, im Ludgrove-Internat in Berkshire aufsuchte, um ihnen die Nachricht von der Trennung zu überbringen. Die Jungen wurden in die Privaträume von Rektor Gerald Barber geführt, und dort erklärte die Prinzessin ihnen im Beisein der Rektorsfrau Jane die Veränderungen in ihrem Leben. Prinz William, damals zehn Jahre alt, brach in

Tränen aus, während Prinz Harry, zwei Jahre jünger als sein Bruder, ratlos und gleichgültig wirkte. Ihre jeweilige Reaktion hing natürlich mit ihrem Alter zusammen – größere Kinder leiden stärker unter den Problemen der Eltern miteinander –, aber auch mit ihrem Charakter. Harry, extrovertiert, spitzbübisch, aber auch nachdenklich, ist das perfekte Gegenteil seines scheuen, ziemlich förmlichen älteren Bruders. Von den beiden ist es William, der sich zur Mutter hingezogen fühlt. – »Ich will Polizist werden, damit ich auf dich aufpassen kann, Mami«, sagte er einmal. Bei dieser tränenreichen Zusammenkunft sah sie standhaft davon ab, den Namen der Frau zu erwähnen, die einen langen Schatten über ihre Ehe geworfen hatte und, ihrer Ansicht nach, der Grund für die Zerrüttung war.

Camilla Parker-Bowles wurde von Diana nicht – und wird es auch nie werden – als Begründung für das Scheitern ihrer Ehe benutzt – zumindest nicht vor den Kindern. Gespräche mit ihren Freundinnen, die selbst Scheidungskinder waren, haben ihr allzu bewußt gemacht, wieviel Leid es Kindern bereitet, wenn für das Auseinanderbrechen der Ehe »die andere Frau« verantwortlich gemacht wird. Zu diesem Zeitpunkt war sich die Prinzessin nicht sicher, daß Charles gehen und seine große Liebe heiraten und ihr sagen würde, gleichgültig wie ihre eigenen Gefühle aussahen, die mütterliche Vernunft müsse sie dazu bringen, daß sie eine eventuelle Beziehung ihrer Söhne zu einer zukünftigen Stiefmutter nicht gefährden dürfe. Für die Prinzessin kamen die Jungen an erster Stelle – was sie das auch kosten mochte. Bevor sie Ludgrove verließ, sorgte Diana dafür, daß ihre Söhne keine Zeitungen mehr zu sehen bekamen.

Sie nahm die Titelseiten zwar gleichfalls nicht zur Kenntnis, doch ein Aspekt an der Erklärung des Premierministers John Major, die eine große Diskussion auslöste, hatte sie hellwach werden lassen. Er hatte den ungläubig lauschenden Parlamentsabgeordneten mitgeteilt: »Es besteht kein Grund, warum die Prinzessin von Wales zur gegebenen Zeit nicht zur Königin gekrönt werden sollte.« Lord Blake, der Verfassungshistoriker, der auf Geheiß des Palasts handelte, setzte später hinzu, der Premierminister habe lediglich die bestehende juristische Lage dargestellt. Dennoch rief er damit Konsternation im Parlament und darüber hinaus hervor. Der Tory-Abgeordnete John Bowis brachte die allgemeine Stimmung zum Ausdruck: »Zwei Kutschenprozessionen, die aus verschiedenen Ecken Londons zur Krönung in die Westminster Abbey fahren und anschließend wieder getrennte Wege einschlagen, sind undenkbar. Sie müssen zusammen eintreffen, oder ich fürchte, man wird eine Generation überspringen müssen.« Als die Debatte über das Für und Wider einer Krönung von William zum nächsten König entbrannte, beschrieb die erschöpfte Prinzessin von Wales Majors Bemerkungen als »nicht hilfreich«. Um seine Bereitschaft, König zu werden, nach der Trennung im Dezember noch zu unterstreichen, ließ Prinz Charles seine engsten Ratgeber verbreiten, er hege nicht die Absicht, sich wieder zu verheiraten, und gelobte seine Loyalität der Krone gegenüber. Ein Ratgeber behauptete: »Er will nicht als Charles der Geschiedene in die Geschichte eingehen.« Wieder einmal wurde weiser juristischer Rat gesucht. Lord Goodman meinte, ein geschiedener König sei für das Land akzeptabel, ein zweimal verheirateter Souverän allerdings nicht.

Diana wußte instinktiv seit dem Augenblick, als Prinz Charles sie im Kinderzimmer von Windsor Castle um ihre Hand gebeten hatte, daß sie niemals Königin werden würde. »Eine innere Stimme sagte mir: ›Du wirst nicht Königin werden, aber du wirst eine schwere Aufgabe haben.‹« Die nachfolgenden Jahre haben dieses erste Gefühl nur noch verstärkt.

Zum Jahresende 1992 war Diana emotional erschöpft und körperlich aufgezehrt. »Ich habe einfach keine Reserven mehr«, sagte sie zu Freunden. Ihre ehemalige Astrologin Penny Thornton bemerkte dazu: »Diese Zeit ist ein enormer Test für die Gesundheit einer Frau, die auf emotionalen Druck höchst empfindlich reagiert. Das ist in vielerlei Hinsicht unfair. Wenn sie jemals geistige und therapeutische Hilfe brauchte, so ist das jetzt der Fall.« Doch in den Tagen, bevor sie ein bißchen weihnachtlichen Frieden und Privatheit bei ihrem Bruder auf Althorp in Northamphire fand, mußte sie sich noch für die zahlreichen hochrangigen Verpflichtungen und Reden stählen. Sie schrieb allerdings an Prinzessin Anne und lehnte höflich eine Einladung zu deren Hochzeit mit Commander Timothy Laurence, einem ehemaligen Oberstallmeister der Königin, mit der Begründung ab, ihre Anwesenheit würde von Annes großem Tag ablenken.

Die Ereignisse im *annus horribilis* der Königin – die Trennungen der Yorks und Wales, die Oben-ohne-Fotos von Fergie, die verschiedenen intimen Mitschnitte königlicher Gespräche, die Entscheidung der Souveränin, Einkommensteuern zu zahlen und die Zivilliste zu kürzen – hatten dem königlichen Märchen endgültig ein Ende gesetzt. Im Jahr 1992 kollidierten Mythologie und Realität miteinander, es war ein Jahr, in dem schlichte Tatsachen über die vertraute Fiktion siegten. »Der Symbolgehalt des Feuers in Windsor Castle entging keinem in der Familie«, sagte Diana zu ihren Freunden.

Am schlimmsten beschädigt wurde das Image der königlichen Familie als die »perfekte« Familie. Es war nicht mehr länger möglich – wie noch in früheren Generationen –, die Tatsache zu verschleiern, daß die *royals* auch nur fehlbare Menschen sind. Die Zerstörung des Märchens wurde willkommen geheißen, bezeichnenderweise durch die karitative Eheberatung Relate, deren Schirmherrin die Prinzessin von Wales war. Sechs Tage nach ihrer Trennung von Prinz Charles sagte der Direktor von Relate, David French, in einer Ansprache:

> *Wir sollten nicht mehr von einer öffentlichen Meinung ausgehen, die sich von den mächtigen Ikonen der Zwei-plus-zwei-Familien der TV-Werbung, die ständig lachen und niemals streiten, oder der unehrlichen Vorgabe täuschen läßt, daß unsere Persönlichkeiten des öffentlichen Lebens eine Stufe häuslicher Perfektion erreichen sollen, nach der wir selbst niemals streben würden. Die öffentliche Stimmung in diesem Land ist jetzt eher bereit zu akzeptieren, daß Familien unterschiedlichsten Zuschnitts funktionieren können – und das auch gut tun – manche mit einem Elternteil, andere mit zweien.*

Allzu viele Jahre lang war Diana widerwillig ein Teil des Humbugs gewesen, der ihr Leben in der königlichen Familie umgab. Eine der engsten Vertrauten von Diana bemerkte einmal: »Sie merkt nun, daß es kein Verbergen mehr gibt. Alles liegt jetzt offen zutage. Es gibt keinen Grund mehr, weiter zu lügen oder sich vor der Wahrheit zu verstecken. Allein diese Tatsache hat ihr in der Aufregung der letzten paar Monate sehr viel Kraft gegeben.« Jahrelang hatten Diana und Fergie das Märchen heiterer königlicher Ehen und einer gütigen Monarchie gelebt und geatmet. Das hat sie beinahe beide zerstört, psychisch wie physisch. »Letztes Jahr haben wir geholfen, ein Leben zu retten, davon bin ich fest überzeugt«, sagte eine Frau aus Dianas Umkreis und verteidigte damit in privatem Rahmen ihren Entschluß, über die einsame Hölle Dianas in der königlichen Familie zu sprechen.

Nun war die Prinzessin endlich bereit, die Fesseln einer hoffnungslos unglücklichen Ehe abzuschütteln. Ein neues Leben winkte, ein freieres Dasein, das nur ein Jahr zuvor noch wie ein unmöglicher Traum erschienen wäre. Ein Neuanfang allein, aber ein Leben, das noch immer innerhalb der königlichen Familie und des königlichen Systems gelebt werden mußte, die sie zu verachten und mit Mißtrauen zu sehen gelernt hatte. Es war ein unguter Kompromiß, und es dauerte nicht lange, bis Diana sich von neuem an den Stäben ihres goldenen Käfigs scheuerte. Zu Freunden sagte sie: »Ich habe mich verpflichtet, ich habe zugestimmt, für den Augenblick die Zeche zu bezahlen. Der Spaß wird kommen, vielleicht in zwei oder drei Jahren.

Ich lerne, geduldig zu sein.«

3

Mein Freund, Mr. Gorilla

Als allererstes beschloß Diana, das Mahagoni-Doppelbett hinauszuwerfen, in dem sie seit ihrer Verheiratung elf Jahre zuvor im Kensington-Palast geschlafen hatte. Dann ließ sie das Schlafzimmer neu streichen, die Schlösser austauschen und die Nummer ihres privaten Telefonanschlusses ändern. Aber sie behielt »Mr. Gorilla«, das riesige Stofftier, das an einer cremefarbenen Wand des Schlafzimmers lehnte. »Er hat ein Auge auf mich«, sagt sie lächelnd. Sie behielt außerdem ihre Menagerie an Kuscheltieren, die sie seit ihrer Kindheit gesammelt hatte. Sie haben ihren Platz auf dem Sofa am Fußende des Bettes, während ihr abgewetzter, aber heißgeliebter Teddy auf ihrem Kissen liegen darf. Ihr Zoo von trostspendenden Wesen – der an sich überrascht, denn sie hat keine Haustiere – vergrößerte sich stark, als die Umzugs-Lkws mit ihren Kinkerlitzchen und Erinnerungsstücken aus Highgrove ankamen. Dianas Froschsammlung war bald auf ihrem bereits vollen Schlafzimmertisch zwischen andere Keramiktiere und niedliche Zierdosen gequetscht. Der Pokal, den sie an der West-Heath-Schule in einem Tauchwettbewerb gewonnen hatte, fand einen Platz zwischen den Fläschchen mit Aromaölen, Badeessenzen, Püderchen und Parfüms in ihrem angrenzenden Marmor-Badezimmer. Wenn sie sorgfältig ihr Make-up vor dem riesigen pompösen Badezimmerspiegel auflegt, kann die Prinzessin ihre Trophäe anschauen und an glücklichere unbeschwerte Tage zurückdenken.

Viele Jahre lang hatte man in den Appartements acht und neun, wo der Prinz und die Prinzessin lebten, wenn sie in London waren, kaum ein Lachen gehört und nur selten ein Lächeln gesehen. »Ich habe das Gefühl, ich wäre in diesem Haus viele, viele Male gestorben«, hat Diana Freunden erzählt. Besucher spürten schnell die freudlose Atmosphäre – Worte wie

»tote Energie«, »düster« und »angespannt« kamen einem in den Sinn. Selbst Dianas Schlafzimmer war von Traurigkeit erfüllt. »Ich kann mir vorstellen, daß sie nachts im Bett liegt, ihren Teddy liebkost und weint«, bemerkte eine ehemalige Hausangestellte, als sie über dieses Klein-Mädchen-Schlafzimmer sprach, das mit starr blickenden Stofftieren vollgestopft ist.

In den Monaten nach der Trennung fiel Besuchern, die häufig kamen, eine Veränderung auf: Das Personal schien freundlicher, weniger formell, die Atmosphäre gelöster und entspannter zu sein. »Es wurde viel mehr gescherzt und gelacht, die Kriecherei war nicht mehr so stark«, stellte eine Freundin fest. »Selbst die Reinemachefrauen sagen hallo.« Das war wirklich eine Veränderung gegenüber den Tagen, als sie sich noch in den Schränken verstecken mußten, wenn *royalties* da waren. Im Laufe des Winters 1992 fanden zahlreiche Umzugsfahrten zwischen Highgrove, dem St.-James-Palast und dem Kensington-Palast statt. Ein Gemälde von Prinz Charles im Kilt, das in der Eingangshalle des Kensington-Palasts gehangen hatte, wurde weggepackt, genauso seine Gemälde und Drucke mit Jagd-, Schieß- und zeremoniellen Darstellungen. Sein schwerer Mahagonischreibtisch, seine Bibliothek, die unter anderem auch Bücher mit Widmungen von Winston Churchill und Laurens van der Post enthielt, und andere Erinnerungsstücke wurden vorsichtig abtransportiert, während Diana mit den Prinzen William und Harry in der Karibik Urlaub machte.

In einer geheimgehaltenen und sorgfältig geplanten Nacht- und-Nebel-Aktion wurden seine Militär- und Parade-Uniformen in Plastikhüllen gesteckt, auf Metallbügel, wie man sie aus chemischen Reinigungen kennt, gehängt und in den St.-James-Palast gefahren, wo man sie quer über den Hof in die neuen Appartements des Prinzen brachte. »Es war ein würdeloses und höchst trauriges Ende des Märchens«, wie ein Palastangestellter meinte. Zur gleichen Zeit fuhr ein Konvoi von Umzugswagen Dianas persönliche Besitztümer aus Highgrove nach Osten. Dianas Drucke von Raoul Dufy, ihre Aquarelle von Sir Hugh Casson und eine Bleistiftzeichnung ihres Großvaters, des siebten Earl Spencer, von Adrian Beach wurden gegen die Drucke von Polo-Szenen, silbergerahmte Familienfotos und Charles' kostbare, in Leder gebundene Bücher über militärische Feldzüge ausgetauscht. Das Paar, das während seiner Ehe eine wahre

Schatzhöhle an Geschenken erhalten hatte, deren Wert auf zehn Millionen Pfund geschätzt wurde, warf ungeliebte Geschenke und Besitztümer bedenkenlos ins Feuer. Auf dem Grund und Boden von Highgrove wurde ein Scheiterhaufen ihrer überflüssig gewordenen Sachen, darunter ein Schachspiel, Briefpapier mit dem Briefkopf von Charles und Diana, Zierat und andere Nippes, aufgeschichtet. Auch das gehörte zum, wie ein Angestellter sich ausdrückte, Ausmisten; wertvolle Dinge wurden auf Windsor Castle eingelagert oder an karitative Einrichtungen gegeben. Ein silbernes Modell der HMS *Bronington*, des einzigen Schiffes der Marine, das jemals unter dem Kommando von Prinz Charles stand, entging der Säuberungsaktion. Es steht noch immer im unteren Wartezimmer im Kensington-Palast und ist somit eines der wenigen Dinge, die daran erinnern, daß der Prinz einmal in diesem eleganten königlichen Appartementhaus gelebt hat, in dem auch Prinzessin Margaret, der Prinz und die Prinzessin Michael von Kent, Prinzessin Alice und der Herzog und die Herzogin von Gloucester wohnen.

Diana hatte nicht so viel Glück. Im Laufe der folgenden Monate wurde jeder Hinweis darauf, daß sie einmal auf Highgrove zu Hause gewesen war, systematisch getilgt. Charles beauftragte den in der Gegend ansässigen Designer Robert Kime, Highgrove und seine neue Wohnung im St.-James-Palast umzugestalten, in der vor ihm Lord Chamberlain, der Earl von Airlie, gewohnt hatte. Als Prinz Edward mit seiner Freundin Sophie Rhys-Jones Charles' Landsitz besuchte, fiel dieser sofort auf, daß unter den vielen Familienfotos und -porträts kein einziges Bild von seiner ihm fremd gewordenen Frau war.

Im privaten Wohnzimmer von Prinzessin Diana im ersten Stock des Kensington-Palasts gab es allerdings auch keine Bilder von Charles. »Die sind vermutlich schon vor Jahren im Reißwolf gelandet«, sagte eine Freundin. Dieser Raum war während ihrer ganzen Ehe in Dianas Worten »meine Zufluchtsstätte, mein Reich und mein Nest« gewesen und gewährt einen faszinierenden »Blick durchs Schlüsselloch« auf ihren Charakter, ihre Stimmungen und Interessen. Musik, laute Musik und der Duft von Freesien, ihren Lieblingsblumen, und weißer Casablanca-Lilien begrüßen die Besucher. Stücke aus Musicals wie *Phantom der Oper* und *Die Elenden* hört sie am liebsten, aber auch gerne Vangelis, den Komponisten von *Chariots of*

Fire (Die Titelmusik zu *Die Stunde des Siegers*). Am häufigsten allerdings entspannt sie sich zu den Klängen von Chor- oder Kirchenmusik von Bach, Händel und Mozart. Die Jasminduft verbreitenden Kerzen, die am Marmorkamin brennen, erhöhen die friedvolle Stimmung noch und wirken beruhigend auf ihre Nerven.

Ihr Wohnzimmer ist ein Schrein für die beiden Männer in ihrem Leben, die Prinzen William und Harry. Vor dem Kamin liegt ein einehalb Meter großes Nashornkissen für sie, auf das sie sich zum Fernsehen legen, und wo immer möglich stehen holz- und silbergerahmte Fotos von ihnen herum, die die Jungen beim Go-Kartfahren, in Panzern, auf dem Rücken von Pferden, beim Radfahren und Fischen, auf Polizeirädern oder in Schuluniform zeigen. Fünf Schwarzweißfotos der Jungen, die Patrick Demarchelier gemacht hat und die im Kinderzimmer hängen, hat sie am liebsten.

Gerahmte Fotos von ihrem verstorbenen Vater, Earl Spencer, ihren Schwestern Jane und Sarah und ihrem Bruder Charles zieren den Kaminsims des Wohnzimmers. In dieser Galerie befinden sich auch Schnappschüsse von der Prinzessin selbst; eine signierte Schwarzweißfotografie von ihr, wie sie mit dem Filmregisseur Richard Attenborough tanzt, eine weitere mit dem Sänger Elton John, eine dritte mit Liza Minelli und andere privat aufgenommene Bilder von der Prinzessin, auf denen sie Audrey Hepburn in Kostümen aus dem Film *Frühstück bei Tiffany* imitiert. Die Anrichten sind vollgestopft mit Bildern und Alben; ein fröhlicher Schnappschuß, an dessen unterem Rand das Wort »Oops« hingeschrieben wurde, zeigt sie als in die Kamera »schmachtenden« Teenager.

Wenn sie in Stimmung dazu ist, führt sie engen Freunden ein Video vor, das sie mit ihrer früheren Tanzlehrerin Anne Miller zusammen von einem Act zur Musik des Films *Top Gun* und zu *Phantom der Oper* aufgenommen hat. Signierte Ballettschuhe hängen hinter der Tür und von einem Tisch. Gemälde von Tanzszenen, die von ihrem Lieblingskünstler, dem Amerikaner Robert Heindel, stammen, schmücken die Wände. (Einmal sah sie sich privat seine neuesten Arbeiten ganz früh am Morgen an, als diese in einem Kaufhaus in der Oxford Street ausgestellt waren.) Als Kind pflegte sie mit anderen Schülerinnen zusammen vor dem Bühneneingang des Royal Opera

House in der Hoffnung zu warten, ein Autogramm von ihren Lieblingstänzern oder -tänzerinnen zu ergattern. Das Mädchen, das bekanntlich zu sehr in die Höhe schoß, um Ballerina werden zu können, ist noch heute fasziniert von den Bewegungen und der Athletik dieser graziösesten Form der Kunst. Sie weiß eine Menge über die Technik des Tanzes und nimmt sich oft die Zeit, Tänzern bei den Proben zuzusehen, ihre Triumphe mitzufeiern und sie bei Mißerfolgen zu trösten. »Zumindest hat man Sie zur Kenntnis genommen«, sagte sie zu dem ehemaligen Tänzer und heutigen Choreographen Anthony Dowell nach einer Reihe negativer Kritiken.

Seit ihrer Hochzeit hat die Prinzessin ein starkes Interesse für Psychologie und insbesondere die Rolle der Frau in der Welt entwickelt. Feministinnen, die sie früher als »zu süß, zu nett und zu folgsam« abtaten, würden zu ihrer Überraschung bei Diana Titel wie *Frauen und Macht* von Nancy Klein oder *The Triumph of the Western Mind*, aber auch Bücher über Heilkunst und die Macht des positiven Denkens vorfinden. Ihr augenblickliches Interesse für islamische Philosophie und Kultur geht auf ihren Freund Oliver Hoare zurück: »Ich habe 101 Bücher, die ich gerne lesen möchte, ich finde sie spannend«, sagt Diana.

Sie war gefesselt von Brian Keenans *An Evil Cradling*, einem bedrückend offenen Bericht über seine Zeit als Geisel in Beirut, und Jill Morrells Rolle in *Some Other Rainbow*, wo sie ihren langen Kampf um die Freilassung ihres als Geisel festgehaltenen Freundes John McCarthy schilderte, hob ihre Stimmung. Dianas morbide Angst vor geschlossenen Räumen und ihr Gefühl des Eingesperrtseins innerhalb des königlichen Systems waren der Grund dafür, daß diese Bücher sie so stark beeindruckten. Tatsächlich ist der graue batteriebetriebene Reißwolf, der auf einem Papierkorb neben dem Schreibtisch in ihrem Wohnzimmer steht, eine unablässige Mahnung an die Vorsicht und Einengung, die ihr Leben beherrschen. Wie eine Geisel gegenüber dem Geiselnehmer empfindet auch Diana eine Haßliebe zu ihrem Zuhause im Kensington-Palast. Einerseits ist die Wohnung für sie ein Ort des Elends und der Qualen, und doch, erzählt sie Freunden, »fühle ich mich hier sicher«. Ihr Wohnzimmer, das mit tröstlichen Arrangements von Keramiktieren, gerahmten Fotos, Emaildosen und -figürchen vollgestopft ist, vermittelt den Eindruck einer Frau, die versucht, sich vor den Übergriffen der Außenwelt zu schützen. »Es ist wie das Zimmer einer alten Dame, bis zur Decke vollgepackt mit Schnickschnack«, meint eine Freundin. »Es muß ein Alptraum sein, hier abzustauben, und ein Minenfeld für die Kinder. Man kann sich kaum rühren.« Ein anderer enger Freund erklärt die Mentalität, die hinter dieser Überfülle steckt. »Es kommt bei Leuten aus zerrüttetem Elternhaus häufig vor, daß sie sich gerne mit materiellen Besitztümern umgeben. Sie bauen sich ein Nest.«

Dianas sanfter, gelegentlich sich selbst abwertender Humor hellt die allgemeine Atmosphäre etwas auf. Beispiele dafür finden sich überall im Wohnzimmer. Auf den Sesseln liegen Seidenkissen, die mit humorigen Motiven bestickt sind, etwa: »Gute Mädchen kommen in den Himmel, schlechte Mädchen kommen überallhin«, »Man muß viele Frösche küssen, bis man den Prinzen findet« oder »Mir tun Menschen leid, die keinen Alkohol trinken, denn wenn sie morgens aufwachen, ist das für sie das beste Gefühl des ganzen Tages«. Ihr Badezimmer und die Toilette zieren Zeitungskarikaturen, auf denen Prinz Charles im Gespräch mit seinen Pflanzen und ihre Visite beim Papst im Vatikan dargestellt sind; das ist ein kleiner Hinweis darauf, was sie komisch findet.

Ihr trockener Humor – ein Scherz, der ihr gefällt, ist der, ihren Gästen im Detail zu schildern, was alles notwendig ist, bis ihr Brot aus Highgrove endlich in Form winzigkleiner Toastschnitten auf ihrem Eßtisch landet – beeindruckt häufig Besucher, denen im offiziellen Wohnzimmer dreißigminütige Audienzen gewährt werden. Die Verschiedenheit ihrer Besucher ist ein Beleg für das breite Spektrum ihrer Interessen. Mike Whitlam vom Roten Kreuz und Sandra Horley von Refuge, dem arg mitgenommenen Frauenhaus, empfängt sie regelmäßig, doch man könnte sie auch in jeder beliebigen Woche mit der Leiterin eines Hospizes, einem Professor, der sich mit Rückgratverletzungen befaßt, kommandierenden Offizieren oder dem Filmregisseur David Puttnam antreffen. Ein paar Glückspilze werden zum Lunch im nebenan gelegenen Eßzimmer eingeladen. Die Tage, als sie sich so hilflos vorkam, daß es ihr peinlich war, Freunde zum Lunch einzuladen, werden immer seltener. Sie ist jetzt eine vollendete Gastgeberin, in der Lage, einen gewagten Witz zu reißen und gleichzeitig unter dem Tisch auf die Klingel zu drücken, um ihren Butler Paul Burrell zu rufen. Die Besucher stimmen der Behauptung des ehemaligen Privatsekretärs der Königin, Lord Charteris, nicht zu, daß sie »kaum plaudern« könne. Sie beschreiben die Lunches vielmehr als »unterhaltsam und ungezwungen« und das Essen, das die Küchenchefin Mervyn Wycherley zubereitet, als leicht und einfallsreich. Kleine dekorative Veränderungen seit der Trennung sind bemerkt worden; die Wände wurden neu gestrichen, Terrakottavasen sind mit Gestecken aus Moosen und Zweigen gefüllt, und die steifen Militär- und Architekturgemälde sind durch zarte Landschaftsbilder ersetzt worden. Obwohl unvermeidlich eine femininere Stimmung herrscht, konnte sich Diana doch nie entschließen, ihrem ersten Impuls zu folgen und ihr Zuhause vollkommen umzugestalten.

In den Monaten nach der Trennung war sie hin- und hergerissen zwischen dem Wunsch, im Kensington-Palast zu bleiben, und der Sehnsucht nach einem eigenen Heim auf dem Lande. Ihre Unentschiedenheit verrät alles über ihre Stellung innerhalb der königlichen Familie. Fast zwei Jahre vor dem Bruch hatte sie ernsthaft die Möglichkeit erwogen, sich einen eigenen Landsitz anzuschaffen. Das Gefühl, im Kensington-Palast mit seiner ununterbrochenen Überwachung durch das Personal und die Polizei wie in einem offenen Gefängnis zu leben, nagte an ihrer Seele. Highgrove machte sie genauso depressiv. Es war Charles' Domäne; das Haus, in dem Camilla die Königin war. Sie sehnte sich danach, auszubrechen, und mußte dennoch einsehen, daß man den Kauf eines Hauses so interpretieren würde, daß sie ihre Ehe als gescheitert betrachte. Ein Freund erinnert sich: »Sie hätte damit in Wahrheit ausgedrückt, daß alles vorbei sei. Man hätte sie als diejenige betrachtet, die den Bruch vollzog, und somit hätte man ihr die Verantwortung für das Ende der Ehe angelastet. Eine Sache, die bei ihr weit vor allem anderen rangiert, ist ihre tiefsitzende Angst, gerügt und verurteilt zu werden. Deshalb trat sie wie stets den Rückzug an.«

Nachdem die Trennung bekanntgegeben worden war, dachte Diana von neuem an einen Umzug. Im Frühjahr 1993 war sie zunehmend unglücklicher damit, daß sie im Kensington-Palast leben mußte. Die meisten Wochenenden verbrachte sie bei ihren Freunden Julia und Michael Samuel in deren wunderschönem Haus in Berkshire oder auf dem Landsitz von Lord und Lady Palumbo. Jedesmal vor der Rückkehr in den Kensington-Palast sank ihr das Herz. »Ich wache am Sonntagmorgen auf und denke mit Grauen daran, daß ich zurückmuß«, erzählte sie Freunden. »Es ist wie die Rückkehr ins Gefängnis.« Ihr Gefühl, daß die Überwachungskameras und die Sicherheitskräfte sie einengten und beobachteten, verstärkte nur noch ihr Bedürfnis, sich ein eigenes privates Heim zu suchen. Es kamen allerdings noch andere Überlegungen ins Spiel. Sie befürchtete, wenn man sie ein kleines Vermögen für ein eigenes Haus ausgeben sähe, würde das die Öffentlichkeit nicht gut finden, und auch das Lager von Prinz Charles oder die Hofbeamten des Buckingham-Palasts würden das nicht kommentarlos hinnehmen. Sie meinte, vermutlich zu Recht, daß innerhalb wie außerhalb des Palasts Kritik wegen der Kosten für ihre Sicherheit laut werden würde, die für den Schutz einer Prinzessin von Wales entstünden, die doch an sich nur noch ein Anhängsel im weiteren Umfeld der königlichen Familie darstellte. Genau wie sie in den Monaten vor der Trennung ihren roten Mercedes-Sportwagen aufgegeben hatte, weil sie nicht als Verschwenderin gelten wollte, fürchtete sie nun, daß es in der Öffentlichkeit auf Kritik stoßen würde, wenn der Steuerzahler Tausende von Pfund für ihren Schutz blechen müßte.

Vom Leben in London frustriert, dem Kauf eines eigenen Hauses abgeneigt, war die Prinzessin »aufgeregt und erfreut«, als ihr Bruder Earl Spencer ihr im April 1993 ein Haus auf Althorp anbot. »Endlich kann ich mir ein gemütliches Nest bauen«, erzählte sie Freunden voller Enthusiasmus bei der Vorstellung, ihr eigenes Heim einzurichten und zu entwerfen. Zum erstenmal würde sie wirklich sich selbst ausdrücken können, ohne dabei über die Schulter schauen zu müssen oder an traurige Ereignisse erinnert zu werden. Durch das Angebot ihres Bruders, das Gartenhaus, ein Gebäude in der Nähe von Althorp House mit vier Schlafräumen, zu beziehen, wurde auf elegante Weise auch das Problem vermieden, extravagant zu erscheinen. Sie wandte sich an Dudley Poplak, einen in Südafrika geborenen Designer und Freund der Familie, der bereits die Inneneinrichtung des Kensington-Palasts übernommen hatte. Da sie unbedingt noch vor dem Beginn der Schulferien im Sommer einziehen wollte, brachte die Prinzessin Poplak und die Jungen zum Haus, damit sie sich umsehen konnten. Nach einem Gartenpicknick durften die Jungen durch die Gegend toben, während ihre Mutter Farbmuster, Stoffe und Tapeten – helle Blau- und Gelbtöne wurden vorläufig ausgesucht – besprach. Vor allem wollte sie ihr neues Heim »gemütlich« machen. Das wiederholte sie fortwährend angesichts der erregenden Aussicht auf ein neues Leben, die sich für sie eröffnet hatte. Das Gartenhaus hatte noch einen anderen Vorteil: Es war von keinem Gebäude auf dem Anwesen aus einsehbar, was ihr völlige Ungestörtheit sicherte. Und das beste war, der allgegenwärtige bewaffnete Leibwächter würde nicht in ihr neues Heim eindringen müssen, denn in unmittelbarer Nähe stand ein kleines Haus, in dem er untergebracht werden konnte. Ihre Detektive Ken Wharfe und Peter Brown besuchten ebenfalls das Anwesen, machten mit einer Sofortbildkamera Fotos und besprachen mögliche Standorte für die Überwachungsausrüstung.

Nur drei Wochen später brach Dianas schöne neue Welt zusammen. Earl Spencer rief bei ihr an und sagte, ihm sei bei der Idee nicht mehr wohl. Er führte an, die zusätzliche Polizeipräsenz, die unvermeidlichen Kameras und anderen Überwachungsmaßnahmen – zu Anfang bestand die örtliche Polizei auf einem Team von vier Beamten mit Maschinengewehren und Spürhunden – wären mit einem nicht mehr akzeptablen Grad an Belästigungen verbunden. Da Althorp House auch für die Öffentlichkeit zugänglich sei, würde ihre Anwesenheit die Schwierigkeiten noch erhöhen, ein stattliches Haus zu führen, und folglich würde man sich zu verschiedenen Einschränkungen ihrer Bewegungsfreiheit gezwungen sehen. Sie war niedergeschmettert und ausnahmsweise vollkommen sprachlos. Nachdem sie ihre Fassung wiedergewonnen hatte, schrieb sie ihrem Bruder einen langen Brief, in dem sie ihre Lage darstellte und ihre fürchterliche Enttäuschung zum Ausdruck brachte. Er wurde ungeöffnet an sie zurückgesandt. In einem zweiten Brief bat sie den Bruder, sich das Ganze doch noch einmal zu überlegen. Sie erhielt keine Antwort. Earl Spencer hatte zwar wirklich nicht zu bestreitende Argumente für seine ablehnende Haltung, doch für Diana bedeutete das mehr als nur den Verlust eines Hauses. Ihr »gemütliches Nest«

war eine Herausforderung und ein Neuanfang. Das Gartenhaus war buchstäblich das Haus ihrer Träume gewesen. Mehrere Monate lang blieb das Verhältnis zwischen der Prinzessin und ihrem Bruder unterkühlt.

Die Sache mit dem Haus stand symbolisch für einen turbulenten Zeitabschnitt in der Beziehung der Prinzessin zum Rest des Spencer-Klans. Bereits an den Rand der königlichen Familie gedrängt, mußte die Prinzessin eine »heikle« Zeit in der eigenen Familie durchstehen. Nach der Scheidung der Eltern und der nachfolgenden Wiederverheiratung des verstorbenen Earl Spencer mit Raine, Gräfin Spencer, war die Familie verbittert und gespalten. Dianas Großmutter Ruth, Lady Fermoy, der Hofdame der Königinmutter, hatte die Prinzessin niemals ihren Entschluß verziehen, gegen die eigene Tochter, Francis Shand Kydd, in der qualvollen Scheidungsverhandlung auszusagen. Diana hatte ihrer Großmutter nie vertraut, sie nach einer wilden Zänkerei sogar einmal im wahrsten Sinn des Wortes durch die Eingangstür des Kensington-Palasts hinausgestoßen. Deshalb war es für niemanden eine Überraschung, daß Lady Fermoy sich bei der Trennung von Charles und Diana nicht auf die Seite ihrer eigenen Bekannten und Verwandten stellte. Diana erinnert sich mit einigem Groll: »Meine Großmutter versuchte mich, wo sie nur konnte, zu quälen. Sie fütterte die königliche Familie mit abscheulichen Bemerkungen über meine Mutter, so daß jedesmal, wenn ich ihren Namen erwähne, die königliche Familie über mich herfällt. Mutti kam sehr schlecht weg, da meine Großmutter hervorragende Arbeit geleistet hat.«

Infolgedessen reagierte die Familie überrascht, wenn nicht perplex, als sie von zwei Besuchen erfuhr, die Diana Lady Fermoy in deren Apartment am Eaton Square im Juni 1993 abgestattet hatte, nur drei Wochen vor dem Tod ihrer Großmutter. Die Prinzessin beschloß, ihren Groll zu begraben und die Frau direkt anzugehen, die sie so sehr verletzt hatte. Es wurde eine verständlicherweise frostige Begegnung. Lady Fermoy war sichtlich verblüfft über Dianas couragierten Entschluß, das Problem anzusprechen, das sie auseinandergetrieben hatte, anstatt wie in königlichen Kreisen üblich über Bedeutungsloses zu plaudern und die eigentlichen Fragen unausgesprochen zu lassen. Diana erklärte, sie habe der Großmutter, deren Loyalität gegenüber Prinz Charles sie zu schätzen wisse, nur verdeutlichen wollen, wie schwierig diese Entscheidung ihr eigenes Leben gemacht habe. Sichtlich erschüttert von Dianas gefühlsbetontem und ehrlichem Geständnis, fiel es Lady Fermoy schwer, Worte für ihre eigenen Empfindungen zu finden. Die Behauptung, zwischen den beiden sich bekriegenden Verwandten habe eine Versöhnung stattgefunden, wäre zwar eine Übertreibung, doch Dianas Entschluß, die Luft zu reinigen, führte zu einem Waffenstillstand. Als ihre Großmutter starb, bemerkte die Prinzessin, sie sei glücklich, daß sie über ihre Differenzen hätten sprechen können. »Je ehrlicher man ist, desto besser fühlt man sich«, sagte sie.

Ihre erfrischende Offenheit und Bereitschaft, Brücken zu schlagen, waren sowohl ein Zeichen wachsender Reife als auch ihrer Entschlossenheit, die Geister der Vergangenheit zu begraben, als sie sich ein neues Leben aufzubauen versuchte. Diese neugefundene Entschiedenheit trieb sie auch zu einer gefühlsbetonten Aussöhnung mit ihrer Stiefmutter, Raine Spencer. Es war kein Geheimnis, daß Diana, ihre Schwestern und ihr Bruder für die Frau, die sie »Acid Raine«* nannten, nicht viel Liebe aufbrachten. Erzählungen, daß eine zornige Prinzessin Raine einmal eine Treppe hinuntergestoßen, mit der Tochter der Schriftstellerin Barbara Cartland anläßlich der Hochzeit ihres Bruders lautstark gestritten habe und über spöttische Berichte von ihrer anschließenden Eheschließung mit einem französischen Aristokraten, dem Count Jean François de Chambrun, kicherte, gehörten zur Familienfolklore der Spencers – und sorgten für reißerische Schlagzeilen in der Presse. Als ihr Vater, Earl Spencer, starb, hätte man es der Prinzessin nachsehen können, wenn sie Raine aus ihrem Leben gestrichen hätte, doch sie entschied sich dagegen und lud Raine zusammen mit deren französischem Ehemann zum Lunch ein. Es war eine emotionsgeladene Begegnung. Die Unterhaltung drehte sich um die Vergangenheit und das Leben des verstorbenen Earl Spencer. Als die Prinzessin Raine dafür dankte, daß diese ihren Vater in guten wie in schlechten Tagen geliebt habe, war es um Raines berühmte Contenance geschehen, und sie brach in Tränen aus. Dieses Treffen im Mai 1993 bedeutete einen

* ein Wortspiel: Acid Raine = saurer Regen; A. d. Ü.

74

Wendepunkt in ihrer Beziehung. Daß sie sich seitdem häufig sehen und auch oft im Hotel Claridge zum Essen treffen, wurde von den anderen Spencers frostig aufgenommen. Bei einer Gelegenheit ging ihre Mutter, Frances Shand Kydd, die Prinzessin wütend an und verlangte zu wissen, was das, um Himmels willen, eigentlich solle. Diana erklärte, daß ihr Vater sie, bevor er starb, gebeten habe, auf Raine aufzupassen. Das war ein Versprechen, das sie zu halten gedachte. Sie meinte, der Rest der Familie solle es ihr nachmachen, auch sie habe Raine lange gehaßt und ihr doch vergeben und verzeihen können.

Dadurch, daß sie das emotionale Dickicht der Vergangenheit beiseite räumte, verschaffte sich Diana den notwendigen Freiraum, um die Fundamente für ein neues Leben setzen zu können. Ein neues Zuhause war der Grundpfeiler ihres Traumes. Als diese Ambition zerschellte, war das für sie ein schwerer Schlag zu einer Zeit, als ihr königliches Leben ihr so trostlos wie nie zuvor erschien. Ihre Hoffnungen wurden zunichte gemacht, und die Prinzessin leckte monatelang ihre Wunden, während sie das Leben im Kensington-Palast zwar aushielt, aber nicht genoß. Als sie ein Jahr nach der Trennung ihre Entscheidung bekanntgab, sich aus dem öffentlichen Leben zurückzuziehen, gelangte sie auch zu dem Schluß, es sei klug, die Palastwohnung aufzugeben. Sie sagte zur Königin: »Ich bin in sechs Monaten draußen«, in dem Bewußtsein, daß ihr möglicherweise unterstellt würde, sie komme in den Genuß einer Wohnung von der Souveränin Gnaden, ohne das mit Arbeit für die Monarchie entsprechend zu entgelten. Diana beschloß, für sich und ihre Söhne in Kensington, das sie gut kannte und mochte, ein neues Zuhause zu suchen. Doch bald mußte sie feststellen, daß das nicht so einfach war, wie es zunächst schien. Da sie die Mutter des Thronfolgers und -erben war, rangierten Sicherheitsbelange ganz oben. Ihrer Ansicht nach kamen nur ganz wenige Häuser, wenn überhaupt welche, in Frage. Anfang 1994 hat sie dann entschieden, sie müsse um der Sicherheit ihrer Jungen willen weiterhin im Kensington-Palast wohnen. Sie war beunruhigt wegen möglicher Anschläge und Angriffe, nicht nur von Terroristen, sondern auch von seiten der Medien. Die Kosten, die für die Sicherung einer anderen Londoner Wohnung fällig geworden wären, erschienen ihr bei genauer Prüfung untragbar hoch. Eine weitere Begründung für den

Verzicht auf einen Umzug gab die Prinzessin Freunden: »Warum sollte ich es meinem Mann leichtmachen?« Ihrer Meinung nach würde sie, wenn sie aus dem Kensington-Palast auszog, ihm nur in die Hände spielen, da es dadurch für ihn einfacher würde, sie mit Tricks aus der königlichen Familie auszugrenzen und ihren zukünftigen Einfluß auf die Kinder zu beschneiden. Sie war der Überzeugung, daß, wenn erst einmal Fakten geschaffen worden wären, diese auch vor Gericht Bestand hätten.

Daß sie weiter im Kensington-Palast wohnen blieb, ist ein Symbol für ihren unklaren Status und die zwiespältige Haltung gegenüber ihrer Zukunft. Ihre Londoner Wohnung ist der Ort bitterer Erinnerungen, gescheiterter Hoffnungen, wütender Auseinandersetzungen und beschränkter Bewegungsfreiheit. Obwohl es hier nicht mehr zu zornentbrannten Streitereien kommt, ist der Schatten von Prinz Charles doch noch sehr gegenwärtig. Eigentlich ist das der Grund für ihre Gelähmtheit und Tatenlosigkeit. Seit ihrer Trennung und mehr noch seit ihrem kürzlichen Rückzug von den königlichen Verpflichtungen spricht eigentlich nichts mehr gegen einen Umzug, wenn auch der Bombenanschlag auf die Israelische Botschaft in Kensington im Juli 1994 daran gemahnt, daß die Gewährleistung ihrer Sicherheit stets ein Problem sein wird.

In diesen Tagen ist es angebracht, die Prinzessin als Gefangene aus eigenem Antrieb zu bezeichnen, als Gefangene ihrer Psyche. Aufgrund ihrer halb-privaten Stellung steht es Diana nun frei, ihrem Glücksstern zu vertrauen. Sie hat einiges an Freiheit gewonnen, aber sich noch nicht voll emanzipiert. Die Tür des goldenen Käfigs steht offen. Nun muß sie den Willen aufbringen, hinauszufliegen.

4

Es ist Zeit, erwachsen zu werden

Schließlich wurde alles einfach zuviel für sie. Sie saß an ihrem mit Papieren bedeckten Schreibtisch, hielt den Kopf in die Hände gestützt, und bittere Tränen rannen ihr über die rosigen Wangen. Die Paparazzi machten ihr das Leben zur Hölle. Von dem Augenblick, wenn sie ihre Wohnung in West-Kensington verließ, bis zu der Minute, in der sie nach Hause kam, blieben sie ihr dicht auf den Fersen. Sie sah zwar die Notwendigkeit eines bewaffneten Leibwächters von der Polizei ein, doch dieser versetzte ihrer königlichen Romanze einen Dämpfer. Sie konnte im Wagen nicht einmal die Hand ihres Prinzen halten; er steuerte den Wagen, und der zu ihrem Schutz abgestellte Beamte saß auf dem Beifahrersitz. »Ich weiß ganz genau, was Prinzessin Diana durchgemacht hat und immer noch durchmacht. Ganz genau«, sagte Sophie Rhys-Jones, die junge Frau, von der man glaubte, daß sie Prinz Edward heiraten werde.

Natürlich war die Königin nett und weitaus freundlicher gewesen, als sich Sophie jemals hätte vorstellen können. Die anderen Mitglieder der königlichen Familie waren reizend, wenn sie auch oftmals in ihrer Gesellschaft ein Lächeln unterdrücken mußte, da ihr Manierismus einfach zu sehr der Fernsehsatire *Spitting Image* entsprach. Doch sie wußte instinktiv, daß sie ihre Sorgen und Ängste bei keinem von ihnen abladen konnte: nicht bei der Königin, nicht bei deren Familie und auch nicht bei den Hofbeamten. Mit dem Prinzen, den sie liebte, war es das gleiche. Natürlich würde er mit ihr fühlen, aber er wäre trotzdem nicht wirklich in der Lage, sie zu verstehen. »Klage nie, erkläre nie etwas«, lautete das inoffizielle Motto der Windsors. Wenn sie bei ihren Gesellschaftsspielen und Gesprächen in Sandringham und Balmoral mitmachte, wurde leicht, heiter und letztlich nichtssagend geplaudert. Sie erkannte, daß zwischen den Mitgliedern des

77

Königshauses und den Normalsterblichen stets eine tiefe Kluft bestehen würde.

Doch die Probleme der ehrgeizigen PR-Managerin, die einen zweitrangigen Prinzen für sich einzunehmen suchte, waren nichts im Vergleich zu den fortwährenden Leiden, die die Prinzessin von Wales erdulden mußte. In jenem Augenblick steckten Edward und Sophie noch in der Anfangsphase ihrer Romanze, war das Interesse der Medien für sie noch gering und die potentielle Belastung durch königliche Pflichten mäßig. Trotzdem hatte sich für Sophie, eine weitgereiste, ziemlich kultivierte junge Frau von Welt, die Lebensweise einer königlichen Hoheit rasch von einem rosigen Traum in einen Alptraum an Verdruß und Frustration verwandelt. »Wenn da die königlichen Pflichten nicht wären, wären Edward und ich ausgesprochen glücklich«, erzählt sie gerne Freunden.

Was die Prinzessin von Wales betraf, so hatten die »königlichen Pflichten« faktisch ihr Leben zerstört, physisch wie psychisch. Im Winter 1992 tat sie behutsam die ersten Schritte als halb-entlassene Prinzessin. Zunehmend stärker irritierte Diana die Polizeipräsenz, und sie wurde sich immer mehr bewußt, daß die Medien irgendeinen Kandidaten für die Ankündigung suchten: »Di's neue Liebe«. Sie blickte fortwährend über die Schulter zurück in der Angst, Prinz Charles und seine Verbündeten würden gegen sie ein Komplott schmieden. Der Konkurrenzkampf zwischen Charles und Diana, der für die letzten Monate ihres Zusammenlebens so charakteristisch gewesen war, wurde fortgeführt, sehr zum Leidwesen der Hofbeamten. Dianas Gedanken würden von Verschwörungen, echten oder eingebildeten, beherrscht. Gleichzeitig bombardierten sie wohlmeinende Freunde, Ratgeber und Hofbeamten mit derart widersprüchlichen Ratschlägen, daß sich ihr der Kopf drehte. Freunde oder Widersacher, alle wollten, daß die Prinzessin nach ihrer Pfeife tanzte.

Genau wie die Herren in den grauen Anzügen im Buckingham-Palast noch am Katastrophenjahr 1992 kauten, begann die Prinzessin von Wales das neue Jahr 1993 ebenfalls auf einem Tiefpunkt. Im Urlaub mit ihren Söhnen auf der Karibik-Insel Nevis konnte sie ihre Batterien wieder ein bißchen aufladen. Das Montpelier Plantation Inn, in dem Diana abstieg, ist ein erlesenes, aber kein »Luxus-«Hotel und gehört dem ehemaligen

Eton-Schüler James Milnes-Gaskell und dessen Frau Celia. Wenn sie auf der Veranda, von der aus man einen schönen Blick aufs Meer hat, ihre Mahlzeiten einnahmen, fiel den anderen Gästen auf, wie freundlich und zugänglich die Prinzessin war. Allerdings dauerte es eine ganze Weile, bis sie ihre Reserviertheit aufgab. Bei Fototerminen unter tropischer Sonne verbarg sie ihre Probleme hinter einem tapferen Gesicht, doch privat war sie eine Frau, die ihre verlorene Unschuld, eine gescheiterte Beziehung und die vergeudeten Jahre ihres Erwachsenenlebens betrauerte. Ihre Gemütsverfassung wurde auch daran deutlich, daß sie häufig schwarze Kleidung trug – sie begehrte heftig auf, als eine Journalistin sie als »nachlässig gekleidet« bezeichnete. »Sie war in Trauer«, meint ein Freund, »aber sie sagt auch, daß sie nicht mehr länger allein nach ihrem modischen Äußeren beurteilt werden möchte. Langsam wuchs ihr Selbstwertgefühl, deshalb wollte sie nicht einfach nur als Kleiderständer gesehen werden.« In optimistischen Augenblicken glaubte Diana, sie könne das königliche System schlagen und ihre Stellung auf positivere Art nutzen. Doch oft genug war sie, die ihre Rolle einer Prinzessin nach »neuestem Modell« zu finden suchte, sosehr mit ihren eigenen Sorgen beschäftigt, daß ihre Niedergeschlagenheit manchmal in Ichbezogenheit ausartete und sie für die Nöte ihrer Freunde und Anhänger kein Auge mehr hatte. Verständlicherweise fühlte sie sich in jenen ersten Monaten – von ihrem Ehemann entfremdet, allein in einem feindseligen System und den Medien auf Gedeih und Verderb ausgeliefert – hinsichtlich ihrer Zukunft verunsichert. Diana nahm die Vorhersage ihrer Astrologin, die prophezeit hatte, 1993 würde das *annus horribilis* II werden, sehr ernst.

Doch den Zorn der Götter – oder besser der Boulevardzeitungen – zog sich zuerst einmal Prinz Charles zu. In der Regenbogenpresse wurde ein Tonbandmitschnitt einer Unterhaltung veröffentlicht, die sehr intim und abstoßend war und angeblich zwischen Charles und Camilla Parker-Bowles stattgefunden hatte. Mehrere Monate lang hatte die Bedrohung über Charles gehangen, daß die königlichen Intimitäten veröffentlicht und verurteilt werden könnten. Als die Drohung dann Wirklichkeit wurde, sahen sich zahlreiche Mitglieder der traditionellen Grundpfeiler der Krone – der Kirche, des Militärs und des Parlaments – gezwungen, Zweifel anzumelden, ob er zum Herrschen überhaupt in der Lage sei. Andere fühlten sich zu der Frage veranlaßt, ob etwa in Kreisen der britischen Sicherheitskräfte ein Komplott geschmiedet worden war, um die königliche Familie in Mißkredit zu bringen.

Weder Charles noch Camilla haben jemals die Echtheit des mitgeschnittenen Gesprächs bestritten. Diana hegte mit Sicherheit keinerlei Zweifel, denn die darin ausgesprochenen Gefühle bestätigten ihre eigenen Vermutungen über die Natur dieser Beziehung als absolut richtig. Diana war wohl vollkommen überzeugt, daß das Tonband eine Unterhaltung zwischen ihrem Ehemann und Camilla wiedergab, doch sie reagierte dennoch schockiert, als sie die unerquicklichen und pornographischen Begierden ihres Mannes schwarz auf weiß vor sich sah. Das obszöne nächtliche Telefongeplauder, das angeblich am 18. Dezember 1989 stattgefunden hatte, als Charles sich auf dem Landsitz seiner alten Freundin Anne, Herzogin von Westminster, in Cheshire aufhielt, läßt keine Zweifel an der unsterblichen gegenseitigen Liebe des Paares aufkommen. Nach verschiedenen Koseworten seitens der Frau sagt der Mann zu ihr: »Deine große Leistung ist es, mich zu lieben«. Und er setzt hinzu: »Du mußt all diese Würdelosigkeiten und Qualen und Verleumdungen erdulden.« Die Frau antwortet darauf: »Für dich würde ich alles erdulden. Das ist Liebe. Das ist die Kraft der Liebe.« Die 1574 Wörter lange Abschrift enthielt auch einen derben Scherz über den Mann, der sich in ein Tampon verwandeln möchte, damit er ständig mit der Frau eines seiner ältesten Freunde vereint sein kann. Kurz bevor er das Gespräch beendet, sagt der Mann, er wird »auf den Nippel drücken«, womit er den Telefonknopf meint. Die Frau gibt zur Antwort: »Ich wünschte, du würdest auf meinen drücken.« Der Mann erwidert: »Ich liebe dich, ich bete dich an«, und die Frau sagt: »Ich dich auch.«

Entsetzt und angewidert las Diana die Abschrift mit wachsender Verärgerung, als sie auf die Namen von so vielen Freunden stieß, von Menschen, die sie seit Jahren kannte und denen sie vertraut hatte. Diese Personen hatten mit dem Prinzen und Camilla unter einer Decke gesteckt, um sie zu täuschen; sie hatten ihnen mit Alibis und sicheren Häusern, in denen sie sich insgeheim treffen konnten, geholfen. Das rief in Diana Erinnerungen an die Zeit der Brautwerbung wach, als sein Klüngel immer geschickt das Thema wechselte, wenn Camilla erwähnt wurde, oder an die Blumen, die Charles ihr unter Verwendung ihrer Kosenamen Fred und Gladys zu schicken pflegte, oder an das Armband, das er ihr am Vorabend seiner Hochzeit schenkte und in das eben jene Initialen geprägt waren, und die Fotos von Camilla, die während ihrer mißglückten Hochzeitsreise aus seinem Tagebuch flatterten. Diana erzählte Freunden, sie habe bei zahlreichen Gelegenheiten die Beziehung ihres Mannes zu Camilla mit der Königin besprochen, eine erste derartige Unterhaltung habe bereits wenige Jahre nach ihrer Hochzeit stattgefunden. Die Prinzessin kam schnell dahinter, daß die königliche Familie sehr wohl über die Vertraute des Prinzen Bescheid wußte. Tatsächlich machte Prinz Phillip ihr in einer bissigen Auseinandersetzung klar, daß Charles, was Prinz Philip anbelangte, jederzeit zu seinen »Highgrove-Freunden« zurück könne, falls ihre Ehe scheitere. Diana brauchte keine Landkarte, um herauszufinden, wen ihr Schwiegervater damit meinte.

Während Diana sich ihrer Wut und dem Gefühl, verraten worden zu sein, hingab, merkte Charles, wie ihm die Krone entglitt, als führende Kirchenmänner und andere Persönlichkeiten des Establishments ihre offensichtliche Besorgnis anmeldeten. Ein Kabinettsminister meinte: »Er wäre gut beraten, alle Verbindungen zu Mrs. Parker-Bowles abzubrechen und mit einer weißen Weste neu anzufangen.« Ferner wurde darüber diskutiert, ob der Krönungseid geändert werden sollte und wie es sich mit dem Verhältnis der Kirche zum Staat und von daher zur königlichen Familie verhalte. Der Archidiakon von York erklärte: »Die Königin könnte morgen sterben, das würde eine ganze Reihe von Problemen aufwerfen. Die Dinge würden sehr schwierig, wenn Charles sich scheiden lassen und wiederverheiraten sollte.« Andere Kirchenleute meinten, sein Benehmen »disqualifiziere« ihn für das Amt, während hochrangige Armee-Offiziere privat ihre Zweifel aussprachen, ob es gut sei, daß er Ehrenkommandeur von sechs Regimentern sei. Der Skandal enthielt allerdings auch Momente schwarzen Humors. Zufällig besichtigte gerade eine Gruppe Amerikaner Highgrove, als die Sache aufkam. Eine Besucherin sagte zu dem Prinzen: »Übrigens, Sir, ich finde es gut, daß Sie auf ältere Frauen stehen.« Der Prinz, verdutzt über die Direktheit der Bemerkung, gab zur Antwort: »Das kann auch nur eine Amerikanerin sagen.«

Allerdings hatte sich Charles nicht als einziger den Zorn der Medien zugezogen. In einem an die Öffentlichkeit gelangten Brief, den Lord McGregor, der Vorsitzende der Press Complaints Commission, an Sir David Calcutt geschrieben hatte, der zu der Zeit einen offiziellen Bericht über den Bruch der Privatsphäre durch die Zeitungen vorbereitete, wurde die Prinzessin scharf dafür gerügt, daß sie in den Monaten vor der königlichen Trennung die Medien manipuliert habe. Er schob die Schuld Diana zu – trotz des Faktums, daß zwei Boulevardzeitungen öffentlich erklärten, sie seien von Charles' Freunden zur Darlegung seiner Sicht der Dinge benutzt worden. »Ich bin überzeugt, daß die Verletzung der Privatsphäre des Prinzen und der Prinzessin von Wales Verletzungen waren, die die Prinzessin und ihre Umgebung selbst ausgeheckt haben«, sagte er. Die Episode, die finstere Schlagzeilen wie »Diana auf der Anklagebank« auslöste, wurde von Parlamentsabgeordneten und anderen Persönlichkeiten des Establishments auf das heftigste verurteilt. »Wenn sie nicht aufpaßt, fürchte ich, wird sie arg zurechtgestutzt«, bemerkte der Bischof von Peterborough, William Westwood, und er setzte hinzu: »Wer durch die Medien lebt, wird durch die Medien sterben.«

Das wurmte Diana, vor allem da man sie aufgrund von Behauptungen getestet und für schlecht befunden hatte, die nur auf Hörensagen basierten. In ihrer Kindheit und als Erwachsene hatte sie sich stets darum bemüht, daß man sie im bestmöglichen Licht sah, nicht selten zur Verärgerung ihrer Familie und Freunde; sie war geradezu davon besessen gewesen, Rügen für welches Vergehen auch immer zu vermeiden. Sie meinte, die Selbstentblößung ihres Mannes sei mit Nachsicht behandelt worden, und man habe einfach ihr die Schuld daran zugeschoben. Der Aufruhr machte sie so rasend, daß sie mit ihrem Ford, als sie die Söhne zu ihrem Internat in Berkshire brachte, einen kleinen Unfall mit dem ihr folgenden Polizeiwagen hatte. Für eine Frau, die sich selbst eine gute Autofahrerin nennt, war das ein untrügliches Zeichen für ihre seelische Aufgewühltheit.

Alle Kontakte zwischen der Prinzessin und dem Palast waren von Mißtrauen überschattet, das von den Medien und ihrer eigenen Paranoia genährt wurde, da sie beschlossen hatte, hinter jedem Skript eine Verschwörung zu sehen. Es wurden zwar keine Palastkomplotte bekannt, im Palast und in weiteren Kreisen der Aristokratie war man Diana gegenüber aber offensichtlich feindselig eingestellt. »Ich finde im Palast nicht einen Menschen, der für sie ein gutes Wort hat«, sagte ein Besucher. Obwohl die Beamten darauf beharrten: »Es ist nicht unser Ziel, Diana zu isolieren, keineswegs.«

Im Buckingham-Palast wird die Strategie verfolgt – wie seit jeher –, den Souverän zu stützen und die Monarchie zu stärken. Diana hat sich stets daran gehalten und einmal bemerkt: »Die Monarchie besteht jetzt seit tausend Jahren. Wer bin ich denn, daß ich glaube könnte, ich kann einfach so daherkommen und sie verändern.« Was den Palast betrifft, so stehen die Wünsche und Bedürfnisse der Monarchin und ihrer direkten Erben an oberster Stelle; als »Eingeheiratete« läuft die Prinzessin per Definition unter ferner liefen. Doch der Palast befand sich über Dianas Zukunftspläne im unklaren und wußte, daß sie von der Art, wie die Windsor-Show gemanagt wurde, enttäuscht war, und ihre Verbindungen zu den Medien riefen bei den Hofbeamten immer mehr Beunruhigung hervor. Die an der Spitze herrschende Verunsicherung sickerte schnell zu den Wurzeln des Establishments durch. Eine Reihe von Generalgouverneuren, eingebildeten Berühmtheiten, die königliche Besuche in ihren Ländern organisieren, fragten sich laut, ob man die Prinzessin weiterhin als vollblütige *royal* behandeln solle: kleine Details im Protokoll, wie die Anzahl und der Status von Würdenträgern, die zur offiziellen Begrüßung der Prinzessin antraten, wurden des langen und breiten besprochen.

Was die Männer der Königin auch immer gegenüber Diana persönlich empfunden haben mögen, ihr oberstes Ziel war es, der Monarchin, ihrem Sohn und der Aufrechterhaltung des Status quo zu dienen. Zu diesem Zweck machten sie sich an die schier unmögliche Aufgabe, das öffentliche Image von Prinz Charles auf Kosten einer Statusminderung der Prinzessin von Wales zu verbessern , die – wie sie bereitwillig zugaben – noch immer der strahlende Stern am verblassenden königlichen Firmament war. Wenn ihre Vision für den Prinzen von Wales den undefinierten Ambitionen der Prinzessin von Wales zuwiderlief, so konnte man das auch nicht ändern.

Doch als Diana ihre Karten ausspielte, mußte sie feststellen, daß ihr Mann die Trümpfe in der Hand hielt. Als sie den Wunsch äußerte, unter dem Schutz des Roten Kreuzes die Truppen und Flüchtlinge in Bosnien zu besuchen, wurde ihr mitgeteilt, die Pläne von Prinz Charles hätten Vorrang. Folglich war es der Prinz, in seiner Funktion als Ehrenregimentschef, der zu einem Besuch des Cheshire-Regiments flog, das zu den Friedensstreitkräften der Vereinten Nationen gehörte. Im November 1993 machte der Palast ihr wieder einen Strich durch die Rechnung, als sie einen privaten Besuch bei der irischen Präsidentin Mary Robinson in Dublin arrangierte. Offiziell teilte man ihr mit, sie könne die Frau, der sie großen Respekt entgegenbringt, aus »Gründen der Sicherheit« nicht treffen, obwohl sie zwei Monate später am Remembrance Service, dem Gottesdienst zum britischen »Volkstrauertag« am 11. November, in Enniskillen in Nordirland teilnahm. Privat äußerte sie den Verdacht, das Establishment wolle nicht, daß sie einen so hohen politischen Rang einnehme und damit unausweichlich den ihr entfremdeten Ehemann in den Schatten stelle. Dieser Verdacht bestätigte sich, als Prinz Charles die irische Präsidentin anläßlich der Gründung des Warrington Memorial Fund traf, der nach dem Tod zwei kleiner Jungen, die von der IRA umgebracht worden waren, ins Leben gerufen wurde.

Im Laufe des Winters 1993, als sie privat plante, den amerikanischen Motivationsguru Anthony Robbins in Washington zu besuchen, krümmte und wand sich das Außenministerium immer mehr bei dem Versuch, die Begegnung zu verhindern. Anfänglich sagte man, man habe Informationen über einen gefährlichen Einzelgänger, der auf die königliche Familie fixiert sei. Dann, als sie diese Befürchtungen als absurd beiseite wischte, teilte man ihr mit, da gerade so viele hochrangige *royals* außer Landes Urlaub machten oder offiziellen Verpflichtungen nachgingen, müsse sie in Britannien bleiben und »sich um den Laden kümmern«. Deshalb ist es kein Wunder, daß Diana, als sie die Begegnung zwischen Nigel Short und Boris Kasparow bei der Schach-Weltmeisterschaft verfolgte, die Partie als Metapher für ihre eigene Lage sah. »Das ist mein Leben«, sagte sie. »Ich bin nichts weiter als ein Bauer, der von den Mächten herumgeschoben wird.«

Die gleichen Empfindungen hegte die Herzogin von York,

die im Juli 1993 die volle Macht des Palasts und Außenministeriums zu spüren bekam, als man ihr die Position einer Botschafterin des guten Willens für die in Genf ansässige Flüchtlingshochkommission der Vereinten Nationen, die für das Wohl der weltweit 39 Millionen Menschen auf der Flucht zuständig ist, anbot und sie akzeptierte. Ihre Entscheidung brachte das Establishment aus der Fassung, das verlauten ließ, man halte die Herzogin, mit ihrem »Charakter einer Partylöwin«, für die Aufgabe »völlig unpassend«. »Sie haben es auf mich abgesehen«, vertraute sich die Herzogin auf dem Höhepunkt der Kontroverse Freunden an. Ihre Freundin Pida Ripley, die Gründerin der Hilfsorganisation für weibliche Flüchtlinge Women Aid, die anfänglich die Herzogin unterstützte, war direkter. »Das ist nichts anderes als eine Hexenjagd gegen die Herzogin, und jemand muß jetzt einfach sagen, daß es an der Zeit ist, sie abzubrechen.«

Obwohl ihre Beziehungen zum Buckingham-Palast brüchig und von Mißtrauen bestimmt waren, war die Prinzessin von Wales dankbar, wenn die Pressestelle ihr von Zeit zu Zeit half. Der Pressesekretär der Königin setzte das Gewicht seines Amtes ein, um einer möglicherweise schädlichen Geschichte den Wind aus den Segeln zu nehmen, als ein prominenter katholischer Geistlicher, Pater Anthony Sutch, behauptete, Diana erwäge ernsthaft einen Übertritt zum Katholizismus. Nach einer Intervention des Palasts veröffentlichte Pater Sutch eine Erklärung, nach der er entweder »übertrieben oder gelogen« habe. Ein Jahr später, als Dianas Mutter in aller Stille zum Katholizismus konvertierte, war die Prinzessin wiederum dankbar, daß ihr der Palast beim Umgang mit den Medien unter die Arme griff.

Ihre Dankbarkeit für geleistete Hilfe bei derartigen Gelegenheiten wurde jedoch von ihrer Erbitterung über ein System übertroffen, das auf subtile Weise ihre Ambitionen und Pläne in eine Zwangsjacke steckte oder beiseite schob. Ihre Frustration erreichte einen Höhepunkt im Herbst 1993 nach einer Reihe von mitfühlenden Zeitungsartikeln über das sich verändernde Gesicht der Monarchie, die auf Briefings von Sir Robert Fellowes und anderen Offiziellen beruhten. In einem Kommentar meinte ein namentlich nicht genannter Hofbeamter gönnerhaft: »Diana ist eigensinnig, aber wir müssen ihr gegenüber

Liebe und Verständnis zeigen und uns fast umbringen, um einen Riß im Anfangsstadium zu vermeiden. Denn wenn sie verbittert und verdreht würde, wäre das für die Kinder unmöglich.« Voller Zorn über diese Charakterisierung als närrisches Kind führte sie ein Gespräch mit Sir Robert Fellowes. Sie teilte ihm mit, sie habe nicht nur die Nase davon voll, als Futter für die Zeitungen benutzt zu werden, sondern solche Geschichten schütteten nur noch Öl ins Feuer der Spekulationen über ihr Leben.

Mit dem Palastmoloch in einen Kampf verwickelt zu sein, war eine Sache; eine richtiggehende Schlacht gegen Prinz Charles in seiner Schanze des St.-James-Palasts eine ganz andere. Was Prinz Charles und sein Lager anging, so war Diana der öffentliche Feind Nummer eins. Das Gefühl des Verrats und das böse Blut konnten nicht, würden nicht ausgeräumt werden. Wie Hofbeamte seit jeher festgestellt haben, besteht die Schwierigkeit bei der Arbeit für die königliche Familie in der unguten Vermischung der offiziellen Pflichten mit der Privatsphäre. Als die sich fremd gewordenen Wales sich Popularität in der Öffentlichkeit zu schaffen versuchten, während sie um die Scheidung feilschten, gerieten königliche Hofbeamte unausweichlich ins Kreuzfeuer.

Eines der ersten Opfer dieses mörderischen Krieges war ihr Pressesprecher Dickie Arbiter. Monatelang glaubte Prinz Charles, der ehemalige Rundfunkreporter sei ein Doppelagent: Er liefere Diana die Termine und anderen Pläne von Charles, damit sie eine Gegenstrategie ausarbeiten und ihm die Schau stehlen könne. Charles beklagte sich häufig: »Ich hege großes Mißtrauen gegen ihn, er arbeitet für meine Frau.« Infolgedessen beauftragte der Prinz mehrere Freunde damit, das System mit unwahren Geschichten zu füttern, in dem Glauben, diese würden über Arbiter zur Prinzessin gelangen. So hoffte er, seine Frau zum Narren zu halten, den mutmaßlichen Schuldigen oder die Schuldigen zu überführen und, mit ein bißchen Glück, die Prinzessin obendrein in Verlegenheit zu bringen.

Doch gleichzeitig hegte Diana den Verdacht, daß der arme Arbiter den Prinzen über ihre eigenen Pläne auf dem laufenden halte und mit Absicht ihre eigenen offiziellen Pflichten herunterspiele, um den Prinzen herauszustellen. Bei einer Gelegenheit zerriß sie eine handschriftliche Notiz von Arbiter in kleine

Schnitzel, als dieser ihr zu erklären versucht hatte, warum eine Rede für das Rote Kreuz in der Berichterstattung der Medien keinen breiten Raum einnahm. Schließlich wurde Arbiter von den beiden kriegführenden Parteien so stark über die jeweiligen Pläne im dunkeln gelassen, daß er mitleidige Journalisten anrufen mußte, wenn er herausfinden wollte, was eigentlich gerade los war. Er arbeitet mittlerweile in dem ruhigeren Gewässer der Königlichen Sammlungen.

Das gegenseitige Mißtrauen wuchs sich zu einer derartigen Überzogenheit aus, daß Prinz Charles seinen Freunden riet, ihre Wohnungen auf Abhörgeräte untersuchen zu lassen, für den Fall, Dianas Lager höre die Telefongespräche der Freunde ab. Als Charles dann einmal Diana in ihrem Büro im St.-James-Palast zufällig am Telefon sah, wurde ihm übel. »Diese Frau ist vom Telefon besessen«, sagte er zu Freunden, überzeugt, sie gebe alle Palastgeheimnisse an ihre Spezis weiter.

Die Paranoia setzte sich im Palast fort, und seit den Skandalen mit den verschiedenen gesetzeswidrigen Tonbandmitschnitten werden in allen königlichen Residenzen, auch in Balmoral und Sandringham, regelmäßig Überprüfungen auf Abhörgeräte durchgeführt. Selbst die königlichen Toiletten bleiben nicht ausgespart. Diese heikle Aufgabe obliegt der Polizei, denn Privatfirmen erhalten die dafür notwendige hohe Sicherheitseinstufung nicht. Eine Frage blieb für Diana allerdings offen: Wer wacht über die Wachen? Sie wollte sichergehen, daß die Polizei, die ihr Appartement durchsuchte, nicht im Auftrag königlicher Kreise oder ihres Ehemannes arbeitete.

Ihre Befürchtungen waren nicht ganz unbegründet. Monatelang hatte man anklagend mit dem Finger auf den MI5 gezeigt, den Geheimdienst der Regierung, und ihm unterstellt, er habe mit der Veröffentlichung der Squidgy-, Camilla- und Fergie-Bänder zu tun. Diese Meinung wurde bei der Veröffentlichung eines vierten Tonbands von neuem laut, das diesmal angeblich ein Gespräch zwischen Charles und Diana auf Highgrove im vorausgegangenen November wiedergab. Obwohl dieser Mitschnitt schnell als raffinierte Fälschung entlarvt wurde – in dem fraglichen Monat hatten sich die beiden nicht in Highgrove getroffen, sondern in Wahrheit die erste Novemberwoche zusammen einen Staatsbesuch in Korea absolviert –, waren noch immer Fragen zu den Originalbändern unbeantwortet. Cyril

Reenan, der pensionierte Bankmanager, der das Squidgy-Band aufzeichnete, wühlte noch mehr Schlamm mit seiner Behauptung auf, er habe es erst vier Tage nach jenem Tag aufgenommen, an dem die Unterhaltung zwischen der Prinzessin und ihrem männlichen Verehrer tatsächlich stattgefunden hatte. Das bedeutete, daß die königliche Unterhaltung aufgenommen und dann von irgendeiner geheimnisvollen Behörde in der Hoffnung nochmals ausgestrahlt wurde, daß ein Amateurfunker sie schließlich einfangen würde. Das war alles sehr sonderbar, vor allem, da die Leiterin des MI5, Stella Rimington, kategorisch abstritt, damit habe ein Geheimdienst etwas zu tun. Das sollte nicht der einzige seltsame Vorfall bleiben.

Die Herzogin von York hatte diskret einen Rechtsanwalt aufgesucht, dessen Büro in der Stadtmitte von London liegt, um mit ihm juristische Details ihrer Scheidung zu besprechen. Einige Tage später wurde in die Anwaltskanzlei eingebrochen, und es wurden alle Akten und Computerdisketten, die ihr Gespräch betrafen, gestohlen. Kein anderes Büro in der Kanzlei, in der der Anwalt zusammen mit zahlreichen Kollegen tätig war, wurde auch nur angerührt. Ein paar Wochen nach diesem Vorfall im Mai 1993 überprüfte Dianas Leibwächter das LA Fitness Centre im Westen Londons, wo Diana insgeheim fotografiert worden war, wie es gerüchtweise hieß. Obwohl die Ermittlungen nichts Schlüssiges erbrachten, verließ Dianas persönliche Trainerin Carol Ann Brown bald das Fitneßcenter, und Diana, deren Verdacht geweckt war, wechselte zu einem anderen Fitneßklub. Sechs Monate später, während einer intensiven Kontroverse, verkaufte der Klubbesitzer Bryce Taylor Fotos von Diana bei ihren Übungen für eine sechsstellige Summe. Zur gleichen Zeit, als die Polizei Ermittlungen über Dianas Fitneßklub anstellte, berichteten mehrere Freunde von eigenen nahen Begegnungen beunruhigender Art.

Ein besorgter Major James Hewitt bat sie um Rat, wie er damit umgehen solle, daß er jedesmal, wenn er sich aus seinem Heim in Devon herauswage, verfolgt werde. Hewitt, der eine diskrete Beziehung zu dem TV-Wetterfrosch Sally Faber, der Frau des Parlamentsabgeordneten vom West Country, unterhielt, war sich nicht im klaren, ob seine Schatten Journalisten, Privatdetektive oder Beamte vom Special Branch waren. Ein anderer Mann aus Dianas Freundeskreis hatte auf Umwegen einen Zusammenstoß mit dem Geheimdienst, dem MI5. Aus Neugier bat er einen mit ihm befreundeten Polizisten, sein eigenes Telefon durch den Computer checken zu lassen. Innerhalb von zwei Stunden hatte ein Agent des MI5 den Polizeibeamten kontaktiert und gefragt, warum er sich für diesen bestimmten Telefonanschluß interessiere. Das deutete unzweifelhaft darauf hin, daß der MI5 bereits das Telefon von Dianas Freund überwachte. Gelegentlich konnten die Prinzessin und die Herzogin ihrer mißlichen Lage eine komische Seite abgewinnen. Während eines Telefonats sprachen sie über die Königinmutter, der sie beide mißtrauten. Als sie aufhörten, ihre Meinungen über sie auszutauschen, scherzte Fergie: »Falls der MI5 gerade zuhört: Die Königinmutter ist eine großartige Dame, und wir hoffen, sie lebt ewig.«

Das waren komische Zufälle, und die Prinzessin beschloß, nichts zu riskieren. Insgeheim heuerte sie eine Privatdetektei an, die ihre Telefone auf Abhörgeräte untersuchte. Als ihr Butler Harold Brown deshalb fragend die Augenbraue hochzog, erklärte sie, die Leute würden den Teppich reinigen. Die Angelegenheit wäre nicht bekannt geworden, wenn die Sicherheitsexperten nicht an die Tür der Polizei geklopft hätten, hinter der sich eine Reihe von Überwachungskameras befindet, und gebeten hätten, die Telefonleitungen zu überprüfen. Die Constables waren bestürzt, und die Polizeiinspektoren reagierten irritiert, denn sie fühlten sich durch die Aktion der Prinzessin gedemütigt. Diana sah einem Gespräch mit aufgebrachten leitenden Beamten der Metropolitan Police gleichmütig entgegen. »Ich vertraue hier niemandem«, sagte sie zu ihren Gesprächspartnern. »Es ist mein Zuhause, und da kann ich machen, was ich will.« Obwohl man keine Abhörgeräte fand, ist es doch ein Gradmesser für die Atmosphäre im Palast, daß die Prinzessin eine derartige Aktion überhaupt für notwendig hielt. Als Schlußakt in dieser Farce durchsuchte die Polizei ihr Appartement nochmals, um sicherzustellen, daß die Privatfirma es nicht verwanzt hatte.

Dianas häusliches Leben wurde immer unerträglicher, ebenso die Atmosphäre in ihrem Büro, da »seine« und »ihre« Mitarbeiter unter den beengten Bedingungen des St.-James-Palasts direkt nebeneinander arbeiteten. Eine Zeitlang hatte Diana nach der Trennung erwogen, ihren bescheidenen Stab, den sie

»A-Team« nannte, vom St.-James- in den Kensington-Palast zu verlegen. Schließlich entschied sie sich doch dagegen, da sie befürchtete, es würde für sie so nur noch schwieriger, herauszufinden, was die andere Seite vorhatte. Isoliert, niedergeschlagen und nervös wie sie war, verbrachte die Prinzessin einen großen Teil ihrer Zeit – ihre Freunde meinten, entschieden zu viel Zeit – damit, sich mit Charles' Plänen zu beschäftigen. Bei einer Gelegenheit im Februar 1993 saß sie einen Tag lang wie auf Kohlen, als der Privatsekretär des Prinzen, Richard Aylard, unerwartet ein Treffen mit ihrem wichtigsten Mitarbeiter, Patrick Jephson, verlangt hatte. Sie schloß sofort daraus, der Prinz wolle die Bedingungen für eine Scheidungsvereinbarung darlegen. Am Ende erwiesen sich ihre Befürchtungen als grundlos. Es handelte sich lediglich um eine Besprechung von administrativen Routineangelegenheiten.

Andere Bedenken entbehrten allerdings nicht der Berechtigung. Kurz vor ihrem Abflug nach Nepal im März 1993 zu ihrer ersten Überseereise nach der Trennung gaben die Hofbeamten von Charles einen Empfang für Medienleute, wo sie klarstellten, daß man nicht erwarte, daß ihre Reise ein Erfolg sein würde. Diese Einschätzung wurde während der Reise noch einmal verstärkt, als mehrere Journalisten ihr privat mitteilten, daß das Lager von Charles es gerne sähe, wenn sie auf die Nase fiele. Und als dann peinlicherweise auch noch durchsickerte, die Prinzessin sei als Kandidatin für die prestigeträchtige Dimbleby-Vorlesung in Betracht gezogen und dann doch abgelehnt worden, trug das von Anfang bis Ende die Fingerabdrücke der Anhänger von Charles.

Im Jahr 1993 wurde die Schlacht der Wales genauso stark in den Medien ausgefochten wie hinter den Kulissen, da jede Seite versuchte, Herz und Verstand der Öffentlichkeit für sich zu gewinnen. Zu Anfang des neuen Jahres wurde Charles' Reise nach Mexiko und Amerika, die angesichts des Camillagate-Bandes auf große Aufmerksamkeit stieß, als voller Erfolg verbucht. Die hochoffizielle Verkündung seiner Entscheidung, das Polospiel als Wettkampfsport aufzugeben, damit er mehr Zeit für seine Kinder und den Vorsitz eines neuen Komitees der Königlichen Sammlungen habe, was sich nahtlos in seine häuslichen wie offiziellen Interessen einfügen würde, wurde weithin begrüßt. Bis zum Sommer beschäftigte er neun Beamte, die direkt oder indirekt an seinem Portfolio gutvermarkteter Interessen arbeiteten oder sein Image aufbesserten. Allein die Gehaltskosten dafür betrugen rund 300 000 Pfund, während die Prinzessin, deren Stab aus dem Grundbesitz des Herzogtums Cornwall des Prinzen finanziert wurde, mit einem Teilzeit-Pressebeamten auskommen mußte.

Diese Veränderung untergrub das labile Selbstwertgefühl und erhöhte die bestehenden Ängste einer Prinzessin, die an eine anbetende Haltung der Medien gewohnt war. Während sie erlebte, wie ihr Mann sich im Glanz der positiven Berichterstattung durch die Medien sonnte, sah sie sich selbst beschuldigt, mediensüchtig zu sein und von einem Fototermin zum nächsten zu taumeln: im Urlaub in der Karibik, auf einer Kanalfahrt im Freizeitzentrum Thorpe Park und beim Skifahren mit ihren Kindern. Lord Wyatt, ein Freund der Königinmutter, schrieb: »Die Prinzessin hätte nie einen Studienplatz erhalten können, aber sie gewann einen Prinzen und vermochte ihn nicht zu halten. Sie ist süchtig nach dem Rampenlicht, das die Ehe ihr brachte. Es ist wie eine Droge. Um ihre Sehnsucht zu stillen, wird sie alles tun, selbst wenn das bedeutet, daß sie dadurch den Thron zerstört, den sie aufrechtzuerhalten sie feierlich geschworen hat.«

Anläßlich der Beerdigung von Dianas Großmutter Ruth, Lady Fermoy, im Juli 1993 wurde die Albernheit und Traurigkeit dieser ziemlich fragwürdigen Kunst, in den Medien dem anderen immer eine Nasenlänge voraus zu sein, symbolhaft deutlich. Am Abend vor der Bestattungszeremonie, die in Norfolk stattfand, blieben Prinz Charles und die Königinmutter auf der Wood Farm auf dem Anwesen von Sandringham. Diana flog mit dem Helikopter ein. Sie wurden von zwei Wagen erwartet, in dem einen saßen die Königinmutter und Prinz Charles, der andere war für Diana. Diana erkannte sofort, daß man dies als hochoffizielle Demonstration ihrer Isolierung durch die königliche Familie auslegen könnte, und bestand darauf, ihren Mann zu begleiten und so der Welt zu zeigen, daß sie, obwohl sie sich getrennt hatten, sich zumindest zivilisiert benehmen könnten. Charles erhob zunächst Einwände, da er jedoch keine öffentliche Szene wünschte, gab er rasch nach.

Wie zwei Gladiatoren, die sich umkreisen, zeigt dieser Vorfall, daß sowohl der Prinz als auch die Prinzessin von Wales ständig auf der Hut waren. Doch auf dem Weg zur St. Margaret's Church in King's Lynn fühlte sich die Prinzessin erschöpft und schlecht, da sie gerade erst von einer viertägigen Reise durch Zimbabwe zurückgekehrt war. Nach der Beerdigung mußte sie noch zwei offizielle Verpflichtungen absolvieren: eine Gartenparty im Buckingham-Palast und dann die Premiere von Steven Spielbergs Film *Jurassic Park*. Sie glaubte eigentlich nicht, daß es ihr so gutginge, daß sie beide Veranstaltungen besuchen könne; sie besprach die Sache in einer seltenen Demonstration von Offenheit mit Charles und fragte ihn, was er meine, daß sie tun solle. Er riet ihr, auf die Gartenparty zu verzichten, sich den Nachmittag über auszuruhen und dann abends zur Filmpremiere zu erscheinen. Sie war zwischen zwei widerstreitenden Impulsen hin- und hergerissen, wollte einerseits glauben, daß er dies aus Sorge um ihre Gesundheit sagte, und andererseits befürchtete sie, er verfolge damit einen Hintergedanken. Da die Gartenparty eine altehrwürdige, wenn auch langweilige königliche Verpflichtung ist – »Zoo-Tees« nennt die Königinmutter sie abwertend –, fragte sie sich, ob er sie mit Absicht in Richtung der Showbiz-Veranstaltung lenkte, damit man sie anschließend kritisieren könne, die allgemeine Öffentlichkeit zugunsten von Hollywood-Stars zu vernachlässigen. In dieser schwierigen Zeit suchte die Prinzessin, die sich isoliert und unwohl fühlte, eine tröstende Schulter zum Anlehnen und vor allem einen Kameraden. Vielleicht sehnte sie sich tief drinnen nach Liebe und nicht nach Krieg. Am Ende konnte sie doch nicht auf sich selbst vertrauen und glauben, daß er es ehrlich meinte, und sie besuchte beide Veranstaltungen.

Ironischerweise ereignete sich diese entlarvende Episode zu einem Zeitpunkt, als eine Intrige von inoffiziellen männlichen Ratgebern mittleren Alters, darunter auch der millionenschwere Geschäftsmann Lord Palumbo und Sir Gordon Reece, hinter den Kulissen eingefädelt wurde, um zwischen den kriegführenden Wales eine Versöhnung zu erreichen. Nach dem Plan mit dem Codenamen »Flavia«, nach der tragischen Prinzessin in *Prisoner of Zenda*, die von allen geliebt wurde, nur nicht von ihrem Mann, würde das königliche Paar allmählich immer mehr Zeit gemeinsam in der Öffentlichkeit und privat zusammen verbringen. Ziel war es zu zeigen, daß die beiden, wenn sie auch getrennt lebten, für das Wohl der Monarchie und des Landes zusammenarbeiteten. Es war ein romantischer Traum, der vermutlich mehr über die an Don Quichotte mahnende Selbsttäuschung dieser weißen Ritter und Retter verrät, denen eher daran lag, als Königinmacher dazustehen, denn auf die tatsächlichen Gefühle des königlichen Paares Rücksicht zu nehmen.

In Wirklichkeit schien sich im Laufe der Monate der Konkurrenzkampf zwischen dem Prinzen und der Prinzessin von Wales noch zu verstärken, anstatt abzuschwächen. Wie stets standen ihre Kinder im Mittelpunkt der grimmigsten Schlachten. Scharfe Memos darüber, mit wem William und Harry Weihnachten verbringen würden, und vor allem wie lange, wurden bereits im Juni ausgetauscht. Schließlich kam man überein, daß die Jungen sich in Sandringham aufhalten sollten, auf dem Landsitz der Königin in Norfolk, und jeder Elternteil würde die Kinder für die Hälfte der Schulferien für sich haben. Ohne daß es Prinz Charles wußte, hatte die Königin Diana eingeladen, den Heiligen Abend mit der königlichen Familie zu verbringen, damit sie dabeisein könne, wenn die Jungen ihre Geschenke öffneten – ein Brauch, der auf Königin Alexandra zurückgeht –, und am ersten Weihnachtsfeiertag am Morgen den Gottesdienst besuchen könne, bevor sie wieder in den Kensington-Palast fahre. Prinz Charles erfuhr davon erst im November, als ein Mitarbeiter seines Stabes, und nicht die Königin, ihn darüber in Kenntnis setzte. Er rief Diana an und fragte sie mürrisch, ob sie das mit den Kindern besprochen habe. Diana hob hervor, daß sie ja nur für einen Tag dort sei, und informierte ihn, daß nicht nur die Königin, sondern auch William und Harry sie gebeten hätten zu kommen. Was sie betraf, so unterstrich seine Reaktion nur noch seine wachsende Zurückhaltung gegenüber dem Rest seiner Familie und sein an Paranoia grenzendes Mißtrauen in bezug auf jeden ihrer Schritte und ihrer Gesten. Bei einer Gelegenheit sah die Herzogin von York ganz zufällig Prinz Charles und seine Söhne auf der Autobahn M4, als sie zum Wochenende nach Highgrove fuhren. Sie rief daraufhin Diana an und erwähnte diese zufällige Beobachtung. Als die Prinzessin Charles fragte, wie den Jungen das Wochenende gefallen habe, war er sofort auf der Hut und verlangte zu wissen, wie sie von ihrem Aufenthaltsort erfahren habe.

Einen eindeutigen Beweis für die gähnende Kluft zwischen Charles und Diana lieferte der Öffentlichkeit die Kabbelei über die Frage, welche Weihnachtskarte ein jeder von ihnen ein Jahr nach der Trennung verschicken sollte. Beide sahen ein, daß das Familienbild auf der Vorderseite der Karten bei den königlichen Palastforschern in den Medien starkes Grübeln auslösen würde. Diana machte den Vorschlag, daß sie beide, um den Schein zu wahren, separat Karten verschicken sollten, auf denen jedoch das gleiche Bild von den Jungen prangen sollte. Damit würde zumindest signalisiert, daß die Söhne, wenn sich der Prinz und die Prinzessin auch getrennt hatten, noch immer an oberster Stelle kamen. Aus der Idee wurde nichts. »Charles würde nicht einmal im Traum daran denken«, bemerkte die Prinzessin. Und tatsächlich, als die Frage mit Prinz Charles erörtert wurde, zeigte er sich überrascht, daß seine Frau überhaupt eigene Weihnachtskarten verschicken wollte. Folglich arrangierte die Prinzessin in den Schulferien der Jungen zur Trimestermitte einen Termin mit dem Gesellschaftsfotografen Earl Drogheda. Charles beschloß statt dessen, ein Foto von sich selbst mit seinen Söhnen auf Balmoral zu nehmen, das bei den Filmaufnahmen zur Dokumentation von Jonathan Dimbleby entstanden war. Wie Diana vorausgesagt hatte, verbreiteten sich die Medien genüßlich über die traurigen Neuigkeiten aus einer auseinandergerissenen unglücklichen Familie.

Die Mannen der Königin waren über den Konkurrenzkampf, der ihr Verhältnis zueinander beherrschte, und über die Auswirkungen, die dieser auf die Kinder haben könnte, beunruhigt. Sie fragten sich zum Beispiel, ob es angebracht sei, daß William und Harry in ihren Schulferien so viele bezaubernd schöne Urlaubsreisen machen durften. In der einen Woche nahm Charles sie mit auf eine Luxuskreuzfahrt an Bord einer Milliardärsyacht, und in der nächsten Woche flog Diana mit ihnen nach Florida zu Disneyworld. Als Prinz Charles über Ostern 1994 nach Balmoral fuhr, hatte er eine Wagenladung von Geschenken für die zwei Prinzen im Gepäck, darunter auch ein Fußballtor, Badmintonschläger, zwei Mountainbikes, ein Trampolin, Gewehre und kleine Trailbikes im Wert von jeweils 2000 Pfund. Wer profitierte davon, die Jungen oder ihre Eltern? Lord Tebbits Mitarbeiter Beryl Goldsmith äußerte öffentlich derartige Zweifel: »Die Prinzen sind die verwöhntesten Kinder des

Landes, sie werden mit viel zuviel tollen materiellen Dingen überschüttet.« Susan Jenner, eine Expertin für Kinderpsychologie, räumte ein: »Wenn all diese wunderbaren Reisen sie von ihren Schulfreunden absondern, könnten sie sehr gut in ihrer Entwicklung gehemmt werden.«

Angesichts der – bestenfalls so zu nennenden – Gleichgültigkeit von seiten des Buckingham-Palasts und der offenen Verachtung seitens des Gefolges ihres Mannes überrascht es nicht, daß Diana sich das ganze Jahr 1993 hindurch unter Beschuß fühlte. Im Gegensatz zu Prinz Charles hat Diana keine vorherbestimmte Karriere. Zum ersten Mal in ihrem Leben befand sie sich auf einem Alleinflug und war sich darüber im klaren, daß es ein böiger Flug würde. »Ich werde Fehler machen«, sagte sie tapfer zu Freunden, »doch das wird mich nicht davon abhalten, zu tun, was ich für richtig halte.« Der Verfassung nach hatte sie lediglich die Stellung der Mutter des zukünftigen Königs. Wie auch immer die Machenschaften des Palasts aussehen mochten, diese Stellung konnte ihr niemand nehmen. Doch ihre offizielle Rolle wurde immer unklarer. Obwohl noch immer das populärste Mitglied der königlichen Familie, war sie nun eine Armlänge weit von der Monarchie entfernt und machte sich an die schwierige Aufgabe, ihre königliche Rolle neu zu definieren.

Leitmotiv ihres ersten Jahres am Rande der Familie war der Versuch, von einem Leben, in dem sie sich als Marionette des Systems sah, zu einem erfüllteren Dasein zu finden, in dem sie ihr Schicksal selbst bestimmte. Das war keine leichte Veränderung, weder psychologisch noch politisch. Sie wurde einmal gefragt, was der schlimmste Augenblick ihres Lebens gewesen sei, und sie antwortete darauf: »Oh, das ist einfach, das war der Tag, an dem ich in der St.-Pauls-Kathedrale zum Altar schritt. Ich fühlte, daß mir meine Persönlichkeit genommen und ich von der königlichen Maschinerie vereinnahmt wurde.«

Die mit einer Einheirat in die königliche Familie in so jungen Jahren verbundenen Implikationen waren so stark, daß die Prinzessin in ihren prägenden Zwanzigern, wenn die meisten jungen Erwachsenen eigene Wege gehen, allmählich der steifen Umarmung der Institution der Monarchie nachgab. Sie war es nicht gewohnt, ihren Willen durchzusetzen oder ihre Entscheidungen zu vertreten, außer in den engen Grenzen, die ihr von anderen gesetzt wurden. Ihr zeitweise alles verzehrender Glaube an die Prophezeiungen ihrer Astrologin und Vertrauten Debbie Frank belegt, wie wenig Wert sie ihren eigenen Gefühlen und ihrer Urteilskraft beimaß. Debbie Frank hatte beispielsweise vorhergesagt, zum Jahresende 1993 würde die Prinzessin eine »goldene Gelegenheit« bekommen – in Form einer prestigeträchtigen Aufgabe. Während Diana darauf wartete, daß ihr diese Chance in den Schoß fiel, meinten die skeptischeren ihrer Freunde, daß die Menschen im Leben selbst ihr Glück machen müssen. Dianas Unsicherheit und Selbstverunglimpfung wurde noch von denjenigen in ihrem Umkreis verstärkt, die ihr geringes Selbstwertgefühl ausnutzten. Die Prinzessin erzählte einem Besucher im Kensington-Palast, sie habe es seit dem Augenblick, als sie am Morgen aufstand, geschafft, sich so fertigzumachen, daß sie zur Lunchzeit gemeint habe, ihr Leben habe weniger Wert als das »einer Küchenschabe in Bulgarien«. Ihre Reife bewies sich in der Erkenntnis, daß man ihr ein Jahrzehnt lang einen Narkoseschleier vor die Wirklichkeit gehalten hatte; ihre große Aufgabe bestand darin, tapfer auf ihre neue Welt zuzugehen.

Doch die Prinzessin ist keineswegs ein königlicher Rebell. Sie hat in dem Jahrzehnt bei der Firma genug gelernt, um linientreu zu sein. Wie sie einmal einem Freund gegenüber bemerkte: »Wenn ich zu einer Gartenparty oder zu einem Gipfeltreffen in den Palast gehe, bin ich eine ganz andere Person. Ich entspreche dem, was man von mir erwartet, so daß sie keinen Fehler finden können, wenn ich mit ihnen zusammen bin.« Wenn sie freie Hand hätte, würde sie nur an den Rändern der Monarchie herumbasteln; sie findet, die Weihnachtsansprache der Königin im Fernsehen »lasse einen schaudern«, da sie so steif ist; sie würde die glamourhaften Veranstaltungen beschneiden und Gartenparties im Buckingham-Palast speziell für Behinderte und Rollstuhlfahrer einführen. Im Grunde betrifft ihre Unzufriedenheit die Art und den Stil der britischen Monarchie, die spröde Formalität und die geisttötende Irrelevanz eines großen Teils des königlichen Lebens. Seit Jahrzehnten haben *royals* ähnliche, oftmals halbherzige Klagen laut werden lassen. Aber die Prinzessin spürte instinktiv, daß sie, wenn sie am Stil ihres öffentlichen Lebens etwas ändern könnte, auch inhaltlich ihren Beitrag zum Wohle der Nation steigern

Charles: War Di ihm nicht pervers genug?

BILD

Kein Herz und eine Krone

SÜDDEUTSCHE ZEITUNG

Das Trauma der Abdankung
verfolgt die Windsors bis heute.

FAZ

**Charles: Jetzt verachten Henry und William
den eigenen Vater – wie kann Diana ihnen helfen?**

Das Neue

Unglücksprinz Charles

DER SPIEGEL

Charles-Memoiren:
Warum es bei Camilla so schön ist –
und bei der schönen Di nicht.

BUNTE

Wie verzweifelt muß eine Frau sein,
wenn sie sagt:
Ich bin die größte Hure der Welt."

BILD

Schlagzeilen in der Presse

Rechts: Diana gibt William Bartholomew im Beisein von dessen Frau Carolyn einen Abschiedskuß. (Syndication International)

Unten: Seit ihrem Rückzug aus der Öffentlichkeit wird die Prinzessin Tag und Nacht von Paparazzi verfolgt. (Marco Deidda/Alpha)

Rechte Seite: Ankunft der Prinzessin vor dem schicken Restaurant San Lorenzo in Südkensington. Obwohl sie von Charles getrennt lebt, trägt sie noch immer ihren Ehe- und Verlobungsring. (Miguel/Alpha)

Oben: Der Prinz und die Prinzessin von Wales bei der Beerdigung von Dianas Großmutter Ruth, L Fermoy, im Gespräch vertieft. (All Action)

Unten: Die Prinzessin mit Prinz Edward und Lady Sarah Armstrong-Jones bei der Hochzeit von Prin sin Margarets Sohn Viscount Linley und Serena Stanhope. (Photographers International)

Rechts: Während ihrer viertägigen Reise durch Zimbabwe
stimmte die Prinzessin einem
Fototermin zu, bei dem sie
Essen an hungrige Kinder
austeilte. (Photographers
International)

Unten: Diana ist eine sportliche
und gute Autofahrerin. Als sie
die Möglichkeit hatte, bei
einem Go-Kart-Rennen
(die Einnahmen waren für
karikative Zwecke bestimmt)
mitzumachen, wollte sie
deshalb auch unbedingt
gewinnen. (Terry Hillfry/
All Action)

ige Wochen nach ihrer Trennung nahm die Prinzessin ihre Söhne mit auf die Karibikinsel
is zu einem Urlaub in der Sonne. Das pinkfarbene Surfbrett war eine Leihgabe des Hotels
tpelier, in dem sie wohnte. (Nunn Syndication)

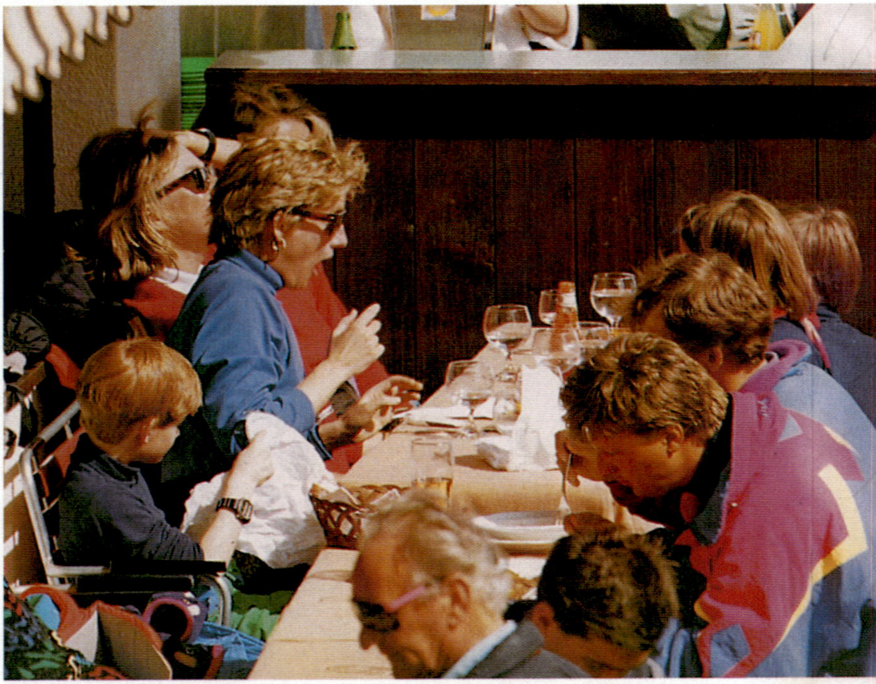
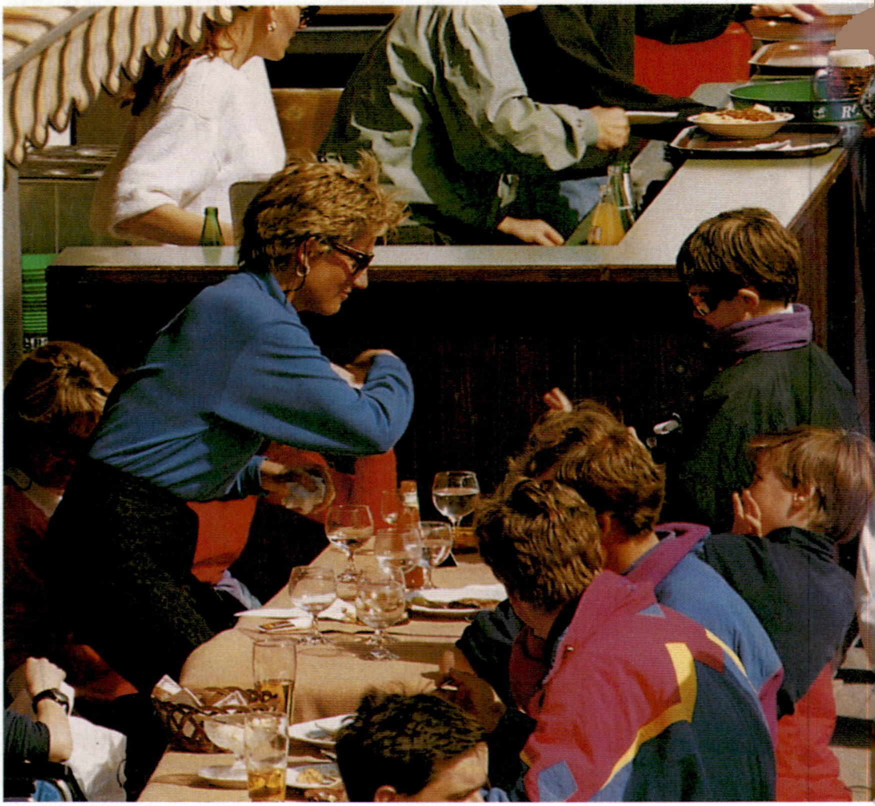

Die Prinzessin und ihr Anhang in entspannter Stim-
mung während des Skiurlaubs
im österreichischen Lech.
Prinz William verschüttet ein
Glas Wasser, die erschrocke-
ne Prinzessin weicht zurück
und versucht dann scherzhaft,
ihrem kichernden Sohn einen
Klaps mit der Serviette zu
versetzen. Aber danach strahlt
sie schon wieder.
(Nunn Syndication)

Links: Die Prinzessin, ihre Freundin Lucia Flecha de Lima und deren Sohn Antonio bei der Abschlußfeier von Lucias Tochter Beatri[x] Absolventin des Richmond College, in der Kensington Town Hall. (Dave Chancellor/ Alpha)

Unten: Dianas Butler Paul Burell bei dem mannhaften Versuch, Heliumballons im königlichen Wagen zu verstauen. Ihr Verhäl[t]nis zum Personal ist freundschaftlich und ungezwungen. (Paul Burrell, Rex Features)

Rechts: Die Prinzessin beim Verlassen des St. Mary's Hospital in Paddington – wo William und Harry zur Welt kamen – nach einem Besuch bei Louis Frederick John, dem Sohn und Erben von Earl Spencer. Die Elefantenmotive auf ihrem Escada-Ensemble lösten ein trompetengleiches Echo und Anwürfe aus, Diana kleide sich eher wie eine Hausfrau am Stadtrand denn wie eine Prinzessin.
(Dave Chancellor/Alpha)

e Seite: Die Prinzessin plaudert mit ihren besten Freundinnen, Kata Menzies und Catherine So-
s, nach einem Lunch bei San Lorenzo in Knightsbridge. (Miguel/Alpha)

n: Diana unterhält sich mit Lord Linley auf einer Cocktailparty. Sie bewundert den Sohn von
zessin Margaret, weil er es geschafft hat, ein relativ normales Leben zu führen, obwohl er der
ge Mann im Land ist, der die Königin »Tante« nennen kann. (Dave Bennett/Alpha)

Links: Die »Lady in Rot« . . .
Diana auf dem Rückweg zu
ihrem Wagen, nachdem sie s[ich]
in Knightsbridge mit einem
Reporter der *Daily Mail* getroffen hat. (Glenn Harvey)

Unten: Seit Diana ein normal[es]
Leben ohne Leibwächter und
außerhalb des Scheinwerferli[chts]
der Medien zu führen versuc[ht,]
ist die im Freizeitlook geklei[dete]
Prinzessin auf den Straßen v[on]
Kensington und Knightsbrid[ge]
mittlerweile ein vertrauter A[n]-
blick geworden. (Glenn Harv[ey])

n: Die »Lady sieht Rot« . . . Als ein privater Einkaufsbummel bekannt wird, sieht sich Diana
Reportern verfolgt. Heute zögert sie nicht mehr, vor ihnen wegzurennen und sich zu ver-
ken. (Glenn Harvey)

nste Seite: Die Prinzessin kennt den Londoner Börsenmakler William van Straubenzee seit vie-
ahren. Als er noch mit ihrer älteren Schwester Sarah ausging, hat der Teenager Lady Diana
cer mit Freuden seine Hemden gebügelt. Hin und wieder haben er und die Prinzessin sich am
henende zu House parties beim Herzog von Roxburghe auf dessen Landsitz Floors Castle in
Scottish Borders eingefunden, (Nunn Syndication)

Rechts: Diana, Prinz William, Prinz Harry und Dianas Freundinnen Catherine Soames und Kate Menzies genießen die Fahrt im Pferdeschlitten während des Ski-urlaubs in Lech (Dave Chancellor/ Alpha)

Unten: Die Prinzessin und ihr älte-ster Sohn als Zu-schauer beim Damenfinale des Tennisturniers von Wimbledon 1994. (Dave Chandellor/ Alpha)

Linke Seite: Diana und Prinz Harry gehen nach der Weihnachtsmesse nach Sandringham House zurück. Obwohl die Prinzessin nur Stunden mit der königlichen Familie verbrachte, war Prinz Charles daran interessiert, daß ihre Anwesenheit der Öffentlichkeit den Eindruck vermittele, man bemühe sich um eine Aussöhnung. (Dave Chancellor/Alpha)

Rechts: Ein Wochenendritual, das sich Prinz Harry immer wieder freut, ist der Besuch im örtlichen Süßwarenladen. (All Action)

Unten: Diana und der sich hier plump vertraulich gebende Tycoon von Vorgin Airlines, Richard Branson, am Flughafen Gatwick bei der Vorstellung seines neuen Airbusses. Es war einer der letzten offiziellen Verpflichtungen, bevor sich Diana von den königlichen Aufgaben zurückzog. (Russell Clisby/Nunn Syndication)

Daß Prinz Charles Alexandra »Tiggy« Legge-Bourke als Betreuerin der Prinzen William und Harry berief, hat die Prinzessin schwer getroffen. Tiggy gehört derselben Generation und sozialen Schicht an wie Diana und fügt sich problemlos in den Kreis von Charles ein.

Bei ihrer Ankunft am Flughafen von Zürich anläßlich eines Skiurlaubs in Klosters (rechte Seite) wirken sie in jeder Hinsicht wie eine glückliche Familie. Im Bild prüft Tiggy den richtigen Sitz von Harrys Sicherheitsgurt (links), und in Tedbury geleitet sie die Jungen sicher über die Straße (unten). (Nunn Syndication; Dave Parker/Alpha; Joan Wakeham/Alpha)

Rechts: Diana und Prinzessin Margaret gehen anläßlich der Feierlichkeiten in Porthsmouth zum 50. Jahrestag der alliierten Landung in der Normandie von Bord der königlichen Jacht *Britannia*. (Dave Chancellor/Alpha)

Unten: Nach einer Party zur Feier von Sir James Goldsmiths Wahl ins Europaparlament wartet Diana mit dem Türsteher vom Ritz auf ihren Wagen. (Miguel/Alpha)

An dem Abend, als Prinz Charles zur besten Sendezeit im Fernsehen seinen Ehebruch gestand, war die Prinzessin, in Begleitung von Lord Palumbo, Ehrengast auf dem Galabankett in der Serpentine Gallery, deren Schirmherrin sie ist. (Dave Chancellor/Alpha)

VOGUE

JULY
£2.70

Happy Birthday
THE PRINCESS OF WALES
New portraits

Oben: Der französische Fotograf Patrick Demarchelier erhielt von der Prinzessin den Auftrag, ihrem dreiunddreißigsten Geburtstag eine Porträtserie von ihr zu machen. Die Einnahmen aus Veröffentlichung der Bilder in Vogue wurden wohltätigen Zwecken zugeführt.

en: Die Prinzessin mit ihren Söhnen bei einer Spritztour in ihrem Audi-Cabrio. Am gleichen
nd besuchten Diana und ihre Jungen insgeheim ein Obdachlosenheim. (Glenn Harvey)

en: Die Prinzessin und ihr Begleiter, der Kunsthändler Oliver Hoare, auf der Rückfahrt in den
sington-Palast nach einem Abendessen mit Freunden in einem China-Restaurant. Hoare ver-
erte Prinz Charles telefonisch, daß ihre Beziehung einwandfrei und korrekt sei. (Glenn Harvey)

Oben: Diana mit der Königinmutter und dem Herzog von Edinburgh, zwei Mitgliedern der Kön[ig]familie, die heftigste Mißbilligung über Dianas Verhalten vor der Trennung äußerten. (Richard [Slomb]lard/Camera Press)

Unten: Im Mai 1994 hatte die Prinzessin ihre erste Tagung bei einer neuen Beratungskommiss[ion] des Internationalen Roten Kreuzes. Hier mit dem Vorsitzenden Darell Jones. (Tim Graham)

n: Die Prinzessin anläßlich der D-Day-Feierlichkeiten bei der Enthüllung eines Mahnmals für
kanadischen Streitkräfte, die in beiden Weltkriegen mitkämpften. (Photographers International)

Links:Ein Wochenendtrip nach Spanien wurde für die Prinzessin und ihre Freunde unerquicklich, als Paparazzi behaupteten, sie hätten Diana beim Oben-ohne-Baden abgelichtet. (Rafael Guervos/All Action)

Unten: Diana, die Prinzessin Michael von Kent und ihr halbwüchsiger Sohn Lord Frederick Windsor 1994 beim Herren-Endspiel in Wimbledon (Tim Rooke/Rex Features)

Rechts: Die Prinzessin und Prinz
Harry verfolgen das Autorennen
um den britischen Grand Prix
1994 in Silverstone. Als leiden-
schaftlicher Motorsportfan freute
sich Prinz Harry, als er sich –
unter dem wachsamen Blick des
Altmeisters Jackie Stewart – ans
Steuerrad eines Formel-3-Wagens
setzen durfte.
(S. Jackson/All Action)

Oben: Die Prinzessin genießt einen freien Tag im Vergnügungszentrum Thorpe Park zusammen ihren Söhnen und einer Reihe von Angestellten aus dem Kensington-Palast, darunter auch ihr Chauff ihr Butler, ihre Garderobiere und deren Kinder. (Nunn Syndication)

Rechte Seite: Die Prinzessin und Sophie Rhys-Jones, die Freundin von Prinz Edward, bei der Hoch von Prinzessin Margarets Tochter, Lady Sarah Armstrong-Jones, und Daniel Chatto. (All Action)

Beim Grand Prix 1994 von Silverstone. Diana ist bei der Überreichung der Trophäe fast gena[u]
begeistert wie Damon Hill, der Sieger. (Ross Pary/Rex Features)

könnte. »Ich möchte dem Mann auf der Straße helfen«, sagte sie einmal. In ihrem Innern ist sie eine Frau, die mit *den* Leuten glücklicher ist als mit *ihren* Leuten.

Generell wollte sie einen lockereren Stil, bei dem Spontaneität mit Unkonventionalität eine Verbindung einginge. Sie bewundert die Bescheidenheit der skandinavischen Monarchien und die resolute Unabhängigkeit von Prinzessin Anne, die sich mit ihrer Tätigkeit für The Save the Children Fund internationale Anerkennung erworben hat. Diana wollte dies – und mehr. Da es im königlichen Etikette-Buch der Diplomaten keine Präzedenzfälle dazu gibt, wie mit einer getrennt lebenden Prinzessin von Wales zu verfahren ist, hatte Diana nun die Möglichkeit, eigene Regeln aufzustellen und selbst das Tempo zu bestimmen. »Hier ist die Hand einer Frau nötig«, wiederholte sie oft, eine Äußerung, die zeigte, daß sie in ihrem privaten und öffentlichen Leben eine feministische Einstellung entwickelte. Ihr unbestrittener Zynismus gegenüber dem anderen Geschlecht nach dem Scheitern ihrer Ehe wurde in langen Gesprächen mit geschiedenen Freundinnen wie Catherine Soames und ihrer wachsenden Freundschaft zu Sandra Horley, der Leiterin von Refuge, einem Frauenhaus in Chiswick, West-London, noch verstärkt. Sie bewundert Frauen wie die frühere Premierministerin Margaret Thatcher, die irische Präsidentin Mary Robinson und die Entwicklungshilfeministerin Lynda Chalker, da diese die Fähigkeit und die Willenskraft gefunden haben, erfolgreich in einer Männerwelt zu bestehen. Tatsächlich ist sie so von Lady Thatcher fasziniert, daß sie im Herbst 1993 viel Zeit für den Versuch aufwandte, ein privates Dinner mit ihr zu arrangieren. Leider war Frau Thatcher damals zu sehr damit beschäftigt, für ihre Memoiren zu werben. Eine Freundin erinnert sich: »Nach dem ersten Weihnachtsfest allein tastete sie sich sehr weit zu sich selbst vor. Sie hielt eine notwendige Innenschau und empfand Trauer, als sie ihre Beziehung zu Prinz Charles einer Überprüfung unterzog.«

Gleichzeitig wurde Diana vollständig der Wert ihrer Stellung als Prinzessin von Wales klar. Sie wußte, daß ihr Ansehen in der Gesellschaft, zu Hause wie im Ausland, ihr ein einzigartiges Sprungbrett bot, von dem aus sie die Anliegen und Themen, die ihr am Herzen lagen, fördern konnte. Die Enthüllung, daß Diana an Bulimia nervosa gelitten hatte, hatte weltweit viele

Frauen betroffen gemacht und dazu geführt, daß Tausende von Leidenden Hilfe suchten und Spezialkliniken eröffnet wurden, die sich mit der Krankheit befaßten. Die Hausfrau Patsy Richards, deren Ehe nach zehn Jahren in die Brüche ging, meinte dazu: »Meine Ehe wurde nicht wegen Prinzessin Diana beendet, aber sie war bestimmt ein großes Vorbild, und es hat mich inspiriert, als ich sah, daß sie das gleiche durchmachte wie ich und am anderen Ende wieder herauskam, das ist eine große Hilfe gewesen.« Die Prinzessin war von der öffentlichen Reaktion auf ihre persönlichen Probleme peinlich berührt und gleichzeitig ziemlich gerührt; ihr ging langsam die internationale Dimension ihrer Anziehungskraft auf. Ihr Einsatz für AIDS – das schon ein Zeichen für ihren Wagemut, sich lieber eine herausfordernde denn eine traditionelle Aufgabe auszusuchen – wies ihr den Weg über die Landesgrenzen hinaus. Die internationale Tätigkeit war stimulierend, nicht nur, weil sie dadurch ihren Mann auf einer niedrigeren Stufe hinter sich ließ, sondern auch, weil sie sich so außer Reichweite des stechenden Blicks des Buckingham-Palasts befand.

An ihrer Reise nach Nepal im März 1993 ließen sich zahlreiche Fäden ihres öffentlichen Lebens ablesen. Die Medien, die Diana nun unter dem Blickwinkel der getrennt lebenden Prinzessin betrachteten, stürzten sich auf Anzeichen, daß der fünftägige Besuch Dianas ein Ticket ohne Rückfahrschein zu einem zweitklassigen Status sei. Sie wurde bei ihrer Ankunft mit »Colonel Bogey« anstatt mit der Nationalhymne empfangen, stieg in der britischen Botschaft und nicht im Palast ab, und der König von Nepal übernahm nicht die Rolle des offiziellen Gastgebers, sondern traf sich mit ihr nur zu einem Dinner. »Wir werden vermutlich Zeugen erster Anzeichen dafür, daß Diana keine *royal* ersten Ranges mehr ist«, verkündete eine Schlagzeile unheilvoll.

Doch ganz so einfach war es nicht. Der Grundtenor »Prinzessin kontra Palast« war zwar eindeutig zu erkennen, doch es gab noch andere Nebenstränge. Die Zeitungen und die Kolumnisten, die sich auf die Seite ihres Mannes geschlagen hatten, waren streitlustig. Diese Kolumnisten waren ausnahmslos ältere oder mittelalte Herren, deren Meinungen in Frauenfeindlichkeit umschlugen. Diana wußte, daß die konservative *Telegraph*-Gruppe hinter Prinz Charles stand, und war folglich nicht überrascht, daß deren Korrespondent als erster auf ihren »zweitklassigen Status« hinwies. Sie lächelte wissend, als sie erfuhr, daß der Palast selbst den *Daily Telegraph* ermahnte, da dieser über den Besuch des Prinzen am Arabischen Golf später im selben Jahr allzu schmeichelhaft berichtet habe. Es gab noch andere Medienhaie, die königliches Blut rochen. Kolumnisten der Sonntagszeitungen wie John Junor und sein achtzigjähriger Kollege Woodrow Wyatt verhielten sich gleichbleibend feindselig. Mehrmals setzte Diana die einzige Waffe ein, die sie besaß – ihren Charme –, um ihre Kritiker zu entwaffnen. So traf sie Junor zufällig auf der Kensington High Street. Sie umgarnte den mürrischen Schotten und stellte dann erfreut fest, daß seine Kommentare über sie plötzlich ganz anders ausfielen. Noch ein weiteres Mal war sie an einem Abend im Dorchester so charmant wie sie nur konnte, nämlich als sie Lord Fawsley begegnete, dem einflußreichen Verfassungsexperten und Freund von Prinz Charles. Danach gab er sich sehr schmeichlerisch, sagte, er habe sie »falsch eingeschätzt«, und bot ihr seine Hilfe an, soweit ihm das möglich sei. Männer eines bestimmten Alters waren für die Prinzessin seit jeher eine leichte Beute.

Während die Medien nach Verschwörungen suchten, entging ihnen das eigentliche Komplott: Sie merkten nicht, daß die Prinzessin selbst den Besuch in Nepal auf einer untergeordneten informellen Ebene angesiedelt sehen wollte. Sie hatte den Wunsch der Öffentlichkeit nach einer moderneren, bescheideneren und sachbezogeneren Monarchie erkannt, ein Wunsch, der sich nahtlos in Dianas Ziel fügte, ihr offizielles königliches Leben nach ihrer eigenen Vorstellung umzugestalten. Im öffentlichen Leben hat sie es geschickt und intuitiv verstanden, über ihr Büro für ihre Anliegen – sie fühlt sich bekanntlich zu den Sterbenden, Kranken und Besitzlosen hingezogen – zu werben. Das ist eine kraftvolle Kombination. »Ich werde mich nie wieder beschweren«, sagte sie, als sie aus einer stickigen Hütte mit nur einem Raum in einem Bergdorf herauskam; eine Bemerkung, die sowohl ihr Mitgefühl zum Ausdruck brachte als auch weltweit für Schlagzeilen sorgte. Die Einbeziehung ihrer Schwester Sarah als Hofdame, die Entscheidung, mit einer normalen Fluggesellschaft zu fliegen, und ihr Wunsch, auf das Protokoll zu verzichten und statt dessen zur Sache zu kommen, waren Symbole für den Stil dieser anspruchslosen Prinzessin von Wales. Im Gegensatz zu ihrem Mann charmierte sie sogar das »Ratpack« – die Horde königlicher Berichterstatter, die dem Windsor-Festwagen um die ganze Welt folgen. Auf dem Heimflug schickte sie Richard Kay von der *Daily Mail* eine Flasche Champagner, worauf Kay sich in den folgenden Monaten als nützlicher Kanal erweisen sollte.

Sie lernte, einen zweiten Hofstaat aufzubauen, eine Schar einflußreicher Anhänger, die ihr helfen sollten, den Feind, wie sie es sah, im Buckingham-Palast zu überlisten. Auf dieser Reise gewann die Prinzessin die Entwicklungshilfeministerin Lynda Chalker zur guten Freundin und politischen Verbündeten. Die Sympathie beruhte uneingeschränkt auf Gegenseitigkeit. »Ich betrachte sie als meine Lieblingsnichte«, sagte Baronin Chalker, während die Prinzessin in den nächsten Monaten ihr Geplauder mit »Lynda sagt dies« und »Lynda sagt das« würzte. Als die Prinzessin eine weitere Reise nach Zimbabwe organisierte und das Gefühl hatte, das Außenministerium verschleppe die Sache, wandte sie sich an die Spitze und sprach direkt mit dem Außenminister Douglas Hurd und mit Lynda Chalker. Dies ist einer der zahlreichen Widersprüche ihrer öffentlichen Rolle. Obwohl Diana den »Herren in Grau« aus dem Weg geht, hat sie doch keinerlei Hemmungen, sich an den Leiter einer Organisation zu wenden und ihm ihre Sache vorzutragen. Sie ist vor den Palastangestellten auf der Hut, aber sie legt Wert darauf, mindestens einmal in der Woche mit der Königin – »der Chefin« – zu telefonieren. »Sie bewundert deren Stoizismus«, erzählt ein Freund. Sie hat ferner dafür gesorgt, daß die Jungen, William und Harry, häufig ihre Großmutter besuchen, wodurch die Tatsache unterstrichen wird, daß sie die »Königsmutter« ist. Es gefällt der Prinzessin zu sehen, wie leicht sich die Königin von ihren Enkeln charmieren läßt. Der mutwillige Prinz Harry war einer der wenigen Männer im Leben der Königin, der ihr jemals Komplimente wegen ihrer Kleidung machte. Seine Bemerkung »Das ist ein hübsches Kleid« eines Nachmittags beim Tee trieb Ihrer Majestät mädchenhafte Röte ins Gesicht.

Zur »Charmeoffensive« der Prinzessin gehörte es, mit Zeitungsredakteuren und -verlegern, Fernsehgrößen und anderen einflußreichen Persönlichkeiten in der Welt des Balletts, der

Künste und der Gesellschaft ein Glas Wein zu trinken und zu speisen. Sie umwirbt diese Leute aus einer bestimmten New-Age-Perspektive heraus und bewertet die Persönlichkeiten der Mächtigen nach ihren astrologischen Sternzeichen. Als es beispielsweise schien, als ob Premierminister John Major durch den Finanzminister Kenneth Clarke ersetzt würde, sah sie sich Clarkes Sternzeichen genau an, um einen Eindruck von seinem Charakter zu bekommen. Als Fische-Geborener besitzt er Weisheit und Intuition, neigt jedoch zu Ziellosigkeit. Nach dem Sternzeichen Widder des Premierministers kann dieser eigenwillig, impulsiv, selbstgerecht und naiv sein. Die Prinzessin erklärt häufig die Handlungen ihrer Freunde mit den typischen Merkmalen ihrer jeweiligen Tierkreiszeichen. Der Einsatz der Astrologie in ihrem Privatleben ist eine Waffe in ihrem Arsenal, mit dem sie versucht, ihr Leben unter Kontrolle zu bekommen, ein Ziel, das aus ihrem Mißtrauen gegenüber dem Palast und ihrer Entschlossenheit entstand, nicht mehr länger die Marionette des Systems zu sein.

Außenstehende bemerkten eine neue Stimmung, wenn sie mit ihrem Büro zu tun hatten. »Oh, ich werde zu ihr gehen und sie fragen«, gab ihr Pressebeamter Geoff Crawford einem hochrangigen Zeitungsmann zur Antwort auf die Frage nach ihren Aktivitäten. »Das wäre früher nie passiert«, meinte er. Eine Zeitlang konnte sie sich einer positiven Berichterstattung in der *Daily Mail* erfreuen, dank wohlüberlegter Ausplauderungen von seiten ihres Kreises. Als sich der subtile Konkurrenzkampf zwischen dem Prinzen und der Prinzessin intensivierte, nutzte Diana die PR-Kenntnisse von Sir Gordon Reece, dem ehemaligen Pressesekretär von Margaret Thatcher, um positive Artikel zu plazieren. Sie reagiert verletzt auf kritische Zeitungsberichte und liest dennoch – obwohl ihre Freunde sie fortwährend beschwören, es nicht zu tun – weiterhin begierig jedes Wort, das über sie geschrieben wird. Das ist ein weiteres Beispiel dafür, wie schmerzlich gering ihr Selbstwertgefühl ist und daß sie nur glücklich ist, wenn sie von anderen gelobt, aber sich am Boden zerstört fühlt, sobald sie kritisiert wird. Wie ein enger Freund es ausdrückte: »Ihre größte Angst ist es, vergessen oder vernachlässigt zu werden.«

Ihre Versuche, die Kontrollschnüre durchzuschneiden, hatten zahlreiche angenehme Nebenprodukte zur Folge. Diana bestand darauf, all ihre Post selbst zu öffnen, eine allmorgendliche Tätigkeit, die sie ihrer Meinung nach in engeren Kontakt mit ihrer Öffentlichkeit brachte. Die Briefe, zumeist in schüchternem Stil verfaßt, enthielten Standpauken, Glückwünsche und Berichte von schwierigen persönlichen Erlebnissen. Die Prinzessin wurde von vielen dieser Briefe stark berührt. »Ihre Motive sind sehr edel, große Dinge warten auf Sie. Vertrauen Sie auf Ihre Gefühle und Intuitionen«, hieß es in einem herzlichen Brief. Ein kanadisches Ehepaar, dessen Freund AIDS hatte, schrieb ihr einen Dankesbrief für ihren couragierten Einsatz für die weltweit an dieser Krankheit Leidenden. Sie erklärten, sie hätten sich zu Anfang von ihrem Freund zurückgezogen, doch Dianas Beispiel habe ihnen die Kraft gegeben, sich ihm zu stellen. In Dankbarkeit schrieben sie Diana in den Kensington-Palast: »Wir alle brauchen und erhalten von Zeit zu Zeit ein bißchen Lob für das, was wir tun oder sagen und was das Leben eines Menschen berührt.«

Sie bemühte sich nun, das königliche Leben, das früher ihre Eingebungen so beschnitten hatte, ihren Ambitionen anzupassen. Während ihrer Ehejahre hatte sie sehnsüchtig davon gesprochen, wie gern sie Paris besuchen würde. Mit drei Freundinnen flog sie jetzt im Privatjet dorthin, ein Vergnügen, das allerdings von den gierigen Paparazzi zum Teil getrübt wurde. Ein einwöchiger Ausflug im Juli in das Ferienhaus ihrer Freundin Catherine Soames in Südfrankreich blieb geheim. Sie beschloß, sich den Kampf um die Schachweltmeisterschaft zwischen dem verlierenden Briten Nigel Short und dem siegreichen Russen Boris Kasparow live anzusehen. Dieser unabhängige Schritt wurde zwar als hilfreiche Publicity für den schlecht besuchten Wettkampf verstanden, doch der wahre Grund für ihren Besuch zeugt von ihrem großzügigen Herzen. »Ich ging hin, weil dort keine öffentliche Persönlichkeit war, die zu Nigel gesagt hätte: ›Gut gemacht, wir sind so stolz auf Sie.‹ Als ich das zu ihm sagte, hellte sich sein Gesicht auf«, erzählte sie anschließend Freunden. Diana bewies, daß sie nicht nur eine Gutwetterverbündete war. Zufällig traf sie am nächsten Tag im Fitneßklub Kasparows Manager. Er fragte, ob sie den russischen Meister kennenlernen wolle. »Ich halte zu unserem Jungen«, sagte sie zu ihm.

Ihre Aktivitäten sind bestimmt von einer Art Unschuld, einer

Spontaneität, die nur vom Zynismus ihrer Feinde in der Presse und im Palast übertroffen wird. Ihre Entschlossenheit, sich von offiziellen Ratschlägen zu lösen und sich auf die eigenen Gefühle zu verlassen, führt dazu, daß hin und wieder ihre Naivität auf grausame Weise bloßgestellt wird. »Ich würde sie nie im Leben als Straßenkämpferin bezeichnen«, hört man häufig in ihrem Kreis. Sie gab ein Beispiel für ihr einfaches, unbekümmertes Vorgehen, als sie sich mit dem Premierminister traf, um mit ihm über ihren Wunsch zu sprechen, Botschafterin ohne festen Sitz für Britannien zu werden und sich in dieser Funktion vornehmlich auf humanitäre Fragen zu konzentrieren. Sie ist davon überzeugt, daß manche Konflikte überflüssigerweise fortbestehen, da der Stolz, zumeist der der Männer, eine Verständigung hinauszögert. Dianas Lösung bestand in dem Vorschlag, einen weicheren femineren Weg einzuschlagen, wobei sie mittels ihrer Sensibilität und Intuition helfen könnte, festgefahrene Diskussionspositionen aufzubrechen. Das war mit Sicherheit naiv, möglicherweise grandios, doch die Aussicht, daß die Prinzessin als humanitäre Botschafterin wirken könnte, stieß beim Premierminister auf große Begeisterung. Unglücklicherweise erwies sich ihre Taktik, den Palast dabei zu übergehen, als negativ.

Der Premierminister legte den Vorschlag – nicht ohne herzlichste Befürwortung – dem Buckingham-Palast zur Erwägung vor, der wiederum höflich Downing Street informierte, dies sei eine geradezu auf den Prinzen von Wales zugeschnittene Rolle. »Wir wollen den Thronfolger, nicht sie«, lautete der allzu bekannte Ruf aus dem Palast, der ihren Träumen ein Ende setzte. Als sie über die Einfältigkeit des Premierministers klagte, den Palast zu konsultieren, übersah sie völlig, daß er unter den gegebenen Umständen verpflichtet war, so vorzugehen. Ihre Naivität wurde ein weiteres Mal deutlich, als zwei kleine Jungen durch eine IRA-Bombe ums Leben kamen, die in der Stadtmitte von Warrington explodierte, und sie die Eltern der beiden anrief und ihnen ihre Trauer und ihr Beileid ausdrückte. Ihre überraschende Intervention im April 1993 erfolgte kurz, nachdem der Buckingham-Palast angekündigt hatte, daß der Herzog von Edinburgh stellvertretend für die königliche Familie beim Gedenkgottesdienst anwesend sein würde. Sie erzählte Wendy Parry, der Mutter des Bombenopfers Tim, sie würde sie nur zu gern beim Gottesdienst im Arm halten und trösten. »Ich wäre wirklich gerne dabei, aber ich kann nicht kommen«, sagte sie. »Statt dessen kommt mein Schwiegervater.« Sie rief die Parrys zu Hause in Great Sankey, Warrington, um sechs Uhr abends an, nur Minuten, bevor ein Team von Sky-TV auftauchte, um ein Life-Interview zu machen.

Der unschuldige Bericht der Parrys über den königlichen Anruf schüttete nur noch mehr Öl in das Feuer der Kontroverse um das Verhältnis zwischen der Prinzessin und dem Palast. Obwohl Diana in ihrem Terminkalender Zeit für den Gottesdienst freigehalten hatte, stellte der Palast klar, daß der Herzog – der bis dahin nicht gerade für großes Mitgefühl bekannt war – der »geeignete Mann« sei. Die Prinzessin war sehr verärgert, daß ihr mitfühlender Anruf die Aufmerksamkeit von dem Gedenkgottesdienst selbst abgelenkt hatte. Ironischerweise beschloß sie, keinen Beileidsbrief zu schicken, denn in der Vergangenheit hatten die Opfer derartige Schreiben den Zeitungen verkauft oder überlassen. Wie die Prinzessin einräumte: »Das ging fürchterlich in die Hose. Da habe ich ganz schön auf die Finger bekommen.« Obwohl ihr Versuch zu zeigen, daß sie ihr eigenes Leben führen konnte, schlimm danebenging, bestand sie doch darauf, daß sie ihr offizielles Leben auch weiterhin kontrolliere. »Ich weiß, daß mir Schnitzer unterlaufen werden«, bemerkte sie gegenüber einem Mitarbeiter. »Da ist so viel, was ich verpaßt habe. Ich muß noch ganz schön erwachsen werden.«

Während eines ausgedehnten Sommerurlaubs, der sich schlecht mit ihren öffentlichen Beteuerungen der Genügsamkeit – etwa bei Auslandsreisen Economy-Class zu fliegen – vertrug, versuchte Diana mit ihrem neuen Leben ins reine zu kommen. Wie einer der engsten Ratgeber von Diana erklärte:

Diana befindet sich im Augenblick auf Entdeckungsreise. Wir erleben gerade, wie ihre wirkliche Persönlichkeit zum Vorschein kommt, da sie nicht mehr so stark durch das königliche System angebunden ist. Leuten in Machtpositionen, seien es Journalisten, Politiker oder Hofbeamte, fällt es schwer, mit ihrer Spontaneität, ihrer Vitalität und Energie und auch mit ihrer aufrichtigen Zuneigung für die Menschen umzugehen. Sie werden sie stets verfolgen und ihr

Verhalten als manipulierend und unpassend interpretieren. Mit Sicherheit wird ihr Timing manchmal nicht richtig sein, doch man darf nicht vergessen, daß sie jung geheiratet und die letzten zehn Jahre einem Bild entsprochen hat, das nicht ihres ist. Sie wird Fehler machen, aber schließlich werden wir sehen, daß die echte Person sichtbar wird.

Während ihrer ganzen königlichen Karriere hat die Prinzessin von Wales es vorgezogen, ihre wahre Persönlichkeit nur bei privaten Besuchen von Hospizen, Krebsstationen und anderen Wohltätigkeitseinrichtungen zu zeigen. Entsetzt darüber, daß jeder ihrer öffentlichen Auftritte routinemäßig in das Szenario »Charles gegen Diana« kanalisiert wurde, hatte sie viele Monate lang insgeheim Möglichkeiten für königliche Besuche erkundet, die sie so nah wie nur möglich zu den Menschen brachten, ohne daß unbedingt ordenbehängte Speichellecker, lächelnde Offizielle, Ladies mit neuen Hüten auf dem Kopf und die allgegenwärtigen Fotografen mit von der Partie sein mußten. Im Sommer 1992, als die Aufmerksamkeit der Öffentlichkeit sich am stärksten auf ihre Ehe konzentrierte, hatte sie begonnen, an einer Reihe von »Auswärtstagen« Hospize zu besuchen; so stattete sie Einrichtungen in Blackpool und Hull Besuche ab, um die Kranken und Sterbenden zu trösten. »Wenn ich könnte, würde ich das als Vollzeitaufgabe machen«, erzählte sie einem Freund. »Ich finde das überhaupt nicht anstrengend.« Sie besuchte Frauenhäuser, Obdachlosenasyle, empfing im Kensington-Palast Wohlfahrtsbeamte und nahm mit ihnen an einer Vielzahl von Diskussionen teil.

Während eines Seminars Ende 1992 bei Relate, der Eheberatung, besprachen die Mitarbeiter ihre lange Warteliste, in die sich viele unglückliche Ehepaare zwecks eines Beratungstermins eingetragen hatten. Als Diana vorschlug, ein Video mit allgemeinen Ratschlägen zu drehen, war sie entzückt über die Begeisterung, mit der die Mitarbeiter die Idee aufnahmen. Sie ist so daran gewöhnt, daß man sie nach ihrer Schönheit und ihrem Stil beurteilt und nicht nach ihren Ideen und ihrem Menschenverstand, daß sie auf ein Lob für ihre klugen Einfälle mit einer Art geschockter Überraschung reagiert. Folglich nimmt das Redenschreiben einen zentralen Platz in ihrer königlichen Rolle ein. Und auch das zwingt die Medien und die Öffentlichkeit dazu, sie nach dem zu beurteilen, was sie sagt, und nicht danach, wie sie aussieht.

Zu Anfang war sie, wie die meisten Menschen, völlig gelähmt vor Angst, wenn sie in der Öffentlichkeit sprechen sollte; heute macht es ihr ziemlich viel Spaß. Es war kein Zufall, daß sie ihren Rückzug aus dem öffentlichen Leben ausgerechnet in einer Rede bekanntgab. Nichts bereitet ihr größeres Vergnügen, als die Anerkennung für eine wohldurchdachte und gut gehaltene Rede. »Jeffrey Archer wäre stolz darauf«, sagte ihr Privatsekretär Patrick Jephson zu ihr, als sie eine Rede probte, bevor sie den Kensington-Palast verließ. Vor einer Zuhörerschaft zu stehen und deren Gedanken, einige Minuten lang, zu lenken und zu kontrollieren, war nervenaufreibend, aber letztlich befriedigend. Sie leugnete nicht, daß sie eine schwache Stimme hatte, der es an Volumen mangelte; aber Diana, die im tiefsten Herzen eine sehr wettbewerbsorientierte Person ist, war entschlossen, ihre Auftritte als Rednerin aufzupolieren. Anfänglich holte sie sich bei dem Filmregisseur Richard Attenborough und ihrem späteren Freund, dem Schauspieler Terence Stamp, allgemeine Ratschläge. Ihre ersten Ansprachen, die noch zögerlich ausfielen, brachten ihr allmählich Lob und Anerkennung ein. Einer der stolzesten Augenblicke in ihrer königlichen Karriere war der, als sie von Evian, der Mineralwasserfirma, mit einem Preis ausgezeichnet wurde für eine Rede, in der sie über die Notwendigkeit sprach, Kinder in der Gemeinschaft großzuziehen. Akademiker von der Harvard University waren beeindruckt und luden sie ein, eine kurze Vorlesungstour durch die Vereinigten Staaten zu absolvieren, die von der Gewalt im häuslichen Bereich handeln sollte.

Geschmeichelt, aber ängstlich beschloß sie, daß sie ihre noch unausgereiften Fähigkeiten verfeinern sollte. Ihre damalige Fitneßtrainerin, Carol Ann Brown, empfahl ihren Stimm-Ausbilder Peter Settelen, der ihr geholfen hatte, als sie ein Fitneß-Video aufnahm. Ihr erstes Zusammentreffen 1993 im Kensington-Palast bildete den Anfang einer fruchtbaren Beziehung zwischen der Prinzessin und dem ehemaligen Star der TV-Seifenoper *Coronotion Street*. Er fing ganz von vorne an, brachte ihr bei, mit Steinchen im Mund zu sprechen, genau wie der griechische Redner Demosthenes es seinen Schülern lehrte. Es ging nicht einfach nur darum, ihre Atemtechnik und Aussprache zu verbessern, sondern Settelen schrieb auch zehn Reden, die der Prinzessin halfen, ihre Gedanken zu ordnen und Argumente zu strukturieren. Seine mitfühlende »New-Age«-Philosophie schlug bei der Prinzessin eine gleichklingende Saite an, doch manchmal sah sie sich mit einer abweisenden Zuhörerschaft konfrontiert. Sie war außer sich, als die Kummerkastentante Claire Rayner ihr vorwarf, sie »glorifiziere« Eßstörungen, als Diana die Bulimie als »schamhaften Freund« bezeichnete und von »der Spirale der Hoffnungslosigkeit« sprach, die durch Bulimia und Anorexia nervosa in Gang gesetzt werde. Obwohl ihr Vortrag ausgewogen und respekteinflößend war, erfuhren ihre Ansichten eine ablehnende Reaktion. »Sie führen keine Prinzessin vor, die den Vorzug genießt, von allem das Beste zu bekommen, und sagen, hier sei das Beispiel für jemanden mit diesem Problem«, beschwerte sich Rayner, eine Ansicht, die mit großem Beifall aufgenommen wurde.

Die Prinzessin war um so mehr geschockt, als ihr sogar – wie sie später gestand – noch während ihrer Ansprache die eigenen Worte naheginngen. Es sollte noch schlimmer kommen. »Ich habe genug von Dianas sich selbst schonendem Psychogeschwätz«, schrieb die konservative katholische Kolumnistin Mary Kenny im Juni, vierundzwanzig Stunden nachdem Diana eine Rede über die Gefahr für Frauen gehalten hatte, von Tranquilizern und anderen Drogen abhängig zu werden, die sie in »depressive Zombies« verwandelten. Diana sagte vor einer Turning-Point-Konferenz: »Diese Pillen, diese kleinen Helfer für die Mütter, haben eine Erblast an Millionen von Frauen hinterlassen, die in einer entsetzlichen Qual gefangen und zu einem Leben in der Sucht verdammt sind, aus dem es noch immer kaum Hilfe für ein Entkommen gibt.« Sie fuhr fort: »Wenn wir, als Gesellschaft, weiterhin Frauen lähmen, indem wir sie ermutigen zu glauben, sie sollten nur Dinge tun, die angeblich ihrer Familie nützen ... wenn sie meinen, es steht ihnen nie irgend etwas nur für sie alleine zu ... können wir ihnen helfen, das Recht wiederzuerlangen, ihre eigenen Möglichkeiten auszuschöpfen.«

Mary Kenny, eine scharfzüngige Kommentatorin, war nicht beeindruckt, ihre ätzenden Bemerkungen trafen die Prinzessin weitaus tiefer, als sie vielleicht beabsichtigt hatte. Sie führte an:

»Prinzessin Diana ist in der modernen Welt des kalifornischen Psychogeschwätzes groß geworden, nach dem sich die Menschen selbst als Opfer sehen und auf Schritt und Tritt ›Unterstützung‹ brauchen. Es ist eine Welt, die Glück und Erfüllung als ›Recht‹ einfordert und nach Bösewichten sucht, die man ›verantwortlich machen kann‹, wenn Glück und Erfülltheit ausbleiben.« Kenny prangerte die Theorie an, daß Frauen arme, hilflose und passive Opfer der Gesellschaft seien, und setzte sich dafür ein: »Klammern wir uns doch nicht an jedes Wort von Prinzessin Di, wenn sie auf das ›Armes kleines Ich‹-Syndrom bei Frauen abhebt oder uns mitleiderregend erzählt, daß wir alle Opfer wären ... Frauen sind starke Persönlichkeiten, und wir sollten das bestätigen und nicht dieser Opfer- und Klagekultur anhängen.«

Die Prinzessin las den Artikel wieder und wieder, fassungslos über die Grausamkeit der Attacke. »Gebe ich wirklich Psychogeschwätz von mir? Was mache ich falsch?« fragte sie ihre Berater traurig. Kennys schneidende Kritik verletzte sie nicht nur, weil sie unbeabsichtigt ihre eigene persönliche Psychologie des Opfertums demaskierte und obendrein ihre im Entstehen begriffenen Überzeugungen einer harten Prüfung unterzog, insbesondere in bezug auf Frauenthemen, sondern weil damit auch der neuen Richtung ihres offiziellen Lebens, namentlich ihrer Reden, ein bissiges Armutszeugnis ausgestellt wurde. Jahrelang hatte man sie einfach dafür gefeiert, daß es sie gab. Nun wollte sie nach ihren Worten und Taten beurteilt werden: AIDS, verprügelte Frauen, Drogensucht, Entfremdung und Einsamkeit sind herausfordernde Anliegen, nicht nur für sie selbst, sondern auch für die Gesellschaft. Sie lernte auf die harte Tour, daß dies eine harte Schule war. Wie um ihr das unter die Nase zu reiben, wurde in diesem Sommer die Einladung, vor Harvardstudenten zu sprechen und die prestigeträchtige Dimbleby-Vorlesung zu halten, zurückgezogen. Die amerikanische Universität reagierte verärgert darauf, daß die Bekanntgabe der Vorlesungstournee zu früh durchsickerte; in ihrer Aufregung hatte die Prinzessin vielen Freunden davon erzählt. Wie ein Hofbeamter aalglatt bemerkte: »Vielleicht ist ihr das eine Lehre.«

Das war einer der zahlreichen Tiefpunkte in diesem elenden Sommer. Die Prinzessin war wegen der Feindseligkeit der

Medien bestürzt, die sie einst in den Himmel gelobt hatten, und von der Palastmaschinerie gebeutelt worden, und sie hatte fortwährend über die Schulter das Lager von Prinz Charles im Auge behalten war – jetzt war sie mit ihren Kräften am Ende. Sie hatte das Jahr enthusiastisch und energiegeladen angefangen, doch im Laufe der Monate zermürbten die Nörgeleien und die Kritik des Palasts und anderer ihre Gemütsverfassung. Das konnte man an ihrer laschen Reaktion auf die alltäglichen königlichen Pflichten ablesen. Und dies, obwohl ihr auffiel, daß sich ihr Publikum verändert hatte. – »Es sind nicht mehr kleine alte Damen und Kinder, sondern Menschen meiner Generation«, sagte sie stolz. Ständig Hände schütteln, Bäume pflanzen, Small-talk machen und kleine Kinder begrüßen zu müssen war ihrer Ansicht nach eintönig und sinnlos. »Sie setzte ihr Lächeln auf und schüttelte Hände, ohne sich wirklich dafür zu interessieren, was los war«, bemerkte eine Freundin. Ende Juni entschied die Prinzessin, daß es mit ihren »Auswärtstagen«, ihren Besuchen außerhalb von London, vorbei sein sollte. Diana ließ ihren Frust an ihren Mitarbeitern aus und beschwerte sich lautstark, sie würden zusätzliche Veranstaltungen einschieben oder den Terminplan ändern. »Ich bin die größte Prostituierte der Welt«, jammerte sie einer Freundin vor. »Ich werde herumgereicht wie eine Rolle Smarties.« Der Tag, an dem sie sich für einen Fototermin während ihrer Zimbabwe-Reise im Juli zur Verfügung stellte und man sie dabei ablichtete, wie sie wie eine bessere Kellnerin gespendetes Essen an Kinder austeilte, symbolisierte ihre tiefgehende Unzufriedenheit mit dem ganzen albernen Zirkus. Sie hatte das Gefühl, daß diese Aktion sie demütige, gegenüber den Kindern gönnerhaft erscheinen lasse und den Zweck ihrer Reise herabsetze, da dadurch das Image Afrikas als »Bettelschüssel« bestärkt werde. Und wozu? Damit Fleet Street ein klischeehaftes Foto der Prinzessin von Wales in Afrika hatte. Sie schwor, so etwas würde nie wieder vorkommen.

Die kräftezehrende Afrika-Reise, all der Streß und Druck des letzten Jahres und das Elend ihres königlichen Lebens hatten ihren Tribut gefordert. Introvertiert und niedergeschlagen, brach die Prinzessin grundlos in Tränen aus und machte sich unablässig Gedanken über Prinz Charles, die Zeitungen und den Palast. Einmal wurde sie an der Saftbar ihres Fitneßklubs in Kensington gesehen – verloren, verlassen und mit geröteten Augen. Ihre Freundin Catherine Soames eilte in den Kensington-Palast, um Diana während eines langanhaltenden Weinkrampfs eine Standpauke zu halten, die sich gewaschen hatte. Dann rief die Herzogin von York an und verkündete, ihre Hellseher hätten vorausgesagt, daß die Prinzessin mindestens zwei Wochen lang in Tränen aufgelöst sein würde. Sie gaben dafür keinen Grund an, doch ihre Prophezeiungen erwiesen sich als zutreffend.

Dianas normalerweise robuste Gesundheit wurde angegriffen und verschlechterte sich, da sie unter Schlaflosigkeit litt. Als homöopathische Schlafmittel nicht halfen, bestellte sie einen Schlaftherapeuten zu sich, der ihre nächtliche Sauerstoffaufnahme maß und regulierte. Kopfschmerzen, die durch Streß hervorgerufen wurden, plagten sie viele wache Stunden. Völlig verzweifelt brachte man sie mit einer Nonne zusammen, die Entspannungstechniken nach der Amerikanerin Louise Hay praktizierte und versuchte Dianas innere Anspannung abzubauen. Es war für sie schon eine Anstrengung, auch nur den Kensington-Palast zu verlassen. Bei mehreren Gelegenheiten wurde Mary Loveday, ihre Homöopathin, kurzfristig aus ihrer Praxis in der Harley Street bestellt, um ihr Medikamente zu geben, damit sie den Tag angehen konnte, vor allem wenn sie wußte, daß sie ein hartes Programm offizieller Termine durchstehen mußte. Ihr privates Elend zeigte sich in öffentlicher Wut. »Sie machen mir das Leben zur Hölle«, schrie sie den Fotografen Keith Butler an, als er sie und die Kinder beim Verlassen eines Kinos im West End knipste. Sie stieß ihm den Finger ins Gesicht, bevor sie zu William und Harry zurückstakste.

Sie war urlaubsreif, doch selbst ihr Ferientraum verwandelte sich bald in einen Alptraum. Diana flog zunächst mit Freunden nach Bali und traf anschließend ihre Söhne in Disneyworld in Florida. Die Hofbeamten des Palasts sahen das mit höchster Mißbilligung, denn sie befürchteten, das Ganze würde zu einem Medienzirkus werden. Sie schlugen ihr einen ruhigen Aufenthalt auf Balmoral vor, doch Diana ignorierte ihren Rat; sie dachte, da Prinzessin Anne mit ihren Kindern im vorausgegangenen Jahr nach Florida gereist war, sollte es kaum Probleme geben. Schließlich wurde sie von den Paparazzi gejagt. Der Satz »Das haben wir doch gleich gesagt« hing hörbar in der Luft, als sie in den Kensington-Palast zurückkehrte. Doch Diana hatte Zeit gehabt, über die Zukunft nachzudenken, und war zu dem Schluß gelangt, daß sie, wenn sie ihre Gesundheit erhalten und nicht verrückt werden wollte, ihr Leben völlig anders organisieren mußte.

Bei der Rückkehr aus dem Urlaub, der schätzungsweise 30 000 Pfund kostete, wurde sie von balkengroßen Schlagzeilen in der Boulevardpresse empfangen, die sie als »Heuchlerin« brandmarkten, da sie so viel Geld für einen Urlaub ausgebe und gleichzeitig Wohltätigkeitsorganisationen vorstehe, die den Hunger bekämpfen. Noch beunruhigender war, daß Prinz Charles zwei PR-Manager angeheuert hatte, die seine Rehabilitationskampagne leiten sollten. Dann verpaßte ihr der Palast den Gnadenstoß. Sie wurde darüber informiert, daß Alexandra »Tiggy« Legge-Bourke von Prinz Charles als Gesellschafterin für William und Harry engagiert worden sei, wenn diese ihren Vater besuchten.

Die Wölfe kreisten sie ein, zum Todesbiß bereit. Ihre Feinde hatten ihren Status untergraben, ihre Persönlichkeit und ihren Standpunkt. Nun wollten sie auch noch etwas haben, das ihr in ihrem Leben am teuersten war: die Rolle der Mutter.

»Wann«, fragte sie traurig, »werde ich aus diesem Höllenloch herauskommen?«

5

Meine Bühnenkarriere ist beendet

In den letzten Tagen hatte sie sich für diesen Augenblick gestählt. »Ich werde nicht weinen«, sagte sie sich immer und immer wieder, »ich werde nicht weinen.« Als der Schriftsteller Jeffrey Archer sie fragte, ob sie es schaffen werde, ihre Gefühle zu beherrschen, zeigte sie sich resolut. Es würde keine Tränen geben. Sie war entschlossen, ihren Rückzug aus dem öffentlichen Leben mit Anstand und professionell über die Bühne zu bringen.

Schauplatz war ihr Salon im Kensington-Palast, es war Freitag, der 3. Dezember 1993, 10.30 Uhr morgens. Fast ein ganzes Jahr war seit der offiziellen Trennung des Prinzen und der Prinzessin von Wales vergangen. Eine abschließende Vorbereitung auf die Rede, die sie halten sollte, fand gerade statt, und die Prinzessin und der Bestseller-Autor sprachen über den Ablauf des letzten Kapitels der Saga von dem Verhältnis der Prinzessin zum Palast, zur Presse und zu ihrem Publikum. Noch vierundzwanzig Stunden zuvor war Archer nichts weiter als ein Nebendarsteller in einem langweiligen königlichen Drama gewesen, der Conférencier bei einem Wohltätigkeitsessen zugunsten der Headway National Head Injuries Association, das Diana als Ehrengast zieren sollte. Nun war er für die Durchführung der Geschichte zuständig.

Am Donnerstag nachmittag hatte der politische Impresario zwei dringende Telefonanrufe erhalten: einen von Captain Edward Musto, Dianas Oberstallmeister, der verlangte, daß Archer am nächsten Morgen in den Kensington-Palast komme; der zweite Anruf erreichte ihn von Downing Street, in dem er zu einem privaten Treffen am selben Abend mit Alex Allan, dem ersten Privatsekretär des Premierministers, gebeten wurde. Als er in Nummer 10 ankam, wurde Archer mitgeteilt, daß der Text von Dianas Ansprache geändert und um eine Erklärung zu ihrer zukünftigen Rolle erweitert werden müsse. Der Schriftsteller wurde ausdrücklich aufgefordert, keinerlei Vorschläge oder Änderungen zu machen – »kein Wort mehr, kein Wort weniger«. Dann fragte man ihn, ob er der Prinzessin durch diese schwere Prüfung helfen könne.

Nur zwölf Stunden später saß Archer auf einem Sofa in Dianas Salon. Seine Brille ruhte auf seiner Nasenspitze, während er schweigend die dreiseitige Erklärung durchlas. Ihre Rede war offensichtlich mehrmals umgeschrieben worden und hatte fast die Form eines juristischen Schriftsatzes, nachdem die Königin und der Premierminister zuvor den Text genehmigt hatten. Dennoch war es ein ergreifendes Testament, und Archer fragte sich laut, ob die Prinzessin das wirklich schaffen würde.

Trotz ihrer Versicherungen wußte Archer, daß das Programm des Wohltätigkeitsessens geändert werden mußte, wenn Diana einen würdevollen Abgang haben sollte. Man hatte für die Veranstaltung, die im Londoner Hilton Hotel ausgerichtet wurde, drei Redner und eine Wohltätigkeitsauktion vorgesehen und daneben die Ansprache der Prinzessin. Da er den Tumult voraussah, den die Abschiedserklärung der Prinzessin auslösen würde, beschloß er klugerweise, die anderen Redner zum Verzicht auf ihre Ansprachen zu überreden und sich nur auf die Auktion zu konzentrieren, so daß zumindest die so dringend benötigten Spenden fließen könnten. Dann würde er das Podium der Prinzessin überlassen, und anschließend konnte sie schnellstens in einer wartenden königlichen Limousine in den Kensington-Palast gefahren werden.

Sein Instinkt war richtig. Die Atmosphäre war wie elektrisiert, die Medien waren erwartungsvoll, und die Prinzessin war nervös. Ihre Hände zitterten für jeden sichtbar, als sie in ihrem Salat aus Avocados, Tomaten und Mozzarellakäse herumstocherte. Die Prinzessin behielt den Conférencier im Auge, um sicherzugehen, daß alles nach Plan lief. Als der Augenblick gekommen war, bestieg sie das Podium. Dann bat sie mit manchmal zitternder, aber doch trotziger Stimme um »Zeit und Raum« nach mehr als einem Jahrzehnt im Rampenlicht. In ihrer fünfminütigen Rede sprach sie von dem Ausgeliefertsein an die erbarmungslosen Medien, und obwohl sie der Königin und dem Herzog von Edinburgh namentlich für deren »Mitgefühl und Hilfe« dankte, erwähnte Diana mit keinem einzigen Wort den ihr fremd gewordenen Ehemann.

*Als mein öffentliches Leben vor zehn Jahren begann, war
mir klar, daß die Medien sich dafür interessieren könnten,
was ich tat. Ich erkannte dann, daß ihre Aufmerksamkeit
sich unausweichlich sowohl auf unser privates wie auf unser
öffentliches Leben konzentrieren würde. Aber ich habe nicht
geahnt, wie überwältigend diese Aufmerksamkeit werden
würde; und auch nicht, in welchem Ausmaß dies meine
offiziellen Pflichten und meine Privatsphäre beeinträchtigen würde, in einer Weise, die kaum zu ertragen war.*

Sie verwies darauf, daß sie auch weiterhin eine kleine Anzahl
von Wohltätigkeitseinrichtungen unterstützen würde, während
sie sich daranmache, ihr Privatleben neu aufzubauen. Die
Prinzessin hob hervor:

*Höchsten Vorrang werden weiterhin für mich unsere Kinder
William und Harry haben, die so viel Liebe, Fürsorge und
Aufmerksamkeit verdienen, wie ich nur in der Lage bin,
ihnen zu geben, und genauso hat eine Wertschätzung der
Tradition Vorrang, in die sie hineingeboren wurden.*

Nach der fünfundvierzig Sekunden dauernden Dankesrede von
Jeffrey Archer verließ die Prinzessin den Großen Ballsaal unter
emotionsgeladenen stehenden Ovationen.

Als sie die relative Geborgenheit des Kensington-Palasts
erreicht hatte, war Diana erleichtert, traurig, aber im stillen
auch freudig erregt. »Zum ersten Mal in den zwölf Jahren bei
dieser Familie wurde mir erlaubt, etwas selbständig zu tun. Ich
wollte es auf meine Weise machen, und das tat ich auch«,
sagte sie. »Jetzt kann ich weinen.« Ausnahmsweise wußte sie
einmal, daß ihr Beistand sicher war. Zu Anfang der Woche
hatte sie die Königin und Prinz Philip im Buckingham-Palast
besucht, um die Arrangements abzuschließen. Obwohl sie
Diana gefragt hatten, ob sie noch zu Staatsereignissen kommen
würde – die Antwort war ein höfliches Nein –, zeigten sie doch
Verständnis für ihre schlimme Lage. Am Abend, bevor sie
sich auf die Bühne begab, hatte sich Premierminister John
Major vom Anglo-irischen Gipfeltreffen in Dublin frei genommen, um ihr alles Gute zu wünschen. Ihre Söhne William und
Harry waren hingerissen. »Oh, Mami, was für eine Erleichte-

rung«, sagten sie im Chor, als sie ihnen ihre Neuigkeit mitteilte.

Nur ihr Mann hatte einen verstimmten Ton angeschlagen. »Es ist eine Höllenschlacht gewesen, denn Prinz Charles ist an die Decke gegangen«, sagte sie zu einem Freund. »Charles hat immer gejammert, er wolle die Bühne für sich allein, das hat er nun geschafft«, fügte sie bitter hinzu. Die Prinzessin ließ keinen Zweifel daran, wer die Schuld an ihrem vorzeitigen Abschied vom öffentlichen Leben trage. »Die Anhänger meines Mannes haben mir das Leben zur Hölle gemacht.«

Die Dramatik, mit der sie sich von der Bühne verabschiedete, unterstrich ihre wachsende Entfremdung vom königlichen System. Normalerweise wäre es die Aufgabe der Pressestelle im Buckingham-Palast gewesen, eine derartige Erklärung bekanntzugeben. Noch wenige Minuten, bevor Diana sich erhob, war den königlichen Beamten nicht klar, welche Gefühle genau sie hegte. Den Stil des Ganzen, das Timing und die Art, wie sie die Rede hielt, hatte sie bestimmt – eine anschauliche Demonstration ihrer zunehmenden Emanzipation. Sie freute sich, daß ihre Entscheidung sechs Wochen lang geheim blieb, sie war stolz darauf, wie sie die endlosen Einwände seitens der Königin, des Premierministers, Prinz Charles und einer Reihe von Hofbeamten abgeschmettert hatte, und sie war in Hochstimmung, weil sie die gefühlsgeladene Situation durchgestanden hatte, ohne zusammenzubrechen.

Das Timing wurde allerdings nicht nur auf den königlichen Kalender abgestimmt, sondern war auch stark von ihrer Astrologin beeinflußt worden. Angeblich hatte die Prinzessin beschlossen, vor der routinemäßigen Planungssitzung, bei der ihre offiziellen Besuche in den folgenden vier Monaten festgelegt werden, zurückzutreten, um den 118 Wohltätigkeitsorganisationen, die sie unterstützte, keine Ungelegenheiten zu bereiten. Doch Leute, die Diana nahestehen, glauben, daß die königliche Wahrsagerin dabei eine genauso wichtige Rolle spielte. Den ganzen Herbst hindurch hatte Debbie Frank, ein leise redendes Medium, das astrologische Vorhersagen mit einer beratenden Tätigkeit verbindet, der Prinzessin zur Seite gestanden und darauf hingewiesen, daß ein günstiger Zeitpunkt für entscheidende Veränderungen in Dianas Leben Anfang Dezember sei.

Ironischerweise beschäftigte die Prinzessin weniger ihr Entschluß, sich aus dem öffentlichen Leben zurückzuziehen, als die Frage, was dann aus den Männern in ihrem Alltagsleben würde. Ihre wachsende Distanz zu Inspektor Ken Wharfe, ihrem langgedienten und schwergeprüften Leibwächter, sorgte fortwährend für Ärger; auf die Aussicht, ihre vertrauenswürdigen Mitarbeiter zu verlieren, reagierte sie paranoid; und viele Stunden lang wurde darüber diskutiert, was wohl Prinz Charles in Zukunft tun würde.

Ihre Beziehungen zur Polizei war kompliziert und widersprüchlich. In der ganzen Zeit ihrer königlichen Karriere hatte sie deren Anwesenheit als lästig empfunden. Schon über kleinste Dinge konnte sie sich aufregen. Sie konnte im Auto die Musik nicht so laut stellen, wie sie wollte, sie mußte ihnen stets sagen, wohin sie ging, und sie wußte, daß sich einige ihrer Freunde durch die Beschattung gehemmt fühlten. Dennoch hatte sie im Laufe der Zeit akzeptiert, daß die Beschattung ein notwendiges Übel darstellte; manchmal war sie sogar froh, daß die Leibwächter da waren. Zum Beispiel ging sie eines Morgens in der Kensington High Street mit den Jungen einkaufen und sah sich plötzlich von Fotografen belagert. Die Jungen, vor allem William, ärgerten sich, sie selbst war wütend, aber hilflos. Deshalb freute sie sich, als ihre Leibwächter sofort den Weg frei machten, den Verkehr anhielten und ihr ermöglichten, zu einer privaten Verabredung zum Mittagessen zu entkommen. Was die Polizei anbelangte, so versuchte sie auf Diana Rücksicht zu nehmen und sich im Hintergrund zu halten.

Gleichzeitig jedoch entwickelte die Prinzessin eine starke persönliche Bindung zu ihren Leibwächtern, was auf ihre Erziehung, ihre angeborene Großzügigkeit und ihre Einsamkeit zurückzuführen ist. Es war kein Zufall, daß sich Diana sofort, nachdem er in Britannien angelaufen war, den Kevin-Costner-Film *Bodyguard* ansah. Sie weiß, wann sie Geburtstag haben, kauft ihnen Geschenke, etwa Kaschmirpullover oder -hemden von Turnball & Asser, dem schicken Laden in der Jermyn Street, und schickt ihren Ehefrauen kurze Mitteilungen, wenn sie ihre Beschützer bis spät in die Nacht braucht. »Mein Vater hat zu mir gesagt, ich soll auf jeden Menschen individuell eingehen und niemals einfach nur meine Macht einsetzen«, sagt sie. »Ich wurde dazu erzogen, mich um andere zu kümmern.« Diesen Charakterzug hat sie an ihre Söhne weitergegeben. Sie holen und tragen gerne etwas für ihre Leibwächter, warten ihnen sogar bei inoffiziellen Gelegenheiten bei Tisch auf. Dianas rücksichtsvoller und fürsorglicher Charakter zeigte sich unter anderem, als sie erfuhr, daß ihr Leibwächter Chefinspektor Graham »Smudger« Smith an Krebs litt. Sie lud ihn und seine Frau Eunice zu einer Mittelmeerkreuzfahrt ein. Im Mai 1993, als er im Sterben lag, besuchte sie ihn mehrfach in einem Hospiz in Esher, Surrey. Auf ihren ausdrücklichen Wunsch hin wurde er von einem Mehrbettzimmer in ein Einzelzimmer verlegt, denn sie wußte, daß der beliebte, aber bescheidene Polizist sich nicht darum bemüht hätte. Nachdem er gestorben war, sprach sie seiner Frau Trost zu und bestand darauf, unter Vernachlässigung ihrer offiziellen Pflichten an seiner Beerdigung teilzunehmen.

Ihre Polizeibeamten wiederum hielten ihr stets die Medien auf Abstand, erzählten ihr den neuesten Palasttratsch, verwischten Dianas Spuren und versorgten sie mit gewagten Witzen. Dennoch steckte hinter ihrem Verhältnis zu den Leibwächtern mehr als nur eine extravagante Demonstration guten Benehmens. Im Laufe der Jahre sind einige ihrer Beschützer von Scotland Yard für sie zu Vaterfiguren geworden, die sich ihre Probleme anhören und ihr bodenständige Ratschläge geben. Sie wurden feste Verbündete in ihrem Kampf gegen ihren Mann und den Palast, wurden zu Freunden in einer feindseligen Welt.

Ein besonderer Platz in Dianas Herz ist beispielsweise noch heute für Inspektor Barry Mannakee reserviert. Jedes Jahr im Spätfrühling, zumeist im Mai, unternimmt sie eine private Pilgerreise zum City of London Crematorium in Redbridge, wo seine Asche bestattet ist. Die Prinzessin, mit einem übergroßen Kopftuch getarnt, zollt dort schweigend einem Mann Tribut, der ihr ein echter Freund war, als sie sich im königlichen System einsam und verlassen fühlte. Er stand ihr Mitte der achtziger Jahre zur Seite, als sich ihre Beziehung zu Prinz Charles rapide verschlechterte. Dianas enges Verhältnis zu Mannakee löste bei seinen Kollegen Eifersucht und beim Prinzen Verärgerung aus, der maßgeblich daran beteiligt war, daß der Leibwächter versetzt wurde. Knapp ein Jahr nach seinem Weggang im Juli 1986 kam Mannakee in der Nähe seines Hauses in Loughton, Essex, bei einem Motorradunfall ums Leben. Als sie über das Autotelefon die Nachricht von seinem Tod erhielt – sie und Prinz Charles befanden sich 1987 gerade auf dem Weg zum Flughafen Heathrow, von wo aus sie nach Cannes zum Filmfestival fliegen wollten –, traf sie das wie ein Schlag. Lange Zeit glaubte sie, der MI5, der Geheimdienst, habe mit seinem Tod zu tun; heute gibt sie sich damit zufrieden, daß sein Tod ein Unfall war. Sein Weggang und sein nachfolgender Tod waren für sie ein fürchterlicher Verlust zu einer Zeit, in der sie sich nach ihren eigenen Worten in »der finsteren Ära« ihrer Ehe und ihres königlichen Lebens befand und ihr Unglück und ihre Verzweiflung am schlimmsten waren. Seit damals hat sie mit einer Hellseherin versucht, Kontakt zu Mannakee und verstorbenen Verwandten aufzunehmen, besonders zu ihrem Onkel Lord Fermoy, der Selbstmord beging, und zu ihrer heißgeliebten Großmutter Cynthia Spencer. Sie hat Freunden erzählt, daß Mannakee »wahnsinnig viel für mich bedeutete. Er war meine Vaterfigur und hat sich um mich gekümmert«.

In psychologischer Hinsicht war ihr Verhältnis zu einigen Leibwächtern kompliziert und widersprüchlich. Einerseits war es eine Vater-Tochter-Beziehung, doch es konnte auch ein Arbeitgeber-Arbeitnehmer-Verhältnis sein, das dem Polizeibeamten ins Gedächtnis rief, daß er ein Angestellter war und ihre Wünsche zu befolgen hatte. Folglich konnte sie innerhalb kürzester Zeit distanziert und geschäftsmäßig und dann wieder freundschaftlich und vertraulich sein. Ihre Leibwächter können manchmal nur schwer voraussagen, wie sie reagieren wird und wie sie Diana folglich behandeln sollen. Sie strahlt eine Verletzlichkeit aus, die bei den meisten Männern instinktiv den Wunsch wachruft, sie zu beschützen. Das ist betörend, aber auch trügerisch, wie diejenigen, die sie verteidigen wollen, schnell herausfinden. »Sie ermutigt zu Vertraulichkeit, doch sobald man ihr zu nahekommt, läßt sie den Rolladen herunter, aus der großen Angst heraus, man würde, wenn man sie wirklich kennenlernt, weniger hinter der Fassade entdecken, als der äußere Anschein vermuten läßt«, bemerkt ein Freund. Sie ist alles andere als eine rehäugige Unschuld. Die Prinzessin ist vielmehr eine junge Frau, die das Sagen haben möchte, sowohl in ihrem privaten als auch in ihrem öffentlichen Leben. Deshalb war es für sie so ärgerlich, um nicht zu sagen demütigend, daß die Männer, mit denen sie ununterbrochen Kontakt hatte, ihre Leibwächter, in letzter Instanz das Recht hatten, hinsichtlich ihrer körperlichen Unversehrtheit die Befehlsgewalt zu übernehmen. »Das Gute daran, eine Frau zu schützen, ist, daß man sie, wenn es zum schlimmsten kommt, über die Schulter nach hinten werfen und schnell loslaufen kann«, sagte ein früherer Leibwächter von Diana zu Neulingen. Dieses Bild vom kräftigen Tarzan, der die hilflose Jane beschützt, ging Diana schließlich so gegen den Strich, daß sie monatelang darum kämpfte, daß man ihr eine Polizistin zuwies. Dieser Wunsch ging im April 1993 in Erfüllung, als Sergeant Carol Quirk zu ihrem Team stieß.

Bedenkt man dann noch den bei Diana aufkommenden Verdacht, daß einzelne Polizeibeamte für den Palast arbeiteten, so wird vollkommen verständlich, warum ihr Leibwächter Ken Wharfe 1993 durchweg das Gefühl hatte, der Dienst für Diana sei wie ein Tanz auf rohen Eiern. Die ersten Anzeichen dafür gab es im Januar während des Karibikurlaubs mit ihren Söhnen. Sie bebte vor mütterlicher Eifersucht, wenn William und Harry darauf bestanden, mit Ken am Strand Cricket zu spielen oder mit ihm im Montpelier Hotel auf Nevis gemeinsam zu essen. Was früher einmal als väterliche Fürsorglichkeit verstanden worden war, galt nun als allzu vertraulich.

Zu Hause gab es wegen Kleinigkeiten Krach. Eines Morgens waren sie in Kensington einkaufen, als er sie davor warnte, in der Nähe von drei Autos zu parken, die bereits Radklemmen hatten. Es wurde laut, und schließlich stieg Diana einfach aus dem Auto und stolzierte in ein nahe gelegenes Musikgeschäft. Vierzig Minuten lang wartete der Polizeibeamte geduldig auf ihre Rückkehr, denn er wußte, daß sie ohne Geld davongestürmt war. Ein anderes Mal war es an ihm, sich zu ärgern und sich peinlich berührt zu fühlen, als nämlich Diana, ohne ihn zu informieren, ihre Räume im Kensington-Palast nach Wanzen durchsuchen ließ. Nicht nur daß dies mangelndes Vertrauen in die Metropolitan Police bedeutete, es hieß auch, daß sie ihrem Chefleibwächter mißtraute.

Richtig frostig wurde es dann 1993 während Dianas ausgedehnten Sommerferien. Mehrere Tage, bevor die Prinzessin nach Florida flog, plante ihr Polizist eine eigene Aufklärungsaktion in Disneyworld. Wharfe und Diana hatten darüber gesprochen, ob und wie stark sich die Medien dafür interessieren würden. Er meinte, wenn sie unter falschem Namen reise – eine übliche Praxis –, wäre Fleet Street nicht in der Lage, dem königlichen Duft zu folgen. »Machen Sie sich deswegen keine Gedanken«, sagte sie zu ihm, »sie wissen bereits Bescheid.« Ihn verblüffte, daß sie das schon vorher wußte, doch nach der Rückkehr in sein Hotel stellte er fest, daß der königliche Berichterstatter Richard Kay bereits eingetroffen war. Das ließ nur den Schluß zu, daß die Prinzessin oder jemand aus ihrer nächsten Umgebung ausgewählte Journalisten über ihre Pläne informiert hatte. Das war alarmierend, denn damit wurde das Vertrauensverhältnis zwischen der Prinzessin und ihrem Schatten untergraben.

Als die Gesellschaft dem Trubel in Florida den Rücken kehrte, um sich in das ruhigere Gewässer von Kate Menzies Ferienhaus in Lyford Key auf den Bahamas zu begeben, wurden die königlichen Leibwächter höchst frostig empfangen. Man hatte zusätzliche Polizeibeamte eingeflogen, und die Prinzessin, der bereits die bestehende Polizeipräsenz auf die Nerven ging, hatte Bedenken wegen der Kosten, die der Steuerzahler zu tragen hatte. Sie erklärten sich bereit, im Hintergrund zu bleiben und in der Nähe Quartier zu beziehen. Deshalb war die Prinzessin nicht besonders erfreut, als ihre Söhne, weit davon entfernt, die Begleiter zu ignorieren, mit den Aufpassern aßen und spielten. Auf der Heimreise, als das Team der Leibwächter gerade zum Flughafen aufbrechen wollte, bestand die Prinzessin darauf, zusammen mit den Jungen die Runde zu machen und sich bei allen für den angenehmen und vergnüglichen Aufenthalt zu bedanken. Unglücklicherweise verzögerte diese Geste den Abflug und verärgerte ihre Polizisten. Auf dem Rückflug nach England war für die Journalisten, die mitflogen, die Distanz zwischen Wharfe und Diana nicht zu übersehen. »Der Zauber ist weg«, sagte Wharfe zu Bekannten, und der Prinzessin kamen bald Gerüchte zu Ohren, daß er sich um einen neuen Posten bemühe, möglicherweise in Amerika.

Sie besprach ihre Sorgen mit der Herzogin von York, die mit ihr fühlte. Auch ihr war die fortwährende Polizeipräsenz unangenehm. Doch Dianas Mißvergnügen hatte tiefere Ursachen. Die Polizei diente der Prinzessin als Sündenbock für ihre anhaltende Frustration im königlichen System. Sie war das sichtbare Symbol ihres Gefühls der Gefangenschaft. Ihre Entfremdung von Wharfe und ihre Überzeugung, sie könne ihr Leben selbst organisieren, bestärkten sie nur noch in ihrem

Entschluß, nach ihrem Rückzug ins Privatleben den Polizeischutz zu verringern oder ganz auf ihn zu verzichten.

Eine Konfrontation zwischen der Prinzessin und ihrem Chefleibwächter war nicht zu vermeiden. Anfang Oktober erfuhr die Prinzessin von spontanen Bemerkungen des Inhalts, sie brauche eine kräftigen Klaps auf den Po, die Wharfe angeblich über seine königliche Chefin hatte fallenlassen. Diana war empört. Sie hatte zwar Angst vor einer direkten Auseinandersetzung mit Wharfe, doch sie erkannte auch, daß dies zur Reinigung der Atmosphäre notwendig war. Er wies die Anschuldigung heftig zurück, doch der Schaden war angerichtet. Nach dieser Begegnung im Kensington-Palast führte die Prinzessin mehrere offizielle Gespräche mit dem Leibwächter von Prinz Charles, Chefinspektor Colin Trimming, dem alle königlichen Personenschutzbeamten unterstanden. Sie sprachen nicht nur über Wharfes Zukunft, sondern auch über eine Reduzierung der Polizeipräsenz in ihrer Umgebung. Es wurde entschieden, daß es für alle Betroffenen am besten sei, wenn man sich trenne.

Anfang November sahen sich die Prinzessin und ihr Schatten zu einem freundschaftlichen Abschiedstreffen in ihrem Salon im Kensington-Palast, bei dem sie ihm eine Uhr schenkte und ihm für die sieben Jahre lang loyal geleistete Arbeit dankte. Es fiel allerdings auf, daß Inspektor Wharfe, der jetzt für den Schutz von VIP-Besuchern zuständig ist, fehlte, als die Prinzessin dem Rest ihres Personenschutzteams im Februar 1994 im Savoy-Hotel ein Abschiedsessen gab.

Es war ein ironischer Kontrapunkt, daß genau zu dem Zeitpunkt, als Diana mit ihren Mitarbeitern über Möglichkeiten sprach, wie sie Wharfe aus ihren Diensten entlassen könne, das Lager von Prinz Charles ihren Polizisten verdächtigte, sich um ihre Publicitykampagne zu kümmern. Sie glaubten, Wharfe sei der Initiator der Fototermine Dianas und der Söhne an verschiedenen Orten: am Strand in der Karibik, auf den Skihängen im österreichischen Lech und im Vergnügungspark Thorpe Park in England. Nichts konnte von der Wahrheit weiter entfernt sein; da kein Pressebeamter dabei war, hatte er lediglich zwischen der Prinzessin und den Fotografen für Sicherheit und Ordnung gesorgt. Wharfe war ein weiteres unschuldiges Opfer des Mißtrauens und der Rivalität der beiden Lager.

Zu der Zeit, als Diana im stillen an einer Neuausrichtung ihres Lebens arbeitete, sehnte sie sich nach Ruhe in ihrem öffentlichen Leben und nach der Hilfe vertrauenswürdiger Verbündeter im privaten Bereich. Das sollte nicht sein. Der Weggang von Wharfe hatte beunruhigende Auswirkungen auf ihren Stab. Sie spürten die ersten Wellen einer großen Veränderung in Dianas Lebensweise, und sie machten sich Sorgen.

Es war ein ganz gewöhnlicher Abend am 1. November 1993, einem Montag, als Diana den Kensington-Palast verließ und sich zu einer Wohltätigkeitsveranstaltung begab – einer Show der Chicken Shed Theatre Company im Equinox-Theater am Leicester Square. Als sie und ihre Hofdame, Mrs. Jean Pike, sich gerade zum Gehen anschickten, überreichte ihr der Butler, Paul Burrell, einen Brief. Wie eine scharfe Granate war er den ganzen Tag sehr vorsichtig zwischen ihrem Privatsekretär, ihrem Oberstallmeister und Leibwächter hin- und hergewandert. Den Inhalt las Diana auf dem Weg zum Theater, wo 250 geistig und körperlich behinderte Kinder bereits sehnsüchtig darauf warteten, sie zu begrüßen.

Ihr Chauffeur Simon Solari, der ihr in den vergangenen schwierigen zwölf Monaten ein amüsanter und loyaler Gesellschafter gewesen war, hatte ihr seine Kündigung geschickt. Er hatte vor, als Fahrer Nummer zwei in den Mitarbeiterstab von Prinz Charles zu wechseln. Während sie den Brief immer wieder durchlas, war sie sich nicht sicher, was sie am meisten schmerzte – die Tatsache, daß er über seinen Entschluß Stillschweigen bewahrt hatte, oder daß er ins Lager des »Feindes« wechselte. Etwas in ihrem Inneren wurde zerstört, und Diana brach in Tränen aus. »Das traf mich, als ich es am wenigsten erwartete, und deshalb kam gleich der ganze Rest mit hoch«, erzählte sie Freunden.

Für diese Entscheidung hätte Solari sich keinen schlimmeren Zeitpunkt aussuchen können. Eine Stunde zuvor hatte sie sich gerade privat von ihrer Freundin Lucia Flecha de Lima verabschiedet, die von London nach Washington zog, wo ihr Mann, der brasilianische Botschafter, einen neuen Posten antreten sollte. Sie hatte auch mit Außenminister Douglas Hurd gesprochen und sich für das vorzeitige Durchsickern einer später in diesem Monat geplanten Moskaureise an die Zeitungen entschuldigt. Der krönende Abschluß war, daß die Reise, die sie als »sehr erwachsen« bezeichnete, verschoben worden war, da der russische Präsident Boris Jelzin Neuwahlen angesetzt hatte. Nach einem besonders angespannten und schwierigen Zusammentreffen mit Prinz Charles ein paar Tage zuvor fühlte sie sich total erschöpft, und so brach sie plötzlich zusammen. Die Tränen strömten ihr übers Gesicht. Sie hielten am Serpentine-See im Hyde Park an, damit sie sich beruhigen konnte. Mit rotgeweinten Augen und aufgewühlt traf die Prinzessin bei der Veranstaltung ein. Nur dreißig Minuten später verschwand sie abrupt wieder. Ihre Mitarbeiter behaupteten, sie habe Migräne. In der Ungestörtheit ihrer Zimmer weinte sie sich die Augen wund und verzweifelte daran, daß sie anscheinend niemals ohne andauernde Krisen leben könne.

Am nächsten Morgen hatte sie sich wieder soweit im Griff, daß sie in ihrem privaten Wohnzimmer mit Simon sprechen konnte. Reichlich nervös erklärte er, er müsse bei der Planung seiner Zukunft an seine Familie denken. Die Prinzessin zeigte sich verständnisvoll, wünschte ihm alles Gute für seine neue Aufgabe und akzeptierte eine Kündigungsfrist von einem Monat. Ihr Mitarbeiterstab war von Solaris Entscheidung genauso geschockt wie sie. In einer anrührenden Geste sagte ihre Garderobiere Helena Roach, nachdem sie die Prinzessin informiert hatte, sie habe geplant zu kündigen, zu ihr, daß sie nun noch bleiben werde, um ihre Solidarität zu beweisen.

Zur Mittagszeit, nach einer zweistündigen Unterhaltung mit dem Motivations-Guru Anthony Robbins, war Diana wieder in Form und konnte über eine spitze Bemerkung kichern, die im Bericht des *Evening Standard* über ihren öffentlichen Zusammenbruch stand und lautete: »Migräne hat in der Liste psychisch bedingter Erkrankungen der Prinzessin bislang keine große Rolle gespielt.« Tatsächlich sind durch Streß verursachte Kopfschmerzen ein Fluch ihres Lebens, wenn sie auch noch nie unter Migräneanfällen gelitten hat. Sie schaffte sogar eine witzige Rede über ihr Wohlbefinden nach Bemerkungen ihrer Stiefgroßmutter, Dame Barbara Cartland, daß ihre Eßstörung, Bulimia nervosa, von neuem eingesetzt hätte. Als sie bei einem Mittagessen zugunsten der Well-Being-Organisation einige Tage später eintraf, erzählte sie einem sehr amüsierten Publikum: »Meine Damen und Herren, Sie haben das große Glück, Ihre Schirmherrin heute hier zu sehen. Ich soll angeblich die meiste Zeit des Tages mit meinem Kopf über der Toilette hängen. Ich soll angeblich, sobald ich Sie hier verlasse, sofort von Männern in weißen Kitteln weggeschleppt werden; doch wenn es Ihnen recht ist, so habe ich mir überlegt, könnte ich meinen Nervenzusammenbruch auf einen geeigneteren Augenblick verschieben. Es ist schon erstaunlich, was eine Migräne alles bewirken kann.« In Wirklichkeit hat sie in den letzten paar Jahren ihre Bulimie mit dem amerikanischen Medikament Prozac unter Kontrolle gebracht, das wegen seiner Wirksamkeit als Antidepressivum auch »flüssiger Sonnenschein« genannt wird. Die Einnahme dieser umstrittenen »Wundermedizin«, die im Verdacht steht, irrationale Anfälle von Gewalttätigkeit und Stimmungsschwankungen bei manchen Patienten auszulösen, hat bewirkt, daß ihre Bulimie eine Zeitlang unter Kontrolle war. Die Tatsache, daß sie keine privaten Zusammenkünfte der *royals* mehr besucht, die regelmäßig zu Bulimie-Attacken führten, ist ebenfalls hilfreich.

Ihre Witze über ihren Gesundheitszustand verdeckten ihre vorhandenen Ängste, noch mehr Mitglieder ihrer erweiterten Familie – ihres Mitarbeiterstabs – zu verlieren. Sie nimmt aufrichtig Anteil an deren Leben, womit sich gut erklären läßt, warum sie es als persönlichen Verlust empfand, daß Simon Solari kündigte. Sie verschickt an alle Kinder ihrer privaten Mitarbeiter Geburtstagskarten, und das, obwohl sie zwölf Patenkinder hat; Blumensträuße, die sie bei offiziellen Verpflichtungen erhält, gab sie an ihren Fahrer Simon für dessen Frau Lynne weiter. In den Monaten nach ihrer Trennung war sie wiederum sehr gerührt über die Briefe voller Hochachtung und Zuneigung und die Blumensträuße, die sie gelegentlich von ihren Mitarbeitern erhielt, auch von Charles' Angestellten aus Highgrove. Sie denkt sich nichts dabei, mit ihrem neuen Küchenchef Darren McGrady in den Küchenräumen des Kensington-Palasts ein leichtes Abendessen einzunehmen, und lädt häufig ihren Butler, Paul Burrell, den Sohn eines Lastwagenfahrers aus Derbyshire, und seine Frau Maria zum Abendessen ein. Ihre Söhne Alexander und Nicholas spielen mit William und Harry, wenn diese zu Hause sind. Anläßlich eines Kostümfestes zur Feier von Marias vierzigstem Geburtstag beteiligte sich Diana wie die anderen Mitarbeiter an einem Conga-Tanz und hielt Paul Burrells Taille umfangen, der als

römischer Soldat verkleidet war. Diese freundschaftliche Vertraulichkeit zwischen denen da oben und denen da unten wäre
in jedem anderen aristokratischen Haushalt undenkbar.

Sie fand das Verhalten der Männer da unten ärgerlich und
fragte sich gleichzeitig den ganzen Herbst hindurch, was wohl
mit dem Mann in ihrem Leben da oben, mit Prinz Charles,
geschehen würde. Eine Konsultation bei einer ihrer Hellsehe-
rinnen beunruhigte sie stark. Diese hatte vorausgesagt, daß sich
Prinz Charles zwei Wochen nach Vollmond, der auf den 30.
Oktober fiel, mit einem grundlegenden Umschwung in seinem
Leben konfrontiert sähe.

Dianas Orakel gab als Datum den 13. November, einen
Sonntag – den Tag vor Charles' fünfundvierzigstem Geburtstag –, als Wendepunkt in seinem Leben an. Das sei der
Zeitpunkt, an dem er auf die Krone verzichten würde, an der
ihm soviel lag, möglicherweise für die Frau, die er liebte, für
Camilla Parker-Bowles. Und da war noch mehr. Es wurde
vorhergesagt, daß gleichzeitig Prinz William gezwungen würde,
eine schwere und beschwerliche Verantwortung zu übernehmen. Der Schluß lag auf der Hand, daß Prinz Charles vorhabe,
für seinen Sohn, Prinz William, Platz zu machen und ihm zu
gestatten, der nächste König zu werden, damit er selbst Camilla
heiraten könne. Das war starker Tobak. Eine Zeitlang beherrschte er Dianas Denken und lähmte ihr Tun, während sie
die Tage zählte. »Er wird auf Grund laufen«, sagte sie Freunden,
»sein Schiff wird sinken.«

Das königliche Orakel erwies sich als zutreffend, allerdings
nur im Reich der Phantasie. Während die Hellseherin und
Diana die Zukunft des Prinzen auspendelten, schmiedete auf
dem Fernsehbildschirm ein Premierminister ein Komplott
zum Sturz eines Königs, der in bezug auf die Haltung und
die Eigenheiten mit Charles eine unheimliche Ähnlichkeit
hatte, und wollte ihn durch den Sohn seiner ihm entfremdeten Frau ersetzen, einer Blondine, die Diana bemerkenswert
ähnlich sah. Die TV-Verfilmung von Michael Dobbs' Buch
To Play the King faszinierte die Prinzessin nicht nur, weil es
darin um Fragen ging, die ihr vertraut waren. »Bezeichnen
wir jemanden wie Dobbs nicht als Visionär?« meinte die
Prinzessin fröhlich.

Seltsamerweise sagte ein russischer Fanatiker voraus, daß am selben Tag, an jenem 13. November, die Welt untergehen würde. Doch am Ende verging der Tag wie jeder andere. Trotzdem steckte der Prinz einige Wochen später erneut in der Patsche, als wiederum Spekulationen über seine Zukunft aufkamen. Seine Klagen in der *Financial Times*, daß die Regierung leider seine Talente bei seinen Auslandsreisen nicht nutze, nahm der Premierminister so ernst, daß darüber im Kabinett diskutiert wurde. Allerdings blieb es dem Archidiakon von York überlassen, die Debatte zu entfachen, ob der Prinz mit seiner angeblichen Beziehung zu Camilla Parker-Bowles als König geeignet sei. »Ich vertrete die Ansicht, Charles hat feierlich vor Gott in der Kirche ein Ehegelöbnis abgegeben, und es scheint ..., daß er es fast unmittelbar danach gebrochen hat. Er hat seine Verantwortung und sein Gelöbnis vor Gott in einer wichtigen Sache nicht eingelöst. Wie kann er dann in die Westminster Abbey gehen und den Krönungseid ablegen?« Austins Kommentare im Rundfunkprogramm von BBC Today lösten sofort eine hitzige Debatte mit einer Flut von Höreranrufen, Meinungsumfragen und lautem Wutgeschrei aus dem Lager des Prinzen aus. Sein Freund und ehemaliger Oberstallmeister, der Parlamentsabgeordnete Nicholas Soames, mischte sich ein: »Das ist verletzend und schmerzlich. Der ›Prinz‹ wird den Thron erben, damit ist die Sache erledigt«, sagte er. Seine Kommentare wurden von einer bekannten Riege an Persönlichkeiten des Establishments gutgeheißen. Die Öffentlichkeit zeigte sich unbeeindruckt. In den Meinungsumfragen lag William als gewünschter nächster Souverän regelmäßig vor Prinz Charles.

Bei dem steifen Treffen des Prinzen und der Prinzessin von Wales in der letzten Oktoberwoche hatten sie über zwei Dinge gesprochen: über Dianas Zukunftspläne und über ihre Scheidung. Der Prinz war nervös und schlechtgelaunt, und ihre Beziehung, die bereits schroff und unangenehm war, verschlechterte sich weiter. Mit dem Wissen um Dianas Zukunftspläne gerüstet, versuchte Charles jedem Rückschlag zuvorzukommen, indem er sich gegenüber der *Financial Times* beschwerte, seine ernste offizielle Rolle ginge aufgrund der Spekulationen über seine Ehe völlig unter. In den vergangenen Monaten hatten sie über Memos miteinander kommuniziert, die wegen der Weihnachtsarrangements für die Söhne und den königlichen Zug gewechselt wurden. Charles meinte, der Privatzug sei sein »Privileg«, und versuchte die Prinzessin davon abzubringen, damit zu reisen, was wohl erklärt, warum sie anläßlich eines Besuches in Wales, wo sie das nationale Rugbyteam unterstützen wollte und die Jungen zu einem halboffiziellen Besuch mitnahm, mit einem gewöhnlichen Waggon von British Rail fuhr. Die Atmosphäre des Treffens wurde nicht gerade gelöster, als der Prinz die Frage der Scheidung ansprach. Sie hatten telefonisch schon zuvor mehrfach über das »Wort mit S« geredet. Charles wollte unbedingt eine Entscheidung. Die Prinzessin, die sich an den Rat ihres Anwalts Lord Mischon hielt, stellte klar, daß sie gerne, in der Sicherheit ihrer Palastschanze, noch warten würde. Diese Antwort gefiel dem Prinzen nicht, der geneigt war, die Sache ein für allemal abzuschließen. Ihr vorgeschlagener Rückzug verstärke nur noch die verworrene Situation.

Probleme mit dem Prinzen, dem Palast, der Polizei, der Presse und den Paparazzi waren nun an der Tagesordnung. Ein Vorfall einige Tage zuvor war ganz besonders ärgerlich gewesen. Als sie mit den Jungen das West-End-Musical *Grease* im Dominion-Theater anschauen wollte, waren sie plötzlich von Kameraleuten in schwarzen Jacketts umringt. Die Jungen waren beunruhigt und sauer. »Es war der Horror«, erzählte sie einer Freundin. »Man hätte meinen können, sie hätten mich noch nie im Leben gesehen. Sie kletterten über Autos und sprangen über die Kinder. Das waren erwachsene Männer.« Das war der neueste einer nicht enden wollenden Reihe von mißgelaunten Zusammenstößen mit professionellen Kameraleuten.

Doch es war ein Amateurfotograf, der sie schließlich veranlaßte, endgültig eine Entscheidung über ihr öffentliches Leben zu fällen. Wenn sie bislang noch gezögert hatte, so schob sie nun alle Zweifel beiseite, als sie Anfang November auf die Titelseite des *Sunday Mirror* schaute und ein ganzseitiges Bild von sich beim Workout in ihrem früheren Fitneßklub entdeckte. Sie hatte seit langem vermutet, daß es solche Fotos gab, doch es war dennoch ein Schock, sich im Leotard auf diese Weise vermarktet zu sehen.

Der Besitzer des Fitneßklubs, der neuseeländische Geschäftsmann Bryce Taylor, erklärte, er habe die Bilder des Klubmitglieds 753 insgeheim mit einer 2500 Pfund teuren Kamera

geschossen, die in einer Schachtel direkt über einem Trainings-
gerät angebracht war, an dem Diana regelmäßig ihre Beinmus-
kulatur stärkte. Der Buckingham-Palast, Parlamentsabgeordnete, Redakteure anderer Zeitungen und Lord McGregor, der
Vorsitzende der Press Complaints Commission, meldeten sich
zu Wort und beschuldigten die Mirror Group Newspapers, die
angeblich 100 000 Pfund für die Fotos auf den Tisch geblättert
hatte, der flagranten Verletzung von Dianas Privatsphäre. Die
Prinzessin selbst fühlte sich verraten und sehr verletzt. »Bruce
Taylor trieb mich zu der Entscheidung, mich zurückzuziehen«,
meinte sie später. »Die Fotos waren entsetzlich, einfach entsetzlich.«

Noch mehr erboste sie, daß Taylor die Stirn hatte zu behaupten, sie habe insgeheim gewollt, daß die Aufnahmen gemacht
wurden. Obwohl seine Behauptung offenkundig nicht stimmte, war die Feindseligkeit gegenüber der Prinzessin im Establishment doch so groß, daß mehrere einflußreiche Zeitungskolum-
nisten und Politiker meinten, in seiner Behauptung, sie habe
die Sache manipuliert, stecke ein Körnchen Wahrheit. Die
Tatsache, daß sie den ungewöhnlichen Schritt unternommen
hatte, ihre Anwälte zu anzuweisen, Taylor und die Mirror
Group Newspapers zu verklagen, stopfte den kritischen Stimmen auch nicht den Mund. (Das Verfahren läuft noch.) Das
war ein weiteres Signal für die Prinzessin, daß, sosehr sie sich
auch bemühte, so harmlos ihre Aktionen auch waren, ein
zynischer Haufe allmählich die Einschätzung der Öffentlichkeit
über ihre mißliche Lage korrumpierte. Sie hatte sich von ihrer
Ehe freigeschwommen, und nun war sie finster entschlossen,
sich von den hämischen Medien zu befreien, die sie so lange
Zeit wie ihre Leibeigene behandelt hatten.

Für die Hofbeamten des Buckingham-Palasts, die auf sanfte
Weise versuchten, Diana in ihren Schoß zurückzulocken, hätten
die »Spanner-Fotos« zu keinem ungünstigeren Zeitpunkt veröffentlicht werden können. Sie setzten alles ein, was sie an Waf-
fen besaßen. Die ersten schwere Geschütze wurden aufgefahren.
Die Königin zeigte sich mitfühlend. Mit »wunderbar« beschrieb
Diana ihre Begegnung, in deren Verlauf sie sich bereit erklärte, ihre Verbindungen zu den Streitkräften aufrechtzuerhalten
– sie war am Gedenkgottesdienst zum D-Day im Juni 1994 in
London und in Portsmouth anwesend–, und gelobte, sie werde

den Kensington-Palast »innerhalb von sechs Monaten« verlassen. Prinz Philip, der normalerweise nicht gerade für besonders großes Taktgefühl bekannt ist, versuchte ihr mit Komplimenten wegen ihrer Entscheidung, den *Daily Mirror* und den *Sunday Mirror* vor Gericht zu bringen, zu schmeicheln. »Gut gemacht, nun bist du mit der Presse quitt«, sagte er zu ihr. Ende Oktober, als die Prinzessin unerbittlich auf eine Entscheidung zusteuerte, lud der Premierminister John Mayor zu einem vierzigminütigen »Tee- und Sympathie«-Treffen in den Kensington-Palast ein, wo er seine persönliche Besorgnis über ihre schwierige Lage und die erbarmungslose, häufig feindselige Medienaufmerksamkeit, der sie sich in jenem Herbst ausgesetzt sah, zum Ausdruck brachte.

Dann holten Sir Robert Fellowes und andere Hofbeamte zum Schlag aus. Sie meinten, sie solle lieber ihre Wohltätigkeitsverpflichtungen einschränken, anstatt alles mit der Axt zu kappen, und sorgten sich, wie sie nun ihre Zeit herumbringen würde, da die Söhne im Internat waren. Auch waren sie wenig glücklich über die Art und Weise, wie sie sich aus dem öffentlichen Leben zurückziehen wolle. Doch ihre flehentlichen Bitten stießen auf taube Ohren. Und als Diana eine Artikelserie über die Königsfamilie von Graham Turner für die *Daily Mail* las, die ihrer Meinung nach der Palast angeregt hatte und in der herablassende Bemerkungen zu ihrem Benehmen gemacht wurden, war das der Sache der Hofbeamten keineswegs dienlich.

Als nächstes war die Polizei dran, die sich sehr dagegen sträubte, die Verantwortung für Dianas Sicherheit abzugeben. Die Bedrohung durch Terroristen, verrückte Einzelgänger und aggressive Fotografen mache sie zu einer schutzwürdigen Person ersten Ranges. Die Prinzessin hielt, etwas unrealistisch, dagegen, daß sie als halbprivate Person das Recht habe, so zu leben, wie sie es wünsche. Was sie anbelangte, galt für ihre Kinder dasselbe, wenn sie sich bei ihr aufhielten. Sie glaubte, daß die Präsenz der Polizei unnötig sei, da sie es wohl schaffe, privat vollkommen ungestört auszugehen. Beide, den Palast wie die Polizei, entsetzte schon allein die Vorstellung, daß der Thronerbe und zweite Thronanwärter unbewacht bliebe. Diese Idee durfte man nicht einen Augenblick lang gutheißen. Obwohl sie dieses Scharmützel verlor, erklärten sich die Chefs der Metropolitan Police, unter großen Zweifeln, doch damit einverstanden, ihre persönlichen Leibwächter abzuziehen. Ihre Vorsicht war vollkommen verständlich. Sie wußten genau, wer dafür verantwortlich gemacht würde, falls Diana irgend etwas zustoßen sollte. Tatsächlich haben hochrangige Beamte von Scotland Yard bereits klargestellt, daß sie schon ihre Stellungnahmen fertig hätten, falls Diana jemals etwas passieren sollte. In Wirklichkeit hat die Metropolitan Police, seit die Prinzessin es ablehnte, offiziell unter Polizeischutz zu stehen, jeden ihrer Schritte überwacht – jedoch aus diskreter Entfernung. Wenn sie den Kensington-Palast verläßt, informiert sie zumeist ein Mitglied ihres Stabes über ihr Ziel, und die Royal Protection Squad hat ihre Schritte mit einem wachsamen Auge verfolgt. Wie eine Quelle aus Polizeikreisen sagte: »Sie mag glauben, sie sei allein, aber wir tun noch immer unser Bestes, um sie im Auge zu behalten.«

Schließlich war da noch die Reaktion ihrer Freunde auf die Entscheidung, sich vom öffentlichen Leben zu verabschieden. Denjenigen, die sie am besten kannten, war klar, daß der Rückzug ihr die bitter notwendige Chance gab, nachzudenken und sich neue Schwerpunkte zu setzen. Wenn ihr die Trennung die Hoffnung auf ein neues Leben eröffnet hatte, so würde sie durch die Aufgabe ihrer königlichen Pflichten die Gelegenheit bekommen, diese Hoffnung in eine neue Karriere umzusetzen, bei der sie ihre unbestrittene Gabe, Mitgefühl und Fürsorglichkeit zu beweisen, auf einer breiteren internationalen Ebene nutzen könnte. Andere waren da nicht so sicher. Sir Gordon Reece, ein Mitglied der sogenannten Zenda-Gruppe, die vergeblich versucht hatte, zwischen dem Prinzen und der Prinzessin eine Versöhnung herbeizuführen, hegte schwere Zweifel. Der professionelle Geschichtenerzähler hatte in den zurückliegenden sechs Monaten halbtags für die Prinzessin gearbeitet; sein Honorar hatte ihr beidseitiger Freund, Lord Palumbo, beglichen. Genau wie die Zenda-Fanatiker die unumkehrbare Realität der kaputten Ehe in ihrem quichottehaften Trachten, sie wieder zusammen zu kitten, ignorierten, genau so entging jetzt Reece, wie ernst es der Prinzessin war. Reece, der Diana »mein Kind« nennt, tat ihre Pläne mit einem Scherz ab. »Oh, aber du bist doch die berühmteste Frau der Welt, alle lieben dich«, sagte er mit spöttischer Ritterlichkeit. Die Prinzessin schnitt ihm das Wort ab. »Na und«, antwortete sie. Die Würfel waren jetzt gefallen. »Es war ein Höllenkampf«, meinte sie später.

Ihr Abschied wurde jedoch nicht nur positiv aufgenommen. Das war zu erwarten gewesen. Als die Königinmutter sie zu Weihnachten sah, meinte sie, die Prinzessin hätte in ihrer Rede härter gegen die Medien sein sollen. Diana erhob Einwände, da sie glaubte, die Königinmutter habe damit unterschwellig sagen wollen, daß ihr Lieblingsenkel, Prinz Charles, von jeder Verantwortung an Dianas Weggang reingewaschen werden sollte. Was Diana betraf, so war der ihr fremd gewordene Ehemann der Grund für ihren Rückzug. Dann gab es diejenigen, etwa den konservativen Parlamentsabgeordnete James Hill, die die Ansicht äußerten, sie habe aus dem Abschied von der Windsor-Tournee allzusehr eine Shownummer gemacht. »Ich denke, das hätte ein bißchen ruhiger ablaufen müssen«, sagte er. »Ich glaube nicht, daß es eine höchst gefühlvolle Rede hätte sein sollen, die den Eindruck erweckt, daß die Prinzessin von Wales vom Haus Windsor unter Druck gesetzt worden sei.«

Viele andere, auch ihr ehemaliger Feind John Junor, reagierten gerührt auf den Mut Dianas, ihre Gefühle der Öffentlichkeit mitzuteilen, und empfanden gleichzeitig Trauer über ihren Verlust. Er schrieb:

Meine eigene Einschätzung von Prinzessin Diana hat sich gewandelt. Aber in bezug auf einen Aspekt ihres Charakters hatte ich nie Zweifel. Sie ist ein Engel. Sie ist eine warmherzige mitfühlende Person, die jeden Raum, den sie betritt, aufhellt. Ihr sind die Menschen nicht gleichgültig. Und die Menschen wiederum mögen sie inzwischen sehr.

Die Prinzessin war gerührt, und es ist für sie typisch, daß sie sich am Wochenende ihres Rückzugs bereit erklärte, ein elfjähriges Mädchen, das an AIDS litt und im Sterben lag, privat zu besuchen. Traurigerweise starb das Mädchen nur wenige Stunden, bevor Diana zu ihr kommen sollte.

Obwohl Diana erwartete, daß der Schritt bei ihren Feinden auf Ablehnung stoßen würde, reagierte sie doch auf ein dreiseitiges Fax beunruhigt und nicht wenig verärgert, das ihr einen Tag nach ihrer Ansprache auf den Schreibtisch flatterte. Es war ein emotionaler Erguß ihres Stimm-Ausbilders und Redenschreibers Peter Settelen, der sich beschwerte, daß man ihn über ihre Abschiedsansprache im dunkeln gelassen habe. In dem leidenschaftlichen, wenn auch weitschweifigen Schreiben berief er sich auf ihre private und berufliche Beziehung und stellte klar, daß er verletzt sei, da sie ihn nicht gebeten habe, mit ihr den Inhalt ihrer Rede durchzusprechen, bevor sie sie schrieb. Die Prinzessin regte sich genausosehr über den Zeitpunkt wie über die Ansichten in Settelens Fax auf und teilte ihm das auch in ihrer Antwort mit. »Der Inhalt Ihres Fax war ein riesiger und schmerzlicher Schock in einer sehr schwierigen Zeit. Verzeihen Sie mir, wenn ich jetzt nicht näher darauf eingehe, doch ich habe schon genug Kummer und nicht die Kraft, damit fertig zu werden, daß Sie die Situation mißverstanden haben.« Als sie mehrere Tage danach über das Thema sprachen, erklärte Settelen, da es ihre letzte Rede gewesen sei, hätte er ihr einfach gerne bei der Vorbereitung auf diese Prüfung geholfen. Wieder blieb sie gegenüber ihrem Stimm-Ausbilder genauso standhaft wie zuvor gegenüber ihrem Teilzeit-Pressebeamten, dem Palast, der Polizei und der königlichen Familie. Sie wollte es auf ihre Art machen. Dieser Vorfall illustriert erneut, daß die Prinzessin entschlossen war, sich von jeglicher Kontrolle zu emanzipieren, sei diese Kontrolle nun wohlmeinend oder böswillig. Sie wußte ganz genau, daß sogar ihre Verbündeten ihre eigenen Ziele – den persönlichen Aufstieg, soziale Zwecke oder blanke Publicity – verfolgten. Alle wollten ein Stück vom königlichen Kuchen, aber diese Prinzessin stand nicht mehr auf der Speisekarte. Wie sie sarkastisch bemerkte: »Warum werde ich am Anfang und am Ende beraten, aber nicht zwischendrin?«

Wenn sie noch überzeugt werden mußte, daß ihre Entscheidung, zu gehen, für sie absolut richtig war, so geschah das achtundvierzig Stunden nach ihrer Abschiedsrede. Sie brachte ein nachdenkliches, manchmal tränenfeuchtes Wochenende mit dem Versuch zu, sich nach den Mühen der Woche zu entspannen. Ihr Osteopath Michael Skipwith und ihr Masseur Stephen Twigg suchten sie im Kensington-Palast auf und halfen ihr, für die »letzten Elenden« – die verbliebene Handvoll offizieller Verpflichtungen – in Form zu kommen. Als erstes mußte sie zu dem extrovertierten Unternehmer Richard Branson auf den Flughafen Gatwick zur Einweihung eines Airbus der Virgin Airlines. Es war ein Medienzirkus, und sie war der

Hauptgewinn der Show. Sie hatte bereits seine Bitte, doch in Rot – der Firmenfarbe – zu erscheinen, abgelehnt und ging mit Argwohn davon aus, daß er noch andere Überraschungen in petto haben könnte.

So war es. Als sie vor dem Flugzeug standen, wurde Diana mit Chris de Burghs Song »Lady in Red« willkommen geheißen, und anschließend spritzte Branson, wie der Sieger in einem Formel-1-Rennen, eine Flasche Champagner über den Rumpf der Maschine. Während er in das Mikrofon in seiner Hand sprach, legte er den Arm um die Prinzessin, so wie es der Moderator einer Spielshow mit einem widerstrebenden Kandidaten macht. Sie mag für die Kameras gelächelt haben, doch im Kopf zählte sie die Sekunden, bis sie dem unwürdigen Geschehen entkommen könnte. »Es war schauerlich«, erzählte sie Freunden anschließend, »jetzt weiß ich, warum ich raus bin.«

Einige Monate später war die Prinzessin bei einem Empfang in der Serpentine Gallery, deren Schirmherrin sie ist, in Bestform. Sie war entspannt, witzig und fühlte sich unter den Freunden wohl. Die Ereignisse des Jahres 1993 schienen nur noch düstere und traurige Erinnerung zu sein. Als sie sich mit dem Filmstar Jeremy Irons unterhielt, sagte er zu ihr: »Ich habe mir ein Jahr freigenommen.«

Diana lächelte und antwortete: »Ich auch.«

6

Ich werde ich selbst sein

Es war ein Sommerabend, wie man ihn sich nicht schöner wünschen kann, als die Prinzessin von Wales sich anschickte, ihre Wohnung im Kensington-Palast zu verlassen. Bevor sie durch die Vordertür hinausging, sagte sie ihren Mitarbeitern, sie wolle ihre Schwester Sarah in deren Haus in Fulham besuchen. Dann fuhr sie alleine mit einem Ford Scorpio aus dem Fuhrpark davon. Die Fahrt dauerte nicht lange. Minuten später hielt sie im Hyde Park, wo schon ein Mann auf sie wartete. Zufällige Augenzeugen waren erstaunt, daß ihr Begleiter den Kofferraum öffnete und hineinstieg. Dann fuhr die Prinzessin schnell vom Ort ihres geheimen Rendezvous mit unbekanntem Ziel davon. »Wenn Diana bereit ist, ein derartiges Risiko einzugehen, dann muß er ihr viel bedeuten«, bemerkte jemand aus ihrem engsten Freundeskreis. Mehrere Wochen danach, im April dieses Jahres, wurde sie von Fotografen beobachtet, wie sie mit einem Mann auf dem Beifahrersitz durch Beauchamp Place fuhr. Als sie die Verfolgung aufnehmen wollten, ließ sich ihr männlicher Begleiter in seinem Sitz hinunterrutschen, während sie ohne Rücksicht darauf, daß die Ampeln Rot zeigten, davonraste. Später wechselten sie den Wagen und verschwanden in der Nacht.

Romantische Abenteuer und getrennt lebende Prinzessinnen passen schlecht zusammen. Diana weiß ganz genau, daß die Straße zu ihrem zukünftigen Glück, und möglicherweise einer Wiederverheiratung, reichlich mit Fallen gepflastert ist. Sie ist sich vollauf darüber im klaren, daß die Paparazzi ihr auf den Fersen bleiben – auf der Jagd nach dem Jackpot: dem ersten Foto von der Prinzessin mit einem neuen Mann in ihrem Leben. Die Vorsicht der Prinzessin ist deshalb sehr verständlich, aber wie sie einräumt: »Ich kann ziemlich einfallsreich sein.« Sie weiß, welchen Sturm eine neue Beziehung entfesseln würde.

Diana sagte einmal zu ihrem Mann: »Wenn ich mich in jemand anderen verliebe, werden die Funken fliegen, und dann sei Gott mit uns.« Major James Hewitt, der lange Zeit mit der Prinzessin befreundet war, bis er Anfang 1994 seine Geschichte verkaufte, meint: »Ich glaube, nur ganz wenige Männer würden den Druck der öffentlichen Aufmerksamkeit packen, der damit verbunden ist.«

Mögen Dianas Freundschaften auch noch so harmlos sein, so weiß sie doch aus bitterer Erfahrung, daß männliche Begleiter wochen-, wenn nicht jahrelang unter dem Interesse der Medien zu leiden haben. Sie kann die Zahl der Männer – und häufig auch deren Frauen – gar nicht mehr zählen, die sich plötzlich auf den Titelseiten der Zeitungen wiederfanden, weil sie zufällig eines Abends mit ihr im Kino, Theater oder in einem Restaurant waren.

Auf ihrem Weg zu einem neuen Leben muß die Prinzessin auch noch vor anderen Fallgruben auf der Hut sein. Obwohl Charles seinen Ehebruch im Fernsehen zugegeben hat, weiß sie dennoch, daß jede Liaison, die sie hätte und die nicht geheim bliebe, ihre Verhandlungsposition bei einer künftigen finanziellen Abfindungsvereinbarung schwächen wird. »Seine Seite«, sagte sie Freunden, »wartet nur darauf, zuschlagen zu können.« Diana war die einzige, die der Herzogin von York half – nach der Veröffentlichung von Fotos, wie ihr »Finanzberater« John Bryan in einer französischen Ferienvilla an ihren Zehen nuckelte –, die Trümmer ihres Lebens zusammenzuklauben, und sie ist entschlossen, niemals selbst einen derartigen Fehler zu begehen.

Das Timing ist entscheidend. Falls die Prinzessin sich wieder verheiraten sollte, könnten Prinz Charles und seine Familie diese Tatsache benutzen, sie noch weiter von ihren Söhnen zu distanzieren. Der Palast wäre keineswegs gewillt, die Erziehung des künftigen Königs anderen Personen als seinen Eltern zu überlassen. Doch der Prinzessin kann, nachdem sie sich bis zu einem gewissen Grad erfolgreich von ihrem königlichen Leben gelöst hat, niemand auf ewig die Möglichkeit verwehren, in den Armen eines anderen Mannes Liebe zu finden. Sie wartet sehnsüchtig auf den Tag, an dem sie endlich mit jemandem eine innige und liebevolle Beziehung haben kann. »Wer du auch sein magst, komm her«, witzelt sie. Ihre mütterlichen

Gefühle sind stark, und sie hat häufig davon gesprochen, daß sie gerne noch zwei Kinder, am liebsten Mädchen, hätte. Sie fand es toll, als eine astrologische Prophezeiung ihr in diesem Jahr ein Baby vorhersagte. Sie ist in die Kinder der Herzogin von York, die Prinzessinnen Beatrice und Eugenie, geradezu vernarrt. Als ihre Ehe in den letzten Zügen lag, warf sie ihrem Mann häufig an den Kopf, die beiden seien ein Beispiel für das, was ihm abgehe. »Ich habe ihn damit gehänselt«, sagt sie schadenfroh. Sie denkt bei einer zweiten Heirat an einen Ausländer oder zumindest an einen Mann, in dem ausländisches Blut fließt. Frankreich taucht immer wieder in den astrologischen Prophezeiungen sowohl für sie wie auch als zukünftige Heimat und als Herkunftsland des neuen Mannes in ihrem Leben auf. Vielleicht ist es ja nur Zufall, daß sie Französisch lernt, häufig Paris besucht und privat Urlaub in dem provenzalischen Haus ihrer Freundin Catherine Soames macht. Wie ein Freund meint: »Sie ist ganz versessen darauf, irgendwann einen anderen Mann zu finden. Ihr geht noch kein bestimmter im Kopf herum, aber sie hat doch eine Vorstellung, wie er sein muß.«

Gepflegt, eher elegant denn schick, lieber Jermyn Street als Floral Street, anständig, schlank und rank, redegewandt, liebenswürdig und sarkastischer Humor – das sind Eigenschaften, die die Prinzessin anziehend findet und die ironischerweise viele Frauen an Prinz Charles schätzen. Von Adam Russell, Rory Scott und Simon Berry in ihrer Teenagerzeit bis zu William van Straubenzee, Major James Hewitt, James Gilbey, ihrem Stimm-Ausbilder Peter Settelen, dem Masseur Stephen Twigg und dem Reporter Richard Kay – den sie als »ziemlich unterernährt« beschrieben hat –, als sie erwachsen war, besitzen alle mehr oder weniger diese Eigenschaften. Es ist bezeichnend, daß sie sich häufig zu Männern hingezogen fühlt, die für sie keine Bedrohung darstellen, weder gesellschaftlich noch sexuell noch körperlich. Die starke Maskulinität von Will Carling, dem alle Herzen brechenden englischen Rugby-Kapitän, zum Beispiel macht sie nicht an, und überhaupt ist sie der Ansicht, er sei zu klein.

Auf der Kinoleinwand mag sie Männer wie den englischen Schauspieler Tom Conti, wegen seines Aussehens und seiner amüsanten Konversation, und auch den Hollywoodstar Tom

Cruise wegen seines unverschämten Sex-Appeals. Sie und Kate Menzie schauten sich den Film *Die Firma* nur an, weil Cruise darin die Hauptrolle spielte. Gleichzeitig fühlt sie sich zu Vaterfiguren hingezogen, zu Männern, mit denen sie unbeschadet flirten kann, da sie ihr nicht bedrohlich werden. Männer wie ihr Wohltäter Lord Rothschild, ihr Anwalt Lord Mischon de Reya – sie ißt mit ihm fast jede Woche einmal zu Abend –, der Handelsbankier Christopher Balfour und Lord Gowrie und Lord Fawsley haben sich für ihren unbezweifelbaren Charme empfänglich gezeigt. Sie ist sich ihrer Anziehungskraft sehr wohl bewußt und beherrscht das Waffenarsenal, das im Kampf der Geschlechter eingesetzt wird: Ihre hochhackigen Schuhe nennt sie »Nuttenstöckel« und ihren Mercedes-Sportwagen »Traum jeder Nutte«. Ein älterer Aristokrat meinte ziemlich wehmütig: »Sie weiß, daß sie Macht über die Männer hat, und sie weiß, wie sie diese zu ihrem Vorteil einsetzen muß.«

Obwohl sie gerne eine neue Romanze hätte, müssen mögliche Kandidaten aufpassen, was sie tun. Diana ist eine Frau, die von den Männern, die in ihrem Herzen und Leben eine Rolle spielten, böse verletzt wurde. Sie wurde von Prinz Charles zugunsten einer anderen Frau im Stich gelassen, ihr ehemaliger Leibwächter Barry Mannakee kam tragischerweise ums Leben, die Freundschaft zu James Gilbey wurde im Zuge von Squidygate brutal ans Licht der Öffentlichkeit gezogen, und Major James Hewitt verkaufte seine Geschichte an eine Boulevardzeitung. Kein Wunder, daß Diana Hemmungen hat, einfach so auf das Liebeskarussell aufzuspringen.

Den Männern, die auf ihrer Couch im Kensington-Palast sitzen – und das waren viele – und ihre unsterbliche Ergebenheit, Verehrung und Liebe für die Prinzessin erklären, wird rasch die Tür gezeigt. »Sobald sie sagen, daß alle unsterblich in mich verliebt sind, sträubt sich mir sofort alles. Das ist absolut widerlich«, sagt sie mit Nachdruck. Der Psychologe Dr. Dennis Friedman glaubt, daß sie eine Liebe auf Distanz haben möchte, lieber eine Romanze am Telefon als eine echte. Genauer, sie möchte in einer Beziehung das Sagen haben, und sie läßt die sausen, die die unsichtbaren Grenzen der Vertraulichkeit überschreiten. Sie weiß ganz genau, daß sie Macht über die Männer hat, und sie spielt ihre Macht aus, wie es ihr paßt. Wie ein früherer Kavalier sich erinnert: »Sie kann einen völlig Fremden mit Zuneigung überschütten und dennoch vor Intimität mit denen zurückschrecken, die sie gut kennt. Ihr widerstrebt es, sich zu öffnen, da sie befürchtet, daß man sie durchschauen könnte. Dennoch hat sie diese Ausstrahlung, manchen Leuten nimmt sie jede Befangenheit, bei anderen hält sie diese Grenze aufrecht.« Obwohl sie über ihr Leben in einem Maß bestimmen kann, wie es noch vor zwei Jahren undenkbar gewesen wäre, sehnt sie sich in einem Winkel ihres Herzens doch nach dem romantischen Ritter in der glänzenden Rüstung, der sie in ein neues Leben führt. »Ihr Kopf sagt ihr, daß sie gerne eine Botschafterin für alle wäre, ihr Herz sagt ihr, daß sie gerne von einem milliardenschweren Anbeter umworben würde«, meint ein Freund.

Ihr Kopf und ihr Herz laufen vielleicht in unterschiedliche Richtungen, doch ihr Gesicht verrät, wie sich ihr Charakter entwickelt hat. Die errötende Braut voller Unschuld und Eifrigkeit steht in völligem Kontrast zu dem Aussehen einer Frau, die in den letzten zehn Jahren erfahren hat, wie bitter es ist, verraten und betrogen zu werden. Der Kommentator William Rees-Mogg beschrieb ihre Physiognomie zutreffend: »Eine Nase, die große Willenskraft verrät, eindrucksvolle Augen in markanten Höhlen. Sie hat ein Gesicht, das Kraft ausdrückt und fast so willensstark wirkt wie die Nase, Augen und hohen Wangenknochen auf den Porträts des großen Herzogs von Wellington. Es ist ein Gesicht wie das von Margaret Thatcher, nicht hübsch, aber eindrucksvoll.« Sie hat den Gesichtsausdruck einer Frau, die nicht mehr bereit ist, Opfer zu sein, sondern die Entschlossenheit besitzt, für ihr eigenes Überleben und das ihrer Kinder zu kämpfen. Kurze Zeit nach ihrem Rückzug aus dem öffentlichen Leben hat sie sich selbst ein Versprechen gegeben. »Ich werde keine Marionette mehr sein. In Zukunft werde ich meinen Überzeugungen und Wünschen treu bleiben«, erzählte sie Freunden, die von der Stärke ihrer Überzeugungen beeindruckt waren. Man vergleiche sie in ihrer Zielstrebigkeit nur mit der Herzogin von York, die sich ein Jahr nach ihrer Trennung einer Psychotherapie unterzog.

Heute läßt die Prinzessin nicht mehr zu, daß ihr Name – oder Foto – einfach so verwendet wird. Sie hat Bryce Taylor, der die Spannerfotos verbrochen hat, vor Gericht gezerrt – im nächsten Februar wird sie vielleicht als erste *royal* in diesem

Jahrhundert in der Verhandlung eine Zeugenaussage machen –; gleichzeitig hat sie gegen Bücher, die ihrer Ansicht nach entweder ihren Familienname in den Schmutz zogen oder einen Vertrauensbruch darstellten, Maßnahmen in die Wege geleitet. Sie war zutiefst unglücklich, als ihre frühere Fitneßtrainerin Carol Ann Brown ihre Verbindung zum Königshaus auf dem Cover ihres neuesten Videos hinausposaunte. Und auch als Major James Hewitt sie anrief, um ihr zu erklären, warum er seine Geschichte verkauft hatte und anschließend im Fernsehen aufgetreten war, staunte sie über seine Frechheit. Das Gespräch war kurz und scharfzüngig – und sehr einseitig.

Manchmal bekommen die Paparazzi die volle Wucht einer aggressiven selbstbewußten Frau zu spüren: »Warum suchen Sie sich nicht eine andere, die Sie vergewaltigen können?« schrie sie einigen Kameraleuten bei einem privaten Einkaufsbummel entgegen. Die ausgefallene Formulierung gab unwissentlich die Philosophie der sogenannten Geschlechtsfeministinnen wieder, die glauben, daß Frauen Opfer einer von Männern dominierten Gesellschaft sind. Die Kameraleute hatten sich bald daran gewöhnt, daß sie sauer dreinblickte, den Kopf abwandte und sich die Handtasche vors Gesicht hielt. Sie beklagte sich bei Freunden: »Sie versuchen mich jetzt anzurempeln.« Bald hatte sie den Spitznamen »die königliche Lady mit den Taschen« weg und wurde von Beobachtern des Königshauses als »auf erlesene Weise verrückt« beschrieben. Worum es eigentlich ging, haben sie nicht begriffen. Es war ihr glühender Wunsch, ein so normales Leben wie nur möglich zu führen und den vielen Skeptikern bei der Metropolitan Police zu beweisen, daß sie auch ohne permanente Beschattung auskam. Und wenn das dazu führte, daß sie sich zum Schutz vor Blitzlichtern in einem Londoner Taxi auf den Boden legen mußte, daß sie aus schicken Restaurants sprintete und Kameraleuten finstere Blicke zuwarf oder, bei einer Gelegenheit, einem aufdringlichen Fotografen den königlichen Finger zeigte, dann war das eben so. Freunden sagte sie: »Mir ist es jetzt egal, was die Presse über mich denkt. Was man von sich selbst hält, das zählt.«

Die heftige Verteidigung ihres Rechts auf eine Privatsphäre fiel zufällig mit einem breitangelegten Vorstoß des Palasts gegen die Plage des Teleobjektivs zusammen, das in einem neuen

Verhaltenskodex der Medien ganz besonders verdammt wurde. Eines Abends verblüffte Prinz Edward wartende Fotografen damit, daß er sie vor dem Haus seiner Freundin Sophie Rhys-Jones im Westen Londons mit einer Videokamera filmte. Er wollte den Film als Beweis für die starke Belästigung durch die Presse benutzen.

Einmal ging die Prinzessin in der Nähe ihres Fitneßzentrums im Chelsea Harbour Club auf eine Erdgeschoßwohnung zu, die den Paparazzi als Versteck diente. Sie meinte, eine Bewegung gesehen zu haben, und fing an, den Kameraleuten zuzuschreien, sie sollten verschwinden. Sie rühmt sich stolz, daß sie einen Fotografen aus einhundert Meter Entfernung riechen könne. In diesem Fall aber trog sie ihr Instinkt. Die Fotografen hatten sich alle in einem Auto in der Nähe versteckt und sahen verblüfft und amüsiert zu, wie die Prinzessin von Wales da in ihre Sportkleidung stand und die Vorhänge anbrüllte.

Obwohl die gelegentlichen Zusammenstöße mit Fotografen für Schlagzeilen sorgten – und wie anderen Mitgliedern der Spencer-Familie macht ihr ein richtiger lautstark ausgetragener Streit insgeheim Spaß –, zahlte sich ihre neugefundene Freiheit bald angenehm aus. Wenn sie in Kensington einkaufen ging, stellte sie fest, daß völlig Fremde, zumeist Frauen, sie ansprachen. Sie waren schüchtern und entschuldigten sich, wollten aber dennoch ihre Probleme unbedingt einer Frau schildern, die sie wegen ihres Mitgefühls und ihrer inneren Stärke bewunderten. Für die Prinzessin, lange von der realen Welt abgeschottet gewesen, war das eine neue Erfahrung, und sie hörte sich die Probleme dieser Leute gerne und verständnisvoll an. Sie sagt: »Ich möchte so normal wie möglich leben. Ohne Leibwächter einen Bürgersteig entlangzugehen ist so aufregend.« Allerdings wäre es ihr lieber, wenn Touristen sie nicht um ein Autogramm angehen würden.

Sie hat Spaß an einfachen Vergnügungen. Ein Kegelabend mit den jungen Prinzen und Freunden in Berkshire war ein großes Vergnügen, selbst wenn sie einräumt, daß sie nicht besonders gut war. Ungestörte Mittagessen mit alten Kumpeln machen ihr Freude. »Sie sprühte vor Leben«, erzählt ein Freund, der sie für wesentlich gesünder im Kopf hielt als die Zeitungsredakteure, die sie als verrückt hinstellen. Andere verwiesen darauf, wie entschlossen und ernsthaft sie sich einem Bereich ihres Lebens widmet, der nicht im Rampenlicht steht – ihrer karitativen Tätigkeit.

Die leitenden Funktionäre von Wohlfahrtseinrichtungen, die mit ihr zu Mittag essen, die Obdachlosen, die AIDS-Kranken und die geschlagenen Frauen, die mit ihr sprechen, erleben eine ganz andere Person als die, die in den Medien dargestellt wird. Seit vielen Monaten haben sie sich mittlerweile mit ihr privat und inoffiziell getroffen. Sie heben hervor, wie großzügig die Prinzessin sei, daß sie Humor habe und sich gut in die Opfer der Gesellschaft hineindenken könne. »Eine Show für die Öffentlichkeit zu veranstalten liegt ihr nicht«, bemerkte ein Wohlfahrtsbeamter. Sie läßt sich dabei vom Geist ihrer Großmutter Cynthia Spencer leiten, von der die Prinzessin glaubt, daß sie aus dem spirituellen Reich über sie wacht. Ihre Großmutter stand in dem Ruf, im stillen tätige christliche Nächstenliebe zu üben, und dem möchte Diana gerne nacheifern. Ihr Interesse an der metaphysischen Welt entspringt eigener Erfahrung. Als Teenager spürte sie zum Beispiel, daß ihr Vater Earl Spencer schwer erkranken würde, und zwar genau an dem Tag, an dem er eine Gehirnblutung erlitt. Seit damals hat sie häufig Déjà-vu-Erlebnisse, dieses Gefühl, zu wissen, daß etwas geschehen wird, bevor es tatsächlich eintritt. Sie hat auch von ihrer instinktiven Fähigkeit erzählt, fast »jemandem in die Seele blicken« zu können, wenn sie ihn zum erstenmal trifft. Ihre psychischen Fähigkeiten und ihr außergewöhnlich gutes Einfühlungsvermögen bei Menschen, die sich auf ihre letzte spirituelle Reise begeben – »Ich habe keine Angst vor dem Tod«, sagt sie –, stärken sie in ihrer Überzeugung, daß sie in einem anderen Leben Nonne gewesen sei. Vielleicht ist das der Grund, warum sie Mutter Teresa aus Kalkutta so verehrt. Ihr Sinn für Spiritualität in der Gegenwart, verbunden mit dem Gefühl der Erneuerung und Zufriedenheit, die ihr der Akt des Gebens – sei es emotional oder physisch – vermittelt, haben ihr aufrichtiges langfristiges Engagement für Wohlfahrtsaufgaben noch verstärkt. Für Diana ist es auch eine Therapie. Sie findet, daß sie ihre eigenen Probleme nach Gesprächen mit geprügelten Frauen zum Beispiel oder mit Frauen, die unter postnatalen Depressionen leiden, oder mit Drogenabhängigen besser begreift. Laufend hört man die Bemerkung: »Sie schien mich wirklich zu verstehen. Das kam von Herzen.«

141

Zur gleichen Zeit schlüpft sie mühelos in die Rolle des sendungsbewußten Engels, vor allem, wenn sie dadurch Einfluß auf die soziale Situation nehmen kann. Ihre charismatische Aura der Heilkräftigen hat viele chronisch Kranke aufgemuntert und ihren Pflegern Kraft gegeben. Sich so intim auf chronisch Kranke einzulassen, erfordert eine besondere Art Mut. »Sie verfügt über ein wunderbares Verständnis für die Menschen und eine hingebungsvolle Liebe für Sterbende, die angesichts ihrer Jugend ziemlich außergewöhnlich sind«, sagt eine ehemalige Krankenschwester, die regelmäßig im Kensington-Palast ein und aus geht.

Beispiele dafür gibt es in Hülle und Fülle. Als Freunde sie kürzlich baten, einen Rentner zu besuchen, der an einem Hirntumor litt und im Sterben lag, freute sie sich, helfen zu können. Und als ihre Hofdame Laura Lonsdale ihren elf Monate alten Sohn Louis durch plötzlichen Kindstod verlor, half die Prinzessin ihr monatelang über die Trauer hinweg. Ihre Sensibilität und ihr Verständnis waren in der Familie sehr geschätzt. »Die Prinzessin von Wales ist wie ein Engel auf Erden«, sagte ein Verwandter. »Sie besitzt die einzigartige Gabe, jemanden zu trösten, ohne aufdringlich zu sein oder es zu übertreiben. Sie hat einen ganz eigenen magischen Touch.« Einige Wochen nach dem tragischen Tod von John Smith, dem Vorsitzenden der britischen Labour Party, lud sie seine Witwe und die drei Töchter zu einem privaten Lunch in den Kensington-Palast ein, damit sie ihnen persönlich ihr Beileid ausdrücken konnte; und sie nahm sich die Zeit, den Eltern der kleinen Debbie Humphries zu schreiben, die vier Stunden nach ihrer Geburt aus dem Krankenhaus entführt worden war. Wie jemand aus Dianas Freundeskreis sagt: »In der Öffentlichkeit hat sie ein Image der Schönheit, der Anmut und Nächstenliebe. Ihr Privatleben ist bestimmt von Einfachheit und Bescheidenheit. Sie hat für alle Zeit, für die Alten, die Kranken und die Benachteiligten.«

Ihre Arbeit tut sie nicht zur Befriedigung ihres Egos. Die Prinzessin ermutigt ihre Söhne aktiv, sie bei ihren Gängen zu begleiten, damit sie ein Gefühl für die Welt jenseits des Internats und der Paläste bekommen. Das ist vor allem für William wichtig, wie Diana behauptet: »Dadurch, daß er erlebt, was ich tue und was sein Vater macht, hat er ein Verständnis für das bekommen, was ihm begegnet. Er wird nicht im Obergeschoß bei der Gouvernante versteckt.« Das hat sich reichlich bezahlt gemacht. Im letzten Winter nahm sie ihn in Begleitung von Kardinal Basil Hume zu einem privaten Besuch ins Passage-Tageszentrum für Obdachlose in Central London mit. Ihr war der Stolz anzusehen, als sie William mit den Menschen bekannt machte, die viele als Strandgut der Gesellschaft bezeichnen würden. »Er mag sie, und das bringt die Leute wirklich aus der Fassung«, erzählte sie stolz Freunden. Kardinal Hume äußerte sich genauso überschwenglich. »Was für ein außergewöhnliches Kind«, sagte er zu ihr. »Er besitzt in so jungen Jahren so viel Würde.« Diese Erfahrung half ihm auch, als eine Gruppe geistig behinderter Kinder zusammen mit den Schülern des Ludgrove-Internats ein Weihnachtsfest feierte. Diana verfolgte mit Freude, wie der künftige König galant diesen benachteiligten Kindern half, bei dem Spaß mitzumachen. »Ich war so erregt und stolz. Eine Menge Erwachsene könnten damit nicht umgehen«, erzählte sie Freunden. Ein anderes Mal erhielt die Prinzessin einen anerkennenden Brief von der Mutter eines Jungen in Williams Schlafsaal. Sie wollte sich dafür bedanken, daß William sich so freundlich in einer Nacht um ihren Sohn gekümmert hatte, der krank geworden war.

Die Ausbildung wird kontinuierlich fortgesetzt. In der Ascot-Woche, einer Zeit des Champagners, Räucherlachses und schicker Frivolitäten für die High-Society, organisierte die Prinzessin einen besonderen freien Tag für ihre Jungen. Er begann recht normal. Sie nahm sie auf eine Spritztour in ihrem neuen Audi-Cabrio mit und spendierte ihnen anschließend ein Eis. Während Diana ihre Jungen verwöhnte, hing ihr Privatsekretär Patrick Jephson am Telefon und traf die letzten Arrangements mit den Nonnen, die das Refuge-Nachtasyl für Nichtseßhafte leiten. Um acht Uhr abends fuhren drei Wagen vor dem bescheidenen Haus in Westminster vor. Im ersten saßen die Prinzessin und ihre Söhne, in den beiden anderen die Personenschutzbeamten von der Polizei. Der königliche Besuch wurde von Schwester Bridie Dowd begrüßt, und während sich Diana unter die Penner mischte, spielte William mit einem von ihnen Schach und Harry bei einer Kartenrunde mit. Zwei Stunden später befanden sich die Jungen wieder auf dem

Rückweg in den Kensington-Palast, ein wenig älter und ein wenig weiser. Die Prinzessin erklärte ihre Ansichten über die Erziehung ihrer Jungen in einer Rede über AIDS: »Ich bin mir der Versuchung, die harte Realität auszusparen, nur zu bewußt; nicht nur für mich selbst, sondern auch für meine eigenen Kinder. Tue ich ihnen einen Gefallen, wenn ich das Leid und das Unangenehme bis zum letztmöglichen Augenblick von ihnen fernhalte? Die letzten Minuten, die ich für sie festlege, könnten doch zu spät sein. Ich kann sie nur mit einer Auswahl dessen konfrontieren, was ich kenne. Der Rest ist ihre Sache.«

Während Prinz Charles in makellosem Zylinder und Cut mit der High-Society in Ascot paradierte, hatte die Prinzessin noch einen Frauenprogrammtag im Kopf. Dieses Mal ließ sie die Söhne zu Hause, als sie ein Wohnheim für obdachlose Jugendliche in einem heruntergekommenen Teil Sohos in London besuchte. Sie plauderte und scherzte mit einer Gruppe junger Leute, hörte zu, als sie von ihren Hoffnungen, Ambitionen und Lieblings-Popgruppen erzählten. Nach einer Stunde verließ sie das Heim, das die Centerpoint-Organisation leitet, und legte die kurze Strecke zur sogenannten Stierkampfarena zurück, einer Pappkartonstadt von Pennern und Landstreichern, von Hoffnungsvollen und Hoffnungslosen, die es sich im South-Bank-Kunstkomplex gemütlich gemacht haben.

Ihr Besuch war inoffiziell, aber politisch belastet, da er nur Tage später erfolgte, nachdem Premierminister John Major die Bettler beschuldigt hatte, sie verschmutzten die Straßen, und Prinz Philip behauptet hatte, völlige Armut gäbe es in Britannien nicht mehr. Die Prinzessin war nicht gekommen, um sich als unfehlbar zu bestätigen, sondern um zu lernen, und wanderte durch das Dunkel unter den Brückenbögen, geführt von einer Frau in Lederhose und ihrem Mischlingshund. Es war eine kuriose Szene. Normalerweise, wenn sich Mitglieder des Königshauses unter die Opfer der Gesellschaft mischen, schwebt um das Ganze der Hauch von Künstlichkeit; der Ort und die Menschen werden zumeist vor dem königlichen Besuch herausgeputzt, während die lächelnden, elegant gekleideten königlichen Besucher von Lakaien und Polizisten flankiert sind, wenn sie eine handverlesene Schar von Originalen, Krankenhauspatienten, Alten oder Behinderten treffen. Und am Rand wartet die fähnchenschwenkende, blumenbeladene Menschenmenge. Königliche Veranstaltungen sind für die Kameras erdacht, für die Berichterstattung über das Königshaus inszeniert und haben die Spontaneität eines Schweizer Zugfahrplans. Sie sind per Definition fabriziert.

Deshalb waren die Kritiker bestürzt, als sie sahen, daß die Frau, die noch immer theoretisch die künftige Königin ist, sich ohne Lächeln auf den Lippen, schlicht und praktisch ohne Begleitung unter die Ärmsten Londons mischte. Die Szenerie fasziniert deshalb so, weil sie eine Diana zeigt, die sich wie ein ganz gewöhnlicher Mensch benimmt und nicht wie eine Darstellerin in einem erfundenen Drama. Als die Prinzessin von Wales über knirschende Glasscherben schritt, unter dem alles durchdringenden Geruch alter Saufgelage, sah sie bärtige Gestalten in Fetzen und Lumpen langsam aus ihren käfigartigen Kartonbehausungen auftauchen. Während sie sich unterhielt, spielten in der Nähe Jungen im Teenageralter mit ihren Skateboards und taumelten an anderer Stelle Betrunkene gegen die öden Betonpfeiler, zu ihren Füßen ein Durcheinander von zerfledderten alten Zeitungen und Flaschen. Sie erkundigte sich nach ihrer Ernährung, ihrer Lebensweise und riet einem Veteranen der Pappkartonstadt, ein echtes Bett in seine klapprige Behausung zu schaffen. Als ein anderer Pennbruder halbnackt vor ihr auftauchte, entschuldigte er sein Aussehen mit dem Witz, sein Savile-Row-Anzug sei in der Reinigung. Unter der Oberfläche brodelten bei ihnen starke Ressentiments. Ein langjähriger Bewohner mit fast bis zur Taille reichendem Bart, genannt Herman the German, erzählte ihr in hitzigem Tonfall von seiner Wut über die offiziellen Attacken gegen Bettler. Andere verwünschten John Major und ihren Schwiegervater Prinz Philip. Einige dankten ihr dafür, daß sie sich ihre Probleme angehört hatte. Es war eine hochriskante und potentiell gefährliche Begegnung mit unvorhersehbarem Ausgang zwischen der Prinzessin und einer vergessenen, verdrossenen und verbitterten Schicht des Volkes.

Andere private Besuche waren physisch nicht so gefährlich, aber sie unterstreichen ihre Selbstverpflichtung, sich ein neues Leben aufzubauen, das ihr Selbsterfüllung bringt und dennoch dem Wohlergehen der Handvoll Wohlfahrtseinrichtungen nutzt, die sie noch unterstützt. Im letzten Jahr hat sie notleidende und verprügelte Frauen im Frauenhaus Refuge beraten,

in der Mildmay Mission im Osten Londons AIDS-Patienten
getröstet und in Heimen in Central London Drogenabhängige
besucht. Wie beim Besuch in der »Stierkampfarena« gibt es
auch da keinen Wirbel, keine vornehme Aufmachung und
keine Formalitäten – in starkem Kontrast zu ihrer einzigen
offiziellen Wohltätigkeitsverpflichtungen in diesem Jahr, als sie
im Februar das Kinderkrankenhaus in der Great Ormond Street
besuchte.

Das Lächeln, die Blumen, die Blitzlichter und die zeitlose
Kleidung erschienen wie ein Rückfall in ein vergangenes
Zeitalter. Auch sie fand, es sei eine recht langweilige Sache, und
das Erlebnis bestärkte sie darin, daß ihre Entscheidung, ihr
öffentliches Leben einer Neubewertung zu unterziehen, klug
gewesen war. Trotzdem verletzen sie die Kommentare des
Kolumnisten Peter McKay immer noch. »Sie war wie eine
ausgerastete, alte Komikerin in einem Seebad, die, nach der
Feststellung, daß man sie auf eine bestimmte Rolle festgelegt
hat, in die Wildnis geht, um ihren Auftritt zu überdenken, nur,
um dann wieder aufzutauchen, noch schlimmer als je zuvor.«

Die Prinzessin, emotional gebeutelt und gekränkt, hatte diese
Ansicht bereits ein Jahr zuvor vertreten. Ihr strategischer Rückzug von den königlichen Verpflichtungen im letzten Dezember
gab ihr die Möglichkeit, ihre eigenen Pläne zu entwickeln: ihre
Persönlichkeit und Position so einzusetzen, daß sie effektiv
waren, und den Rummel der üblichen königlichen Besuche zu
vermeiden. Eine schwierige Frage ist noch nicht gelöst: In ihrer
Position als arbeitende Prinzessin bot sie den Wohltätigkeits-
verbänden eine Möglichkeit, Tausende von Pfund an Spenden
zu sammeln und ihre Anliegen auf die Titelseiten zu befördern.
Ihre privaten Besuche haben der Prinzessin die Chance eröffnet,
wichtige und befriedigende Arbeit zu leisten, aber sie sorgen
nicht für breitere Resonanz, für solche Wellen im Bewußtsein
der Öffentlichkeit, die nur entstehen, wenn das ganze Reper-
toire der *royalty* eingesetzt wird. Das ist eine Zwickmühle, und
das Problem ist nicht einfach zu lösen.

In den letzten Jahren hat ihr Reißwolf im Kensington-Palast
Dutzende von Memos, Dokumenten und Plänen geschluckt,
die zahlreiche detailgenau ausgearbeitete Pläne enthielten, wie
sich ihre öffentliche Persona wiederbeleben und neu zentrieren
ließe. Die Idee eines Prinzessin of Wales Trust oder einer

Stiftung, die als Rahmenorganisation Dianas Interessen wider-spiegeln und die Flut an Anfragen, die sie erhält, kanalisieren würde, hat lange auf dem Programm gestanden. Sie ist aller-dings aufgrund der Einwände von Prinz Charles, der, vermut-lich zu Recht, glaubte, daß damit von seinem eigenen höchst erfolgreichen Prince's Trust der Glanz abgezogen würde, nie richtig vom Fleck gekommen.

In einem Sommer hatte Diana bei einer Mittelmeerkreuz-fahrt Gelegenheit, die Idee mit dem griechischen Milliardär John Latsis zu besprechen. Auf das Thema kamen sie im Laufe einer heiteren Unterhaltung über den Ursprung seines riesigen Vermögens. »Ich habe den Leuten die Beine gebrochen«, witzelte er. In ernsterem Ton meinte er, da die Prinzessin international hohes Ansehen und Popularität genieße, könnte die Gründung einer eigenen Stiftung nur ein Erfolg werden. Das Konzept ist der Prinzessin deshalb so attraktiv erschienen, weil sie damit die Politik und Strategie bestimmen könnte, daneben aber auch Spielraum hätte, um privat direkt vor Ort Wohltätigkeitsarbeit zu leisten. Aber sie sieht darin auch eine willkommene Möglichkeit, das Image der dekorativen Galions-figur oder der lächelnden »guten Fee« abzulegen.

Im Mai 1993 wurden diese Pläne in einer Reihe von Sitzungen, zu denen sich der Filmregisseur David Puttnam, ihr Privatsekretär Patrick Jephson und Les Rudd vom National AIDS Trust trafen, konkreter ausgearbeitet. Sie diskutierten darüber, wie man Filmpremieren sparsamer und produktiver dafür nutzen könnte. Die Prinzessin hatte klargestellt, daß sie weniger oft karitative »Blitzlicht«-Auftritte und mehr prakti-sche Arbeit absolvieren wolle. Andererseits erkannte sie auch, daß ihre Wohltätigkeitseinrichtungen bei diesen glanzvollen Ereignissen leicht Spenden sammeln konnten.

Es war ein Anfang, aber noch keine Lösung. Im Herbst 1993 dachte man über noch größere Pläne nach, diesmal mit internationaler Dimension, womit sich Charles' Einwände, daß sie das Scheinwerferlicht mit Beschlag belege, elegant umschif-fen ließen. Man wollte sich auf benachteiligte Frauen und Kinder, vor allem auf solche mit AIDS konzentrieren. Lord Palumbo, der Dianas Anwalt Lord Mischon bezahlt, und Lord Rothschild, der die Renovierung von Spencer House finanzier-te, wurden als mögliche Geldgeber genannt. Diesmal jedoch war die Prinzessin der Stolperstein, denn ihre tiefe Desillusionierung über das öffentliche Leben ließ in ihr den Schluß aufkommen, daß sie ein Ferienjahr brauche, um ihre Batterien wieder aufladen zu können. Dennoch behielt das Vorgehen auf internationaler Ebene seine Anziehungskraft, denn damit konnten Charles' Klagen, sie beanspruche das Rampenlicht allein für sich, ausgeräumt werden. Wie Diana und die anderen Mitglieder der königlichen Familie nur zu gut wußten, war 1994 sein Jahr, das Jahr, in der das fünfundzwanzigjährige Jubiläum seiner Investitur als Prinz von Wales begangen wurde. Die Hofbeamten arbeiteten lange und hart daran, dafür zu sorgen, daß diese Tage seines Ruhms nur von wenigen Wolken überschattet wurden. Wie Diana gegenüber Freunden bemerkte: »Sein Büro versucht geradezu paranoid sicherzustellen, daß alles glattgeht. Sie haben fürchterliche Angst, daß es für ihren Boß schlecht läuft.« Davon waren alle *royals* betroffen. Die Herzogin von York erzählte der Prinzessin, man übe starken Druck auf sie aus, die Scheidung von Prinz Andrew hinauszuschieben, deren Einreichung juristisch gesehen im März 1994 möglich wurde; und Prinz Edward teilte seiner Freundin Sophie Rhys-Jones mit, daß eine Hochzeit für die nächste Zeit nicht auf der Tagesordnung stehe.

Für Diana war der Gedanke, die heimische Ebene hinter sich zu lassen und international tätig zu werden, verlockend. Ihre Bitte an Premierminister John Major, sie doch mit der breiter angelegten Aufgabe einer wandernden Botschafterin zu betrauen und auf diese Weise Prinz Charles die heimische Bühne zu überlassen, war zu anderen Ohren durchgedrungen. Das Britische Rote Kreuz hatte Schritt für Schritt Beziehungen zur Prinzessin aufgebaut. Der Vorsitzende Mike Whitlam hatte ihren Wunsch nach einer leitenden praktischen Arbeit verstanden und vorgeschlagen, sie solle ein Schulungsseminar mit leitenden Managern in Amerika besuchen. Als sie sich zufällig über ihre Hobbys unterhielten – sie beklagte sich, daß sie, da sie bei ihren Kinobesuchen von Kameraleuten verfolgt würde, das Go-Kartfahren begonnen habe, einen Sport, der ihr auch ein gutes Gefühl der Kontrolle vermittelt –, machte Whitlam ihr den Vorschlag, an einem Go-Kart-Wettbewerb für karitative Zwecke teilzunehmen. Bezeichnenderweise fand der Wettbewerb wenige Stunden vor ihrer »Zeit und Raum«-Rede statt, und einer der letzten, die ihr Glück wünschten, war Mike Whitlam. In den Wochen vor ihrem Rückzug wurde sie ohne großes Aufsehen zur Vizepräsidentin des Britischen Roten Kreuzes ernannt, ein Zeichen für die Richtung, die sie einschlagen wollte. (Tatsächlich bestätigte die neue Aufgabe die Behauptung ihrer Astrologin, zum Jahresende 1993 würde ihr eine »goldene Gelegenheit« in den Schoß fallen.) Anfänglich war sie ängstlich und hegte die Befürchtung, die Organisation könnte sie lediglich wegen der PR einsetzen, und sie machte sich Gedanken, daß das Image des Roten Kreuzes allzu festgefahren sei. »Das Rote Kreuz ist für mich nicht gut, denn es ist eine zu alte Institution. Die Gesundheit von Frauen und Kindern auf der ganzen Welt würde mich mehr interessieren«, sagte sie zu Freunden. Genauso groß wie ihre Bedenken war jedoch die Freude über die Aussicht, als reisende Abgesandte für eine international anerkannte Organisation tätig werden zu können. »Ich habe es geschafft, das ist eine Riesenaufgabe«, sagte sie begeistert.

Um dieses Zentrum kreisten andere Wohltätigkeitseinrichtungen in dem Versuch, Dianas Zeit und Interesse zu gewinnen. Ihr Privatsekretär Patrick Jephson, der geneigt war, nur noch für das Rote Kreuz zu arbeiten, aber schließlich doch an Dianas Seite blieb, war die Schlüsselfigur, denn er stimmte ihre karitative Tätigkeiten ab und filterte die Flut von Vorschlägen und Anfragen. Die Mildmay Mission beispielsweise spielte die internationale Karte und diskutierte die Möglichkeit, daß die Prinzessin den Grundstein für zwei neue Krankenhäuser in Tansania und Uganda legen und dies gleichzeitig mit einer Reise der AIDS-Front in Afrika verbinden könnte. Eines ihrer Armeeregimenter lud sie ein, Jugendliche für einen Kursus auszuwählen, den es in Kenia sponserte, während das Rote Kreuz sich, durch die Vermittlung von Lord Archer, um ihre Anwesenheit im ersten Passagierzug durch den Kanaltunnel bemühte, dessen Fahrt für Juni 1994 angesetzt war, wenn der Ausflug zugunsten karitativer Zwecke auch gebremst wurde, da sich der Beginn des Projekts verzögerte. Allerdings gab es, wie Dianas Privatsekretär häufig Wohltätigkeitslobbyisten gegenüber hervorhob, keinen magischen Zauberstab, der die Prinzessin zurück ins Rampenlicht holen würde. Angebliche Termine für ihr Comeback wurden optimistisch auf den Februar, dann auf den September gelegt, bis die Wohltätigkeitsorganisationen endlich akzeptierten, daß sie die Prinzessin frühestens 1995 wieder in ihre Kalender eintragen könnten.

Dianas Suche nach einem neuen Stil, mit dem sie ihr Können am besten einsetzen könnte, war zu keinem Zeitpunkt als Prozeß gedacht, der über Nacht vonstatten gehen könne, wenn der Öffentlichkeit auch dämmerte, daß sie sich das Rote Kreuz ausgesucht hatte. Als sie in eine Sonderkommission des Internationalen Roten Kreuzes berufen wurde, schien dies den Stellenwert, den die Organisation im Denken der Prinzessin einnahm, zu bestätigen. Unvermeidlich, und vielleicht auch nicht ganz zu Unrecht, zog man Vergleiche mit der Art, wie sich Prinzessin Anne dank ihrer erfolgreichen Verbindung mit The Save the Children Fund international ein Ansehen und einen Rang erwarb. Dianas Reisen nach Genf, um über die Notlage der Flüchtlinge auf der ganzen Welt zu diskutieren, vor allem über die entsetzliche Tragödie in Ruanda, waren angemessen informell. Ausnahmsweise war sie einmal nur ein Gesicht in der Menge, vor allem bei ihrer zweiten Reise im Juli, als sie und Patrick Jephson im Intercontinental-Hotel wohnten. Wie es der Zufall wollte, fanden in diesem Hotel die bosnischen Friedensverhandlungen statt, und so zeigten sich die Dutzende von Kamerateams mehr an einem Gespräch mit den Friedensabgesandten wie Lord Owen und dem amerikanischen Außenminister Warren Christopher interessiert als mit der Prinzessin. So konnte sie unbemerkt in der Halle sitzen und sich das Fußballweltmeisterschaftsspiel zwischen Brasilien und Amerika ansehen. »Meine Jungen sind fußballverrückt, deshalb muß ich über die neuesten Ergebnisse Bescheid wissen. Das Problem ist, daß ich immer ins Tor muß«, erklärte sie.

Als ihr bescheidenes Team sich an den neuen Rhythmus königlicher Arbeit gewöhnte, begannen auch die Überbleibsel ihres früheren Lebens dahinzuschwinden. Nur wenige Tage nach der Bekanntgabe ihres Rückzugs stattete sie dem St.-James-Palast einen Besuch ab und versicherte ihren Sekretariatsmitarbeitern, daß ihre Jobs sicher seien, und bat sie, ihr Zeit zu geben, ihre Prioritäten neu zu überdenken. Ihre Mitarbeiter waren nicht alle so zuversichtlich, und einige suchten sich anderswo einen sichereren Arbeitsplatz. Die Prinzessin selbst signalisierte die Veränderung in ihrem Leben einige Wochen später, als sie im Kensington-Palast eine Handvoll Freundinnen zum Tee lud und ihnen die besten Stücke ihrer offiziellen Arbeitskleidung schenkte. Sie würde nicht umkehren, ein Eindruck, den Patrick Jephson im Mai dieses Jahres anläßlich einer Abschiedsparty für ihren Oberstallmeister Captain Edward Musto noch betonte, der zu den Royal Marines zurückging. Jephson sagte zu den zahlreich Wohlfahrtsbeamten und Palastmitarbeitern, die sich im Billard-Saal des Buckingham-Palasts eingefunden hatten, daß Mustos Weggang das Ende einer Ära bezeichne.

Je mehr Schichten des Protokolls abgeschält wurden, das die Prinzessin umgab, desto stärker mußte sie sich um die Alltagsorganisation ihres Lebens kümmern. Genau wie ihre Wohltätigkeitsvereine vorsichtig überlegten, wie sie ihre Arbeit den Absichten der Prinzessin anpassen konnten, so begann sie auch ihr Netzwerk an Verbindungen einzusetzen, um ihnen zu helfen. Sie und Jephson agierten als diskrete Lobbyisten für ausgesuchte karitative Einrichtungen und baten Entscheidungsträger in der Industrie, in der Kunst, den Medien und der Regierung um ihre Hilfe. Im Kensington-Palast fanden häufig Arbeitssessen statt, bei denen verschiedene Pläne besiegelt werden sollten. Die Prinzessin kümmerte sich selbst um ein Titelbild für *Vogue* anläßlich ihres dreiunddreißigsten Geburtstages, um Tausende von Pfund für zwei ihrer Wohltätigkeitsvereine aufzubringen, die Chicken Shack Theater-Gruppe und DEBRA, eine Organisation, die Gelder für die Erforschung einer seltenen Kinderkrankheit bereitstellt. Dieses Foto kam unvermeidlich in die Schlagzeilen und löste vermehrte Anwürfe aus, daß sie wieder ins Rampenlicht zurückkehre. In Wahrheit war es lediglich eine öffentliche Demonstration der stillen Aktivitäten, die hinter den geschlossenen Türen des Kensington-Palasts stattfinden.

Als sie langsam darum kämpfte, ihrem Leben einen Sinn zu geben, erkannte sie, daß draußen vor den Palasttoren zahlreiche Feinde auf sie warteten, die danach gierten, sie auf die Nase fallen zu sehen. Türen, die früher für sie weit offengestanden hatten, fielen nun mit lautem Knall ins Schloß. Als sie anfragte, ob die Prinzen William und Harry nach Lippets Hill, dem Schießzentrum der Polizei in Essex, kommen könnten, teilten ihr die Chefs der Metropolitan Police, die immer noch an ihrer Entscheidung kauten, ohne Schutz zu leben, kühl mit, sie müsse das über die »offiziellen Kanäle« laufen lassen. Sie stellten klar, daß »die Jungen auch einen Vater haben«, und meinten damit, daß er in dieser Sache gefragt werden sollte, bevor man an die Polizei herantrat. Desgleichen machten leitende Beamte deutlich, daß jede Anforderung von gelegentlichem Polizeischutz bei offiziellen Veranstaltungen der schriftlichen Form bedürfe. Auch ihre Leibwächter hegten Ressentiments, als die Prinzessin sie bat, die Fotografen davon abzuhalten, sie auf ihrem Balkon in Lech zu knipsen, da sie nur widerstrebend und in der letzten Minute ihrer Anwesenheit zugestimmt hatte. In diesem Urlaub sandte sie Signale aus, die für alle Betroffenen verwirrend waren. Im einen Augenblick fuhr sie mit Journalisten gerne Ski, und im nächsten brach sie vor Kameraleuten in Tränen aus und flehte sie an, sie doch in Ruhe zu lassen. Dieses eine Mal waren sowohl die Paparazzi wie ihr Pressesprecher Geoff Crawford gleichermaßen verwirrt.

Obwohl man Diana allgemein als manipulativ beschrieben hat, steckt hinter ihrer List auch sehr viel Naivität und Amateurhaftigkeit. Sie will mit Journalisten, die sie kennt, skifahren, erwartet, daß die Fotografen sie in Ruhe lassen, und beschwert sich dann bei ihrem Pressesprecher, weil er es nicht geschafft habe, die Paparazzi daran zu hindern, daß sie sie jagen. Sie ist gewandt bei persönlichen Begegnungen mit einflußreichen Leuten wie Politikern oder Redakteuren, aber atemberaubend unfähig, die langfristigen Konsequenzen mancher ihrer Handlungen zu begreifen. Strategie ist nicht eine ihrer Stärken. Wie sie zu dem Schachspieler Nigel Short sagte: »Auf einmal sind wir in dieser öffentlichen Position, aber wir sind überhaupt nicht auf die Publizität vorbereitet und wissen nicht, wie wir damit umgehen sollen.« Mißtrauisch und kritisch hinsichtlich der Art und Weise, wie der Palast ihre Pressebeziehungen handhabe, beschloß die Prinzessin, wieder in dem Wunsch, die Verantwortung für ihr Leben zu übernehmen, sich selbst darum zu kümmern. Zu Anfang hatte sie damit auch Erfolg. Als Agenten der amerikanischen Fernsehberühmtheit Oprah Winfrey bei der Pressestelle der Prinzessin vorstellig wurden und um ein Interview mit ihr baten, beschloß Diana, sich die Sache anzuhören. Die Aussicht auf Spendendollars in mehrstelliger Millionenhöhe für ihre Wohltätigkeitsorganisationen war verlockend, doch nachdem sie sich mit Oprah zum Mittagessen getroffen hatte, entschied sie, daß die Show nichts für sie sei. Auch der geistreiche australische TV-Star Clive James, ein alter Freund von Charles und Diana, machte sich an die Prinzessin heran. Sie sprachen mehrfach beim Mittagessen über seine Pläne, und Diana war so beeindruckt, daß sie sich insgeheim eine seiner Shows ansah. Er stand ganz oben mit auf der Liste für ein Fernsehinterview, wenn sie jemals eines geben würde. Diana stellte klar, daß sie, und nicht der Palast, der ausschlaggebende Herr sei. Und sie benutzte ihre Freundschaft zu Lady Stevens, der Frau des Vorstandsmitglieds der Express Newspapers, Lord Stevens, um Treffen mit Nick Lloyd und Eve Pollard zu arrangieren, dem Ehegespann, das die Londoner Ausgabe des *Daily Express* beziehungsweise des *Sunday Express* herausgibt. Die Prinzessin zeigte sich besorgt über das konstante Sperrfeuer an hinterhältigen Artikeln im *Sunday Express* und bewegte Eve Pollard dazu, die Bluthunde zurückzupfeifen. Das funktionierte eine Zeitlang.

Doch es war der größte Rivale des *Express*, die *Daily Mail*, die die redaktionellen Früchte ihrer Großzügigkeit einheimsen konnte. Viele Monate lang fütterten die Prinzessin und ihre Verbündeten die Zeitung für eine Reihe von positiven Artikeln nach dem Motto »gute Neuigkeiten« mit Schnipseln über ihr Leben und ihre Tätigkeit: zum Beispiel mit Einzelheiten über ihren Urlaub in Florida und wie sie den barmherzigen Samariter gespielt hatte, als sie einem älteren Ehepaar half, dessen Wagen im stockenden Londoner Verkehr heißgelaufen war, als sie gerade mit William und Harry vom Mittagessen nach Hause fuhr. Zunächst versetzten diese Enthüllungen ihre Leibwächter in Unruhe, dann den Rest der Fleet Street und unausweichlich auch die Pressestelle des Buckingham-Palasts, die wiederum höherrangige Hofbeamte, einschließlich Sir Robert Fellowes, informierte. Ihre Besorgnis, daß die Prinzessin durch ihre enge Verbindung mit einer Boulevardzeitung mit der Gefahr liebäugele, wurde schließlich der Königin vorgetragen. Obwohl sogar die Polizei sie vor einer Fraternisierung mit Gazettenjournalisten warnte, hielt sie ihre Kontakte weiter aufrecht.

Das Unglück wartete bereits. Es begann alles mit einem Wochenendtrip zu einer Tennis-Ranch in Spanien. Für die

Prinzessin sollte es ein weiterer Schritt auf dem langen Weg zu einem Privatleben werden, in eine Welt ohne Leibwächter, schnüffelnde Beamte oder Teleobjektive. Von dem Augenblick, als Diana und ihre Freundinnen Kate Menzies und Catherine Soames an Bord der Maschine von British Airways stiegen, ging alles fürchterlich schief. Den Gedanken an einen privaten Kurzurlaub konnten sie über Bord werfen, als sie ein Fernsehteam von Sky entdeckten, das sich auf dem Weg zu einem Interview mit dem mutmaßlichen Bankräuber Ronnie Knight befand. Auf dem Flughafen von Malaga wartete bereits ein schnatternder Haufen Fotografen, nicht auf sie, sondern auf den flüchtigen Knight. Als sie Diana erblickten, war die Jagd eröffnet.

Wie drei Schülerinnen im Teenageralter, die zum erstenmal aus dem Internat raus dürfen, gingen die drei alles Weitere mit jugendlicher Naivität an. Diesmal gab es niemanden, der sich um das Gepäck kümmerte, keinen Leibwächter oder Oberstallmeister, die ihnen alles aus dem Weg räumten. Sie jagten hinter Gepäcktrolleys her und stellten sich dann, nachdem sie gemerkt hatten, daß sie für die Weiterreise einen Wagen im voraus zu buchen vergessen hatten, in die Schlange der auf ein Taxi wartenden Touristen, das sie zu der Tennisanlage bringen sollte, die von dem ehemaligen Wimbledonsieger Lew Hoad geleitet wird. Die grünschnäbeligen Auslandsreisenden kamen erhitzt und aufgelöst an und waren von der Unterbringung ganz und gar nicht beeindruckt. Als sie ihren nächsten Schritt überdachten, stießen sie auf den Haarstylisten George Guy, der ihnen anbot, sie zum nahe gelegenen Byblos Andaluz zu bringen, einem luxuriösen Hotelkomplex mit Golfplatz, Tennisplätzen und Swimmingpools. Sie zwängten sich in seinen bescheidenen Ford Escort und vereinbarten, daß Guy bei ihre Rückreise zum Flughafen fahren sollte.

Das private Unglück verwandelte sich in eine öffentliche Katastrophe, als spanische Fotografen, die die Mädchen in ihrem Hotel belagerten und Diana am Flughafen anrempelten, behaupteten, die Prinzessin beim Sonnenbaden ohne Oberteil abgelichtet zu haben. Für die Bilder verlangten sie eine Million Pfund. Die Frage, ob sie nun ohne Bikini-Oberteil in der Sonne gelegen hatte oder nicht – die Prinzessin stritt diese Unterstellung heftig ab, und die Fotos erstand der Besitzer des Magazins

Hello!, damit sie nicht abgedruckt werden konnten –, wurde schnell durch ihr Verhalten nach ihrer Rückkehr nach Britannien in den Hintergrund gedrängt. Ein einstündiges Gespräch zwischen Diana und dem Reporter Richard Kay von der *Daily Mail* in ihrem Audi-Sportwagen, den sie hinter Harrods geparkt hatte, wurde fotografiert. In Kays Artikel am nächsten Tag war zu lesen, daß Diana sich wegen der angeblichen Oben-ohne-Fotos äußerst erniedrigt fühle. Es war »wie eine Vergewaltigung« soll die Prinzessin zu einem Freund gesagt haben. Dieser Freund, den die Schlagzeile »Diana mit den zwei Gesichtern« im *Sun* entlarvte, war niemand anderer als Kay selbst.

Wenn die Sage von den Oben-ohne-Fotos schon peinlich gewesen war, so gingen ihre Aktien im Buckingham-Palast nach dieser neuesten Episode in den freien Fall über. Bevor der *Sun*-Artikel veröffentlicht wurde, beschloß die Prinzessin, zu Kreuze zu kriechen und sich persönlich bei ihrem Mann zu entschuldigen. Nach dem Treffen konnte sie keinen Zweifel mehr hegen, daß er über ihre Zusammenarbeit und die Art, wie diese aufgedeckt wurde, unglücklich war. Seine Mitarbeiter waren nicht unglücklich. Diana bemerkte später, daß sie ihre Schadenfreude kaum verbergen konnten. Einer von Charles' Mitarbeitern meinte: »Sie nimmt nicht einen vernünftigen Rat an. Sie denkt sehr kurzfristig.« Andere waren ätzend abweisend. Wie ein Anhänger des Prinzen sagte: »Seine Seite hat von ihr die Nase voll. Sie halten sie für eine Plage, und obwohl früher eine Kampagne gegen sie lief, ist das im Augenblick nicht der Fall, denn sie schießt selbst genug Eigentore.« Einige Tage später brachten ihre Jungen die Episode ins richtige Verhältnis. »Hast du wirklich in Spanien ohne Oberteil in der Sonne gelegen?« fragten sie ungläubig. »Nein, das habe ich bestimmt nicht getan«, antwortete sie. Ihre Kinder fühlten sich merklich erleichtert. »Gott sei Dank, Mami«, erwiderten sie frech, »du hast ja eh nicht viel vorzuzeigen.«

Das hätte ihr eine heilsame Lehre sein sollen, und ein paar Tage lang war die Prinzessin auch entsprechend geläutert. Dennoch bestand sie weiterhin darauf, ihr Bild in den Medien selbst zu betreuen – mit verheerenden Folgen. Der vielleicht schlimmste Vorfall in ihrer königlichen Karriere – selbst die normalerweise zurückhaltende BBC nannte ihr Verhalten »bizarr« – betraf Unterstellungen, sie habe ihre Freunde Oliver und Diane Hoare in ihrem Haus in Chelsea mit anonymen Telefonanrufen belästigt. Das Ehepaar, das sowohl den Prinzen wie die Prinzessin seit vielen Jahren kennt, hatte auf der Hitliste der Paparazzi monatelang einen der vorderen Plätze eingenommen. Sie wußten, daß man die Prinzessin häufig mit dem weltgewandten alten Etonschüler gesehen hatte und daß Fotografen regelmäßig früher um das zwei Millionen Pfund teure Haus und die Kunstgalerie in Belgravia von Hoare herumlungerten. Im März 1994, als er die Prinzessin heimbrachte, während seine Frau sich im marokkanischen Marrakesch aufhielt, unternahm er den ungewöhnlichen Schritt, Prinz Charles anzurufen und ihm zu versichern, daß ihre Freundschaft völlig gesittet sei. »Ich kenne den Prinzen und die Prinzessin von Wales nun seit vielen Jahren – sie sind Freunde, und ich komme gut mit beiden aus«, sagte er auf Anfragen.

Es war eine Reihe von belästigenden Telefonanrufen, die einige Monate früher erfolgt waren und die den scheuen Hoare nun ungewollt auf die Titelseiten brachten. Wochenlang war Hoares Anwesen Ziel nervender Telefonanrufe gewesen. Das Telefon klingelte, und nachdem jemand den Hörer abgehoben hatte, blieb es in der Leitung stumm. Zeitweise waren es bis zu zwanzig Anrufe in der Woche und einmal drei im Abstand von neun Minuten. Im Oktober 1993 erhielt Diane Hoare allerdings einen unsittlichen Anruf, und das veranlaßte sie, die Polizei einzuschalten unter dem Hinweis, sie habe eine Ahnung, um wen es sich bei dem Anrufer handeln könnte. Unsittliche oder stumme Telefonanrufe sind ein gut bekanntes Kennzeichen für Menschen, vor allem Frauen, die an chronisch geringem Selbstwertgefühl leiden. Die Polizei nahm Verbindung zum British Telecom Nuisance Calls Bureau auf, das die Anrufe in drei Richtungen zurückverfolgte: zu Dianas Privaträumen im Kensington-Palast, zum Haus ihrer Schwester Lady Sarah McCorquodale und zu öffentlichen Telefonzellen beim Kensington-Palast und auch zu Dianas privatem Mobiltelefon.

Aufgrund der freundschaftlichen Beziehung Dianas zu Lady Meriza Stevens konnte zwar verhindert werden, daß die Sache noch früher im *Daily Express* erschien, aber dennoch wurden Einzelheiten der höchst geheimen Ermittlung an die Sonntagszeitung *News of the World* weitergegeben, die den Knüller am

21. August 1994 mit der Schlagzeile druckte: »Di's wunderliche Anrufe bei verheiratetem Tycoon«. Was das heißen sollte, war klar – die Prinzessin von Wales sei die stumme Anruferin, die den Haushalt der Hoares belästigt hatte. Obwohl die Geschichte sensationell schien, wäre sie doch, wie die meisten Enthüllungen in der Boulevardpresse, innerhalb weniger Tage vergessen gewesen, hätte die Prinzessin nicht eine Reihe von Ereignissen in Gang gesetzt, die ihr Image noch weiter beschädigen sollten.

Am Samstag morgen vor der Veröffentlichung meldete sich *News of the World* zweimal bei Hoare und informierte ihn darüber, daß der Artikel über die lästigen Anrufe veröffentlicht würde. Nur zehn Minuten nach dem zweiten Anruf wurde der königliche Berichterstatter Clive Goodman von *News of the World* zu seiner Überraschung von seinem Gazettenrivalen Richard Kay kontaktiert. Erstaunlicherweise behauptete Kay, er spreche nicht als Journalist der Boulevardpresse, sondern als »Freund der Prinzessin von Wales«. Und dann erklärte er diese Anrufe in einem vertraulich zu behandelnden Briefing. Er behauptete, ein Mitglied von Dianas stark reduziertem Stab habe die Anrufe getätigt, da Hoare, der der selbsternannte Vermittler zwischen dem Prinzen und der Prinzessin sei, »Diana manchmal niedergemacht habe, daß sie weinte«. Kay behauptete ferner, Hoare schenke Diana eine Aufmerksamkeit, die »nicht gewollt und nicht willkommen« sei. Dann setzte der Boulevardjournalist hinzu: »Sie hat ein paar sehr loyale und vielleicht irregeleitete Mitarbeiter, und die haben die Sache selbst in die Hand genommen.«

Während Kay noch seine Version der Ereignisse zum besten gab, versuchte die Prinzessin vergeblich, ihren Rechtsanwalt Lord Mischon de Reya zu erreichen. Nur wenige Stunden nachdem Kay mit den *News of the World* gesprochen hatte, verabredeten sich die Prinzessin und Kay zu einem geheimen Treffen auf einem ruhigen Platz im Westen Londons. Fast drei Stunden lang diskutierten sie in seinem Wagen über die Konsequenzen der Angelegenheit. Zu Dianas Unglück war der Kameramann Glenn Harvey, der das Pärchen nach dessen Debakel in Spanien gemeinsam auf Film bannte, wieder einmal zur Stelle und fotografierte sie, in ihre Unterhaltung vertieft. Wenn normalerweise Kay als Dianas inoffizieller Pressesprecher handelt, gibt er ihre Kommentare als von einem engen Freund stammend aus, um auf diese Weise die Prinzessin von den Bemerkungen zu distanzieren. Als er dahinterkam, daß die am Montag erscheinenden Boulevardzeitungen mit Fotos von ihnen beiden bestückt sein würden, hatte es keinen Sinn mehr, die Unwahrheit aufrechtzuerhalten. Der Artikel erschien als »Welt-Exklusiv«-Interview mit Diana unter der Schlagzeile: »Womit habe ich das nur verdient?« Die Geschichte war zwar für Kay und die *Daily Mail* ein Riesencoup, doch Diana bereitete sie starke Kopfschmerzen. Die Konversation hätte wie üblich vertraulich behandelt werden sollen, doch als Diana am nächsten Tag die Zeitungen aufschlug, sah sie, daß man sie ausgiebigst zitiert hatte.

In diesem – solcherart – noch nie dagewesenen Interview fragte die Prinzessin klagend: »Womit habe ich das nur verdient? Ich merke, wie ich vernichtet werde. Daran ist absolut nichts wahr. Ist Ihnen klar, daß derjenige – wer es auch sein mag –, der mich zu vernichten versucht, unausweichlich auch die Institution der Monarchie beschädigt? Irgendwo wird irgend jemand behaupten, daß ich verrückt sei, daß ich ich ein Verhältnis hätte, daß der Dreck klebenbleiben wird. Ich weiß, daß alle wollen, daß ich Affären habe, und dieser Mann paßt genau, aber es ist nicht wahr.«

Auf ihre Bemerkungen reagierten Parlamentsabgeordnete mit der Forderung nach einer Ermittlung gegen die Polizei und die Öffentlichkeit mit großem Zynismus. Eine Zeitung kommentierte ätzend: »Hochrangige Verschwörung gegen die königliche Familie – oder der Abstieg einer Frau in den Wahnsinn?« Wichtiger noch war, daß Scotland Yard, der Buckingham-Palast oder auch Mr. Hoare sich weigerten, die Behauptung der *News of the World*, Diana sei der lästige Telefonanrufer gewesen, zu dementieren. Diana warf daraufhin Oliver Hoare vor, daß er sie nicht unterstütze, und sagte zu Freunden, sie denke, er »verhält sich wie ein verängstigtes Kaninchen«.

Was Kay anbelangte, so wandelte sich seine Version der Ereignisse ganz plötzlich in den wenigen Stunden, die zwischen seinem Anruf bei *News of the World*, als er ein Mitglied von Dianas Stab verantwortlich machte, und dem Abdruck seines Exklusivinterviews vergingen. In dem Artikel in der *Daily Mail* sagte er: »Offen blieb dennoch die zentrale Frage: Konnte sie [die Anrufe] jemand anders gemacht haben? Man hat behauptet, ein Mitglied von Dianas Stab wäre verhört worden, wenn auch die Einzelheiten alles andere als klar sind.« In Wahrheit hatte Kay selbst das behauptet. Doch er räumte ein, vermutlich mit Dianas Zustimmung, daß sie Hoare zu dem Zeitpunkt, als die Fangschaltung installiert war, angerufen habe. Er setzte wirkungsvoll hinzu: »Es ist möglich, daß sie den Hörer aufgelegt hätte, wenn seine Frau antwortete – womit sie vielleicht, ohne es zu wollen, bei der Familie Befürchtungen auslöste, sie erhielten belästigende Anrufe.«

Eines war für ihren Freundeskreis nicht überraschend: die Tatsache, daß sie Oliver Hoare und ihre Mitarbeiter beschuldigte. Das unterstrich noch ihre Unfähigkeit, zu akzeptieren, daß sie für ihr Tun verantwortlich ist, und die Bereitschaft, jedermann, nur nicht sich selbst, zu rügen. Seit vielen Jahren ist die Prinzessin so etwas wie eine Telefonsüchtige gewesen und hatte stundenlang mit ihren Freunden und Beratern geredet. Es ist ein Gradmesser für ihre Isolation im Kensington-Palast, daß das Telefon ihr bester Freund gewesen war. Ihr Verhalten bei den Anrufen gehörte zu einem kontinuierlichen Muster. Sogar noch vor den Enthüllungen hatte sie zugegeben, daß sie Hoare angerufen und dann den Hörer aufgelegt habe, wenn seine Frau Diane ans Telefon ging. Das war bei Diana nichts Ungewöhnliches.

Im Laufe der Jahre hat Diana stets ein oder zwei Ratgeber gehabt, an die sie sich wendet und bei denen sie manchmal bis zu zwanzigmal am Tag anruft. Ihre Gesprächspartner sind fast immer ältere verheiratete Männer, die sie aufgrund ihrer Lebenserfahrung beraten können. Wie ein langjähriger Freund einräumte: »Sie ist fordernder, als es eine Ehefrau jemals sein würde. Sie ruft häufig an, wenn sie Kummer hat und einen mitfühlenden Zuhörer braucht. Mit Sicherheit hat Diana oftmals den Hörer aufgelegt, wenn sich meine Frau meldete. Natürlich war meine Frau darüber sehr verärgert und manchmal beunruhigt, aber wir verstehen beide ihr Problem – Diana möchte nicht als Plagegeist, der meine Zeit beansprucht, dastehen. Auch darf man nicht übersehen, daß sie in Notzeiten anruft, oftmals in Tränen aufgelöst, und dann nur mit einer bestimmten Person sprechen möchte. Es wäre ihr verständlicherweise peinlich, mit jemandem zu sprechen, der ihr nicht so nahesteht. Allen ist die Einsamkeit ihrer Position bewußt, deshalb machen wir Zugeständnisse.«

Die Ehefrauen von Dianas Vertrauten grollen ihr allerdings wirklich – nicht nur, weil sie die Zeit ihrer Männer beansprucht, sondern auch, weil die Anrufe emotional auslaugen. Ein Freund beschrieb ihren Telefonstil: »Was ich ›Armes Ich‹-Tonfall nenne, kommt am häufigsten vor. Manchmal fühlt man sich anschließend, als habe man einen Marathonlauf hinter sich. Es ist sehr anstrengend.«

Trauigerweise hatte sich Dianas Versuch, die Beziehungen zu den Medien nach dem »Do it yourself«-Verfahren zu regeln, wieder einmal als katastrophal erwiesen. Es war zwar peinlich, daß die Sache mit Hoares Telefon öffentlich wurde, doch es taten sich bei dem Versuch, den Skandal zu vertuschen, noch größere Probleme auf, als der frühere amerikanische Präsident Richard Nixon in der Watergate-Affäre hatte. Diese Bemühungen beleuchteten wieder einmal drastisch ihre lähmende Isolation in der königlichen Familie, ihre Naivität und ihre Besessenheit von der Boulevardpresse. Es war eine Affäre, die auch einen Charakterzug der Spencers enthüllte – die naive und doch leichtsinnige Lust, Schicksal und Autoritäten herauszufordern.

Als die Prinzessin sich von den eiskalten königlichen Gipfeln zu freundlicheren Gegenden vorantastete, waren Stürze unvermeidlich. Gelegentlich nahm diese unerschrockene gesellschaftliche Kletterin die vorhandenen Führungsseile der *royalty* zur Hilfe. Auf ihrem Weg zum Flughafen Heathrow wegen einer Tagung des Roten Kreuzes in Genf zum Beispiel erlaubte sie ihrem Chauffeur, Steve Davies, das blaue Polizeilicht einzuschalten, das sie dabeihatte, um bei dichtem Verkehr voranzukommen. Damit handelte er sich einen offiziellen Verweis ein. Ein anderes Mal wurden zwei Polizisten getadelt, nachdem sie an Dianas Windschutzscheibe eine Notiz mit der unzutreffenden Behauptung belassen hatten, ihr Auto sei kaputt, was sie berechtigte, es in der Parkverbotszone stehen zu lassen, während sie im San Lorenzo in Knightsbridge zu Mittag aß. Genau wie ihre Privilegien von ihrer persönlichen Freiheit einen hohen Preis verlangt hatten, so lernte sie nun, daß sie ihre neuen Freiheiten mit der harten Währung ihrer königlichen Ansprüche bezahlen mußte.

Dianas Problem bestand darin, daß sie die eine Welt verlassen hatte, ohne klare Vorstellung, wohin sie gehe. Die Öffentlichkeit und die Medien warteten ungeduldig darauf, daß sie entweder in den Schoß des Palasts zurückkehrte, ein klar umrissenes neues Leben anfange oder in Ungnade falle. Diese Lücke, die entstand, als sie sich ernsthaft im stillen bemühte, einen neuen Lebensstil zu finden, war für sie beunruhigend und unerträglich. Alles, von ihrer Kleidung – das Magazin *Tatler* warf ihr vor, wie eine Hausfrau aus der Vorstadt herumzulaufen – bis zu ihren Auseinandersetzungen mit Fotografen, wurde einer feindseligen Prüfung unterzogen. Am meisten verletzte sie dabei die Unfairneß. »Womit habe ich das nur verdient?« fragte sie erbittert in ihrer Bestürzung darüber, wie schnell Ehrerbietung und Respekt sich verflüchtigt hatten, seit sie den unsichtbaren, aber schützenden Mantel der *royalty* abgelegt hatte.

Sie beobachtete mit wachsender Sorge, wie der Stern ihres Ehemannes allmählich immer heller leuchtete. Er hatte es weitaus einfacher. Im Gegensatz zur Prinzessin brachte Prinz Charles nicht das Boot ins Wanken, sondern wartete lediglich ab, bis er Kapitän des Schiffes Windsor würde. Mit der wortreichen Hilfe des Premierministers, des Kabinetts, der Kirche, des Restes der königlichen Familie, der Zeitungen des Establishments, der Größen der Gesellschaft und seiner professionellen Mitarbeiter war er per Definition in der Lage, auf Zeit zu spielen. Wie sein Privatsekretär Richard Aylard bemerkte: »Es hat keinen Sinn, eine schnelle Stabilisierung seiner Popularität anzustreben. Als künftiger König ist der Prinz von Wales im langfristigen Geschäft tätig.«

Das Kernstück des langwierigen Kraftakts des Prinzen von Wales, mit dem er nach dem Scheitern seiner Ehe und der Camillagate-Affäre wieder Glaubwürdigkeit erringen will, bildete eine Dokumentation des Fernsehredakteurs John Dimbleby zur Feier des fünfundzwanzigjährigen Jubiläums seiner Investitur. Von dem Augenblick an, als der Prinz Diana über das Projekt im Sommer 1992 informierte, saß sie wie auf Kohlen. Sie beobachtete sorgfältig die Filmarbeiten, hegte Befürchtungen, daß ihre Rolle als Mutter in Frage gestellt würde, und sorgte sich, daß ihr entfremdeter Ehemann die Kinder als unschuldige Requisiten in dem ihrer Vorstellung nach Pro-Charles-Propaganda-Stück einsetzen könnte. Ihre

Gespräche mit Freunden waren gepfeffert mit Anspielungen auf das Dimbleby-Projekt. Häufig fragte sie sich laut, ob es wohl Charles' Image in den Köpfen der Öffentlichkeit aufpolieren oder beschmutzen würde. Ihre Bestürzung wurde noch größer, als in dem PR-Material für das Begleitbuch die Behauptung heraustrompetet wurde, daß es »die völlige Widerlegung« von *Diana. Ihre wahre Geschichte* sei, das für sie Partei ergriff und, wie viele glauben, an dem sie persönlich mitgewirkt habe.

Einer von Dianas seltenen Auftritten in der zweieinhalbstündigen Show kam, als sie bei einem Konzert im Winter 1993 zum Gedenken an ihre Großmutter Ruth Lady Fermoy gefilmt wurde, das im Buckingham-Palast stattfand. In einer ergreifenden Sequenz über das Scheitern ihrer Ehe wurde eine versteinerte Prinzessin gezeigt, die direkt neben Prinz Philip saß und stur geradeaus schaute, als die Musiker ein melancholisches Stück aus Bachs Konzert für zwei Violinen spielten. Dazwischen wurde der Prinz gezeigt, der von der Prinzessin getrennt bei der Königin und der Königinmutter saß und wehmütig starr vor sich hin sah, während ihm eine Träne sanft über die Wange rollte. Die Szene erfüllte ihren Zweck. Sie zeigte eine giftige Prinzessin und einen sensiblen Prinzen. Die Fernsehmoderatorin Anne Diamond sah sich die ergreifende Szene an und klagte: »Dimblebys zynischer Versuch, uns glauben zu machen, Charles habe wirklich deswegen geweint, ist unglaublich ... Wenn er bewegt war, dann aufgrund der Musik. Ich bezweifle, daß er Diana auch nur eine Träne nachweint.« Lange bevor der Film im Fernsehen ausgestrahlt wurde, hatte sich die Prinzessin über das Ereignis beschwert. Ihr Mißtrauen war schon vorher durch einen ungewöhnlichen Anruf von Prinz Charles einige Tage vor dem Konzert geweckt worden, bei dem er sie fragte, ob die Jungen auch kommen könnten. Sie konnte nicht verstehen, warum er so viel Wert darauf legte, daß William und Harry dabei waren, doch als sie dann dort ankam und das Filmteam sah, wurde ihr klar, was das sollte. Obwohl er die Prinzessin mit einem Kuß begrüßte, beschwerte sie sich anschließend, daß man ihr und ihrer Familie an diesem Abend einen Bärendienst erwiesen habe. »Er hat mich schlecht behandelt«, sagte sie zu einem Freund, was einigermaßen ihren unglücklichen Gesichtsausdruck erklärt.

In einem Versuch, ihre Befürchtungen über die Dokumentation zu beschwichtigen, wurde im Haus eines beidseitigen Freundes im Westen von London ein Mittagessen für die Prinzessin und Jonathan Dimbleby arrangiert. Während des Essens, im April 1994, bat er sie um ein Interview – das sie ablehnte –, bevor er ihr versicherte, daß ihre Rolle als Mutter nicht abfällig behandelt würde. Dann diskutierten sie über verschiedene Aspekte der königlichen Ehe bis zu der Zeit 1987, als Prinz Charles mit Sir Laurens van der Post in die Wüste Kalahari reiste. Dimbleby stellte auch klar, daß sie in dem Begleitbuch, das zur Dokumentation erschien, eine bescheidene Rolle spielen würde. Das Treffen erzielte nicht die gewünschte Wirkung. Diana fühlte sich beunruhigt und argwöhnisch, vor allem als er Fragen über die Scheidung in einer Richtung stellte, die der ihres Mannes entsprach. Als die Publicitykampagne zum Crescendo anstieg, fragte die Prinzessin wehmütig einen Freund: »Wie, um Himmels willen, soll ich diese Woche durchstehen?« Damit zusammen fiel ein weiterer Gefühlsumschwung in den Medien, die Diana nun nicht mehr anbeteten, sondern mißhandelten. Einige Abende vor der Ausstrahlung der Sendung, die für Ende Juni geplant war, besuchte sie im Hotel Ritz eine Party anläßlich des Geburtstages ihrer Freundin Annabel Goldsmith. Zur gleichen Zeit veröffentlichte Central TV Fotos von der Dokumentation über Charles, noch vor dem eigentlichen Ausstrahlungstermin – eine Sache, auf die sie keinen Einfluß hatte. Als sie die Party verließ, hielt sie mit Absicht den Kopf gesenkt, damit die Paparazzi ihr Gesicht nicht vollständig vor die Linse bekamen, ein weiteres Beispiel für ihre Taktik gegenüber Fotografen. Doch je nachdem, welche Boulevardzeitung man las, buhlte die Prinzessin, die als »durchtrieben und intrigierend« beschrieben wurde, vorsätzlich darum, im Rampenlicht zu stehen – und versuchte Charles zu überstrahlen – oder enthüllte damit eine »innere Unruhe, die sie nicht mehr länger verbergen kann«. Ihre Befürchtungen erhielten neue Nahrung, als ein Boulevardzeitungsredakteur ihre Mitarbeiter warnte, wenn sie sich nicht zu einem Comeback entschließe, würde man ihr offen den Krieg erklären.

In ihrer zunehmend isolierten und verletzlichen Lage lehnte sie klugerweise das Angebot ab, sich den Film schon vor seiner Ausstrahlung im Fernsehen anzusehen. Während 13 Millionen Menschen es sich für die Show gemütlich machten, beschloß die Prinzessin, auszugehen und sich zu amüsieren. Sie hatte bereits lange vorher eine Einladung zum Dinner in der Serpentine Gallery angenommen, deren Schirmherrin sie ist. Doch selbst hier mußte sie mehrfach schlucken. Sie war verärgert, als die Couturiers Valentino im vorhinein bekanntgaben, daß sie eines ihrer Modelle zu diesem Anlaß tragen würde. Wieder wollte sie klarstellen, daß sie selbst über ihr Leben bestimmte, und so ließ sie das Kleid im Schrank und zog ein kokett knappes Stück von Christina Stambolian an. Sie hätte keine bessere Wahl treffen können, schrie das Modell doch die Botschaft hinaus: »Was Charles auch tun mag, ich amüsiere mich köstlich.«

Sie war unter Freunden, plauderte liebenswürdig mit Peter Palumbo und dessen Frau Hayat, mit Lord Gowrie, dem Galeriedirektor, Julia Peyton-Jones und einer Reihe von Künstlern, Schriftstellern und Schauspielern, darunter auch Jeremy Irons und Joan Collins. Es war eine hochrangige intellektuelle Veranstaltung von internationalem Zuschnitt und erinnerte eher an das kosmopolitische Kalifornien denn an Central London. Am nächsten Tag las sie die gellenden Schlagzeilen über Charles' Eingeständnis seines Ehebruchs, beschränkte sich jedoch auf die Bemerkung, sie glaube nicht, daß das Fernsehen das passende Medium für den künftigen König sei, über eine so persönliche Angelegenheit zu sprechen. Das war eine Ansicht, die viele im Palast teilten, denen eine derartige öffentliche Gewissenserforschung unbehaglich war.

Ironischerweise bestand ein Großteil der Sendung aus einer Überarbeitung der Dokumentation von Sir Alistair Burnet, die dieser aus dem Blickwinkel des unbemerkten Beobachters im Jahr 1985 über den Prinzen und die Prinzessin erstellt hatte. Dimbleby konzentrierte sich auf den Hintergrund von Charles' Arbeitsalltag: seine privaten Treffen, Auslandsreisen und offiziellen Verpflichtungen. Der Unterschied zu Burnet bestand darin, daß hier nun die umstrittenen Ansichten von Charles zur Kirche vorgestellt wurden – er wollte »Defender of Faith« statt »Defender of *the* Faith« sein, also nicht nur die anglikanische Kirche, sondern alle Konfessionen schützen – und sein gequältes Geständnis kam, daß er der Prinzessin von Wales untreu gewesen war. Auf die Frage »Waren Sie, versuchten Sie wirklich ihrer Frau treu zu sein und sich ehrenhaft zu verhalten, als Sie Ihr Ehegelöbnis abgaben?«, antwortete der Prinz: »Ja, absolut.« Dimbleby fuhr fort: »Und waren Sie das?« Darauf der Prinz: »Ja«, dann nach einer kurzen Pause, »bis sie unwiederbringlich zerrüttet war, nachdem wir beide alles versucht hatten.« Nach seiner Beziehung zu Camilla Parker-Bowles befragt, bestätigte er, daß sie weiterhin seine Hauptstütze im Leben sein werde, trotz der nicht zu leugnenden Rolle, die sie beim Scheitern der Ehe gespielt habe. Er beschrieb sie als »eine gute Freundin von mir ... sie ist seit langer Zeit eine Freundin, und sie wird noch sehr lange Zeit eine Freundin bleiben«. Vor dem Interview hatte Charles viele Stunden lang mit Camilla Parker-Bowles geredet. Am nächsten Tag meldete sich Dimbleby nochmals zu Wort und stellte klar, daß er in vertraulichen Gesprächen den Prinzen so verstanden habe, daß die Ehe »irgendwann nach 1986« in die Brüche ging, also nur fünf Jahre nach der Hochzeit in der St. Paul's Cathedral.

Die Frage einer Scheidung war weniger klar beantwortet. In seinem Fernsehinterview verhielt sich der Prinz ausweichend und sagte, eine Scheidung liege »in weiter Zukunft« und sei »keine Überlegung in meinem Kopf«. Er fügte hinzu, daß das nur ihn und die Prinzessin angehe. Mit Sicherheit setzte sein öffentliches Geständnis des Ehebruchs, für den er in Wirklichkeit verantwortlich zu machen war, dem psychologischen und juristischen Stillstand/toten Punkt, in dem die Diskussionen über ihre Scheidung und die finanzielle Abfindung steckten, ein Ende. Von Anfang an war Diana in einem Punkt stahlhart, nämlich, daß sie nicht die sein würde, die die Scheidung einleite. Dieser Entschluß mußte von Prinz Charles kommen. Damit war ein toter Punkt erreicht, der viele Monate lang anhielt. Obwohl die beiden nur selten direkt miteinander über das »Wort mit S« sprachen, war die Regelung der Verbindung, oder besser Ent-Bindung, schon zu einem frühen Zeitpunkt festgelegt. Eine schmutzige Verhandlung vor Gericht, in der der Name einer dritten Person genannt würde, kam nicht in Frage. Obwohl sie dazu jedes Recht hatte, lehnte die Prinzessin es ab, die Ehebruchkarte auszuspielen, nicht nur wegen ihrer Kinder, sondern auch um der Monarchie willen. Wie bei vorausgegangenen königlichen Scheidungen war herauszuhören, daß sie damit warten würden, bis der gesetzlich vorgeschriebene Zeitraum von zwei Jahren seit Beginn ihrer Tren-

nung im Dezember 1992 verstrichen wäre, bevor sie irgendwelche endgültigen Maßnahmen für eine juristische Trennung
unternehmen würden.

Den ganzen Sommer 1993 hindurch erzählte die Prinzessin
ihren Freunden, daß sie eine Scheidung wolle, daß der Entschluß dazu aber von Charles kommen müsse. Zur gleichen
Zeit arbeitete die sogenannte Zenda-Gruppe auf eine Versöhnung hin, die, wie sie behauptete, von der Prinzessin unterstützt
würde. Doch andere Personen aus ihrem Umkreis beschrieben
Diana als eine Frau, die darauf wartete, daß Charles über das
Wann, Wo und Wie ihrer Scheidung zu einem Schluß komme,
damit sie ihren Traum realisieren und eine freie Frau werden
könne. Diese widersprüchlichen Signale aus Dianas Umfeld,
die einen Zeitungsartikel zur Folge hatten, in dem behauptet
wurde, ihr sei sehr daran gelegen, sich noch vor Ablauf der
gesetzlich vorgeschriebenen Wartezeit von zwei Jahren scheiden
zu lassen, wurden von ihren Anwälten scharf gerügt. »Wir
haben keinerlei Anweisungen erhalten und haben uns auch
nicht damit befaßt«, ließ Lord Mischon de Reya im August
1993 in einer knappen Erklärung wissen.

Im Oktober 1993, nachdem Prinz Charles den Olivenzweig
ausgeschlagen hatte, den ihm die Zenda-Gruppe angeboten
hatte, traf sich das königliche Paar, um über die Scheidung und
den Entschluß der Prinzessin zu sprechen, sich aus dem
öffentlichen Leben zurückzuziehen. Er war verblüfft, als sie ihm
mitteilte, daß sie gerne so lange wie notwendig auf die Scheidung warten würde, und klarstellte, daß es ihrerseits mit einer
endgültigen Trennung keine Eile habe. »Da hat er ganz schön
Bammel bekommen«, meinte sie anschließend. Ihre Taktik
»Abwarten und schauen, was da kommt« ging auf den Rat ihres
Anwalts Lord Mishon zurück. »Er sagt einfach zu mir: ›Lassen
Sie sich nicht beirren, sie werden auf uns zukommen‹«, erzählt
sie. Als der Prinz von seiner erfolgreich verlaufenen Australien-
reise im Februar 1994 zurückkehrte, rief ihn Diana wieder an
und fragte ihn, welche Fortschritte ihre Scheidung mache. Sie
sagte, der 9. Dezember rücke näher – das Ende der vom Gesetz
vorgeschriebenen zweijährigen Wartefrist für eine unangefoch-
tene Scheidung –, und wollte ihm ihre Gefühle klarmachen.
Der Prinz, der von ihrem endgültigen Abgang ausging, war
zunächst begeistert, als sie ihm ihre Pläne schilderte. Seine

166

Stimmung schlug rasch in Niedergeschlagenheit um, als sie zu ihm sagte: »Ich habe es mir überlegt, ich werde hierbleiben.«

Seine Frustration war für seinen Kreis offensichtlich, und bei einer Gelegenheit kam es zu einer hitzigen Auseinandersetzung, als sich enge Freunde aus den beiden Lagern bei einem privaten gesellschaftlichen Ereignis trafen. Charles' Freund, ein Geschäftsmann aus dem West Country, verlangte wütend zu wissen, wann »dieses Mädchen« endlich in eine Scheidung einwillige und den Prinzen »freigebe«. »Nie«, gab Dianas verheiratete Freundin kühl zurück: »Er muß darum bitten.«

Im April 1994 sah die Prinzessin Jonathan Dimbleby, der ihrer Meinung nach als Emissär von Charles handelte. Als er sie fragte, warum sie sich bislang geweigert habe, auf eine Scheidung zu drängen, verstärkten sich ihre Befürchtungen in bezug auf den Inhalt seiner Sendung noch. Dimbleby argumentierte, es würde allen Betroffenen das Leben erleichtern, wenn sie das Thema angehe. Die Prinzessin antwortete, es sei nicht ihre Sache, die Scheidung einzureichen, und behauptete, es sei ihren Interessen nicht förderlich, wenn die Frage zu früh entschieden würde. Sie glaubte, sein Lager wolle, daß sie still verschwinde, ohne daß es notwendig wäre, öffentlich die Tatsache zuzugeben, daß sein außereheliches Verhalten direkten Einfluß auf das Scheitern ihrer Ehe hatte. Als Prinz Charles im Fernsehen sein Geständnis ablegte, erfüllte er, mit Absicht oder auch nicht, eine ihrer Hauptforderungen. Ihr Kreis zog den Schluß, daß der Zweck seiner öffentlichen Beichte zum Teil darin bestanden habe, an die Prinzessin zu appellieren, das Verfahren einzuleiten. Sie hatte all die Munition erhalten, die sie wollte, um sich ohne öffentliche Mißbilligung von ihrem Ehemann scheiden zu lassen.

Ein Freund, der das Thema regelmäßig mit der Prinzessin besprach, erklärte, welche Psychologie hinter ihren Überlegungen steckte:

> *Sie hat stets auf der Grundlage gehandelt, daß es nicht sie sein würde, die die Krise verursacht, denn sie glaubt, daß das schlimm auf sie zurückfallen würde. Sie hat pathologische Angst davor, gerügt zu werden. Zur gleichen Zeit würde sie sich um all die Mühen und gute Arbeit betrogen fühlen, die sie geleistet hat. Am Ende ihrer Tage will sie Spuren*

hinterlassen, und wenn sie einfach so geht, wäre sie die Verliererin. Alle würden sagen, daß sie nicht in der Lage gewesen sei, dem Druck standzuhalten. Die königliche Familie würde dasitzen, und sie hätte dreizehn Jahre lang umsonst durchgehalten, bevor sie sich dagegen entschied.

Ihre Besonnenheit, vor allem hinsichtlich des Umgangs mit den Kindern, machte einigen ihrer Freunde Kopfzerbrechen, die mit Sorge beobachteten, wie sie in das vertraute psychologische Gewand des Opfers, der hilflosen Schachfigur schlüpfte, unfähig, den Lauf der Ereignisse zu bestimmen, und nicht die Hauptrolle in dem sich entwickelnden Drama übernahm. Wenn sie, argumentierten sie, aufrichtig nach einer neuen Rolle und einem neuen Leben suchte, dann habe es wenig Sinn, am Rande der königlichen Familie auf der Stelle zu treten. Die Anhänger der »Pack deine Sachen und geh«-Theorie meinten, daß sie, je länger sie schwanke, desto mehr die Chance auf Freiheit gefährde, nach der sie sich so unbestreitbar sehnte.

Vielleicht kamen ihre wirklichen Gefühle an dem Tag zum Vorschein, als sie Prinz William zum Lunch in das schicke Familienrestaurant Smollensky's Balloon in Central London mitnahm, wo am Sonntag zum Brunch ein Zauberer auftritt, der an den Tischen Tricks vorführt. Der Illusionist John Styles zeigte sich am königlichen Tisch in Bestform, und als Höhepunkt seiner Vorführung nahm er Dianas Ehering, steckte ihn in ein seidenes Taschentuch und ließ ihn mit einem Spruch verschwinden. Diana platzte beinahe vor Lachen und rief: »Gut!«

Wie sie wußte, gab es keine magische Wand, die den Schmerz der zurückliegenden zehn Jahre auslöschen oder die konstitutionellen und finanziellen Konsequenzen einer königlichen Scheidung leicht lösen konnte. Den ganzen Sommer 1994 hindurch stieg der Druck langsam an. Der Scheidungsanwalt Geoffrey Waters erklärt im Anhang seines Buches, daß das finanzielle Gerangel durch die Tatsache erschwert werde, daß Prinz Charles, der als reicher Mann gilt, auf seinen eigenen Namen nur sehr wenig Kapital besitzt. Der Großteil des Geldes, das sein Einkommen darstellt, wird von einer zwölf Personen starken Stiftung kontrolliert, die den Besitz des Herzogtums Cornwall verwaltet. Dieses Geld ist in Wirklichkeit zum Wohle künftiger Thronerben gesperrt. Seit der Trennung hat Charles beispielsweise Highgrove an das Herzogtum verkauft. Sein geliebter Landsitz selbst ist damit einer Verhandlung entzogen, doch das beim Verkauf erzielte Kapital, rund drei Millionen Pfund, ist auf dem Tisch. Mit dieser Summe könnte die Prinzessin nur teilweise ausbezahlt werden, denn sie könnte, nach Waters, ein Anrecht auf die Zahlung der netten Summe von 15 Millionen Pfund haben. Da der Prinz theoretisch auf Armut plädieren kann, ist es keineswegs unvorstellbar, daß die Königin in die Verhandlungen gezogen wird – wie bei den Scheidungen von Prinzessin Anne und Prinzessin Margaret geschehen –, um den fehlenden Restbetrag aus ihrem beträchtlichen Privatvermögen zu begleichen.

In den Sommermonaten des Jahres 1994 traf sich Diana mit Joseph Saunders, dem diskreten Finanzberater, der jahrelang ihren Spencer-Stiftungsfonds verwaltet hatte, häufiger, als das finanzielle Paket geschnürt wurde. Nach langer Diskussion hat der Prinz zugestimmt, der Prinzessin zwei Häuser zu kaufen, eines in Central London und das andere auf dem Land. Das Anwesen wäre nicht nur das Heim von Diana, sondern auch, von Zeit zu Zeit, das des künftigen Thronfolgers, Prinz William, und müßte infolgedessen hinsichtlich Stil und Sicherheit königlich sein. Ein passendes »botschaftsartiges« Haus in Kensington und Knightsbridge – das Gebiet, wo sie gerne wohnen würde – ist schwer zu finden, wo die Preise von drei bis sechs Millionen Pfund rangieren.

Der Landsitz ist nicht so ein großes Problem. Ein entsprechendes Anwesen, mit Swimmingpool, Tennisplätzen, Ställen und landwirtschaftlich genutztem Grund, wäre für eine Million Pfund zu haben. Ihr Privatsekretär Patrick Jephson hat bereits vorgeschlagen, daß sie sich in Wales einen Landsitz sucht, eine Region, die sie lieben gelernt hat, vor allem aufgrund der Unterstützung der walisischen Rugbymannschaft. Sie würde in den Tälern um so mehr willkommen sein, als sich dann auch gelegentlich der nächste Prinz von Wales, Prinz William, dort aufhalten würde. Wie Meinungsumfragen und die gedämpfte Reaktion auf die Investiturfeierlichkeiten zeigten, ist Prinz Charles kein sonderlich populärer Prinz von Wales gewesen, denn die dortige Bevölkerung meint, daß er wenig für die Interessen des Fürstentums getan habe. Außerdem würde Prinz Charles, da das Wohnen in Wales wesentlich billiger ist als in anderen schickeren Gegenden Britanniens, ziemlich glimpflich davonkommen, wenn Diana sich dort ein Haus kaufen würde. Allerdings steht Jephsons Traum in starkem Widerspruch zum Traum der Prinzessin, eines Tages in Frankreich zu leben.

Obwohl das Angebot des Prinzen von zwei Häusern auf dem Verhandlungstisch liegt, hat Diana noch nicht begonnen, ein neues Heim zu suchen. Sie will nicht, daß man meint, sie werfe mit Geld um sich, solange sie ein völlig akzeptables Zuhause im Kensington-Palast hat. Deshalb war Diana verärgert und nicht wenig verwirrt, als der Prinz sich bei einer Dinnerparty im Londoner Haus eines politischen Prominenten über die »Körperpflege«-Rechnung in Höhe von 3000 Pfund die Woche beschwerte. Die Quelle, ein Mitglied von Charles' Lager, stellte klar, daß die Pflegerechnung die Ausgaben der Prinzessin für Kleidung oder für ihre Söhne nicht umfaßte.

Das war eine knifflige Frage für die Redaktionen. Selbst mit einiger Ausschmückung schien der Wandteppich der täglichen Ausgaben von Diana zu stark gefärbt zu sein, um echt sein zu können. Es wurde geschätzt, daß sie im Jahr annähernd 17 000 Pfund für Maniküre und Pediküre ausgab, 700 Pfund für Sonnencremes und 7300 Pfund für New-Age-Therapien wie Massagen und hohe Einläufe. Es rechnete sich einfach nicht zusammen, vor allem, da ihre Mitarbeiter hervorhoben, daß der größte Teil ihrer Schönheits- und Therapiebehandlungen von ihrem eigenen privaten Bankkonto beglichen wurde. Um tatsächlich auch nur annähernd an die Summe von 160 000 Pfund heranzukommen, hätte Diana mindestens zehn Stunden täglich therapeutische Behandlungen über sich ergehen lassen müssen. Die Prinzessin war selbst perplex. Als man sie nach der Höhe ihrer jährlichen Körperpflegeausgaben fragte, meinte Diana: »Das begreife ich nicht, ich gebe nicht einmal halb soviel aus.« Selbst wenn das der Fall wäre, könnte man eine Rechnung für Dianas Privatausgaben in Höhe von wöchentlich 1500 Pfund, wenn das auch viel ist, nicht als absurd ausschweifend bezeichnen, vor allem, weil ein Großteil ihrer Privatausgaben für Geschenke und private Spenden an Wohlfahrtseinrichtungen draufgeht.

Für die Prinzessin und ihren Kreis war die Sache nur eine

weitere Salve aus dem Lager von Charles, um Dianas öffentliches Ansehen zu schmälern. In den letzten zwei Jahren stellte die öffentliche Meinung in der Strategie des Prinzen wie der Prinzessin von Wales eine zusätzliche Dimension dar. Seit der Trennung haben beide Seiten vorsätzlich versucht, die Öffentlichkeit für sich zu gewinnen, in dem Wissen, daß das Gericht der öffentlichen Meinung – da juristische und konstitutionelle Präzedenzfälle für eine Scheidung des Prinzen und der Prinzessin von Wales vage oder überhaupt nicht vorhanden sind – der oberste Schiedsrichter sein würde, wenn jede Seite taktvoll ihren Fall darlegte. So würden Dianas zukünftiger Titel, ihre finanzielle Abfindung und ihre Fähigkeit, auf der öffentliche Bühne tätig zu werden, entscheidend von ihrer Popularität abhängen. Wie die Herzogin von York zu ihrem Nachteil herausfand, sank ihr Verhältnis zur königlichen Familie, zu der Regierung, den Wohlfahrtsorganisationen und anderen Körperschaften in Schutt und Asche, als die Öffentlichkeit ihr gleichgültig oder offen feindselig begegnete. Die Prinzessin hatte nicht vor, die gleichen Fehler zu machen wie ihre Schwägerin. Sie war sich bewußt, daß für jeden Prozentpunkt, um den sie in den Umfragen sank, Tausende von Pfund von der endgültigen Abfindung abgezogen werden könnten.

Deshalb wurden in einer, wie es der zunehmend zynisch reagierenden Öffentlichkeit erschien, Wie-du-mir-so-ich-dir-Geste am nächsten Tag Einzelheiten über die Rolle bekannt, die Diana bei der Rettung des ertrinkenden Landstreichers Martin O'Donoghue aus dem trüben Wasser eines Kanals im Regent's Park in London spielte. Diana, mit Shorts und Turnschuhen bekleidet, kam gerade vom Joggen im Park zurück, als ihr von einem Chauffeur gefahrener Wagen von einer Gruppe aufgeregter Touristen angehalten wurde, die ihr erzählten, daß da ein Mann im Wasser sei. Sie wies ihren Fahrer an, telefonisch Hilfe herbeizurufen, während sie dem finnischen Studenten Karl Kotila half, der bei dem angeheiterten Iren eine Mund-zu-Mund-Beatmung durchführte, nachdem er ihn ans Ufer des Kanals gezogen hatte. Sie besuchte O'Donoghue zweimal im University College Hospital, wobei sie ihm einmal eine Karte mit der Notiz daließ: »Ich wünsche Ihnen eine rasche Genesung – Diana.« Wie in der Politik ist auch in der königlichen Familie eine Woche eine lange Zeit. Es waren sieben Tage, in denen die Prinzessin von der Verschwenderin zur heiligen Diana transformiert wurde.

Inmitten dieser Ausflüge und dieses Aufruhrs im Sommer 1994 wurde hinter den Wandbehängen des St.-James-Palasts im stillen Diplomatie betrieben. Eine Reihe von Verfassungsexperten wie der Wissenschaftler Vernon Bogdanor aus Oxford und Professor David Starkey von der London School of Economics wurden über die vermutlichen verfassungsrechtlichen Konsequenzen einer königlichen Scheidung befragt. In der Vergangenheit haben die Kirche und das Establishment auf ihre besondere Weise bei königlichen Kontroversen agiert. Die Abdankungskrise von 1936 endete mit dem effektiven Exil von Edward VIII., dem späteren Herzog von Windsor, und der schäbigen Behandlung der Herzogin, der ihr Leben lang der Titel »Ihre Königliche Hoheit« verweigert wurde, ein Titel, der ihr am Herzen lag und nach dem Gesetz auch zustand. Und die Debatte Mitte der fünfziger Jahre über die Liebe von Prinzessin Margaret zu einem Geschiedenen, dem Oberst Peter Townsend, hatte den Verzicht auf den Mann zur Folge, den sie heiraten wollte, zugunsten der Kirchenlehre über die Heiligkeit der Ehe. Pflicht siegte über persönliche Wünsche und Sehnsüchte, und die Kräfte der Reaktion wischten die positive Einstellung der Öffentlichkeit gegenüber Edward VIII. und Prinzessin Margaret einfach beiseite.

Bei der augenblicklichen verwickelten Lage befindet sich das Establishment in der Defensive. Es gibt wenige juristische Präzedenzfälle, die es rechtfertigen würden, sich über die Volksmeinung hinwegzusetzen. Dianas unbestrittene Popularität – selbst jetzt, nach ihrem Rückzug wird sie von allen Mitgliedern der königlichen Familie am meisten bewundert – ist ihre mächtigste Karte. Ihre Feinde erkennen das und versuchen, ihr Ansehen in der Öffentlichkeit bei jeder Gelegenheit zu schmälern.

Die Frage lautet nicht, wie sich Diana selbst an die Monarchie anpassen kann, sondern: Wie kann die Monarchie die Prinzessin einpassen, so daß die Integrität und der Respekt für die Institution nicht in Mitleidenschaft gezogen werden? Es ist zwar nicht gerade ein Rennen gegen die Zeit, aber die Uhr tickt in Charles' Lager lauter als in dem von Diana. Eine lange hinausgezogene Trennungszeit arbeitet gegen den künftigen

172

König. Obwohl manche annehmen, daß die Königin genauso alt wie die Königinmutter werden wird, muß das nicht der Fall sein. Nach dem Szenario »Wenn die Königin morgen unter einen Bus gerät« würde die Prinzessin von Wales, obwohl sie getrennt lebt, Königin sein. Das wäre eine unerträgliche Situation, die nur die Prinzessin lösen kann, indem sie auf ihr Thronrecht in der Scheidungsvereinbarung, die augenblicklich diskutiert wird, verzichtet. Letztlich ist es in Charles' Interesse, diese noch offenen Fragen zu lösen.

Doch das Auf-Zeit-Spielen nützt ihr im Moment, denn es schiebt den Tag auf, an dem sie die königliche Familie und all deren Drum und Dran an Prestige und Privilegien hinter sich läßt. Sie hat bereits gezeigt, daß ihr königliche Privilegien wenig bedeuten, als sie das sie begleitende Gefolge abschaffte und unter ihrem Mädchennamen Diana Spencer verreiste. Tatsächlich glauben ihre Freunde, daß sie im Falle einer Scheidung wieder ihren Mädchennamen tragen und damit sich selbst das Recht verweigern würde, vor dem Namen die Anrede »Ihre Königliche Hoheit« zu führen. Sie hat zwar mit dem Stil, den ihr die *royalty* vermittelt, nichts am Hut, aber sie weiß dennoch, daß die Position ihr einen Status verleiht, mit dem sie Anliegen und Wohlfahrtsorganisationen, an die sie glaubt, fördern kann. Eine Scheidung würde bedeuten, daß sie nicht mehr länger mit diesem speziellen Zauber versehen wäre, den die *royalty* verleiht, und daß auf einen Schlag ihr Prestige und die Möglichkeit, auf internationaler Ebene nützliche Dienste zu leisten, geringer würden.

Das ist ein Dilemma, das die Königin scharfsinnig erkannt hat. Während das Lager von Prinz Charles glücklich ist, daß die Prinzessin für immer die Bühne verläßt, kommen aus dem Buckingham-Palast versöhnlichere Signale. Nächstes Jahr begeht das Britische Rote Kreuz, dessen Präsidentin die Königin und Vizepräsidentin die Prinzessin ist, sein hundertzwanzigjähriges Jubiläum. Diana hat bereits Porträtsitzungen zugesagt, um damit Gelder für die Organisation zu sammeln, und gleichzeitig angedeutet, daß sie mit Begeisterung die Pflichten einer Schirmherrin für das Jubiläumsjahr übernehmen und somit als Cheerleader für die Feierlichkeiten agieren würde. Diese Gespräche konnten nur mit dem Segen der Königin vonstatten gehen. Das belegt, daß die Monarchin bereit ist, die Prinzessin im Schoß der königlichen Familie zu behalten, zumindest für den Augenblick. Außerdem ist auffällig, daß sorgfältig ausgewählte öffentliche Verpflichtungen, die zumeist mit dem Roten Kreuz verbunden sind, im Sommer 1994 in Dianas Terminplan für 1995 eingetragen wurden. »Ich komme mit Macht zurück«, sagte sie Freunden. »So etwas habt ihr noch nicht erlebt.«

Während ihres katastrophalen Spanienurlaubs im Mai 1994 hörte sie mitfühlend zu, als ihr ziemlich aussichtsloser Ritter George Guy ihr sein Herz über eine unglückliche Liebesaffäre und seine finanziellen Probleme ausschüttete. Bevor sie sich verabschiedete, sagte sie zu ihm: »Nun ja, zumindest bist du frei.« Das hieß, daß sie glaubt, sie ist immer noch die »PoW – Prisoner of Wales, die Gefangene von Wales – «, daß ihr Leben durch das königliche System, den Schutt einer gescheiterten Ehe und die gierigen und unersättlichen Massenmedien eingeschränkt ist. Mit Sicherheit ist sie eine Gefangene ihrer Vergangenheit, der Lebensmuster, die in ihrer Kindheit ausgebildet und durch ein Leben als Erwachsene gefärbt wurden, in dem sie als lebende Ikone, als moderne und dennoch rätselhafte Madonnenfigur gefeiert wurde, die der ziemlich faden königlichen Familie wieder Charisma und weltweite Anziehungskraft vermittelte. In vielerlei Hinsicht ist der Traum von der Freiheit, den Diana verfolgt, illusorisch. Sie kann zwar ihrer Geschichte nie entkommen, doch die Herausforderung ist für sie gewesen, die Lehren aus ihrem Erwachsenenleben dazu zu benutzen, sich eine erfülltere Zukunft aufzubauen. Sie hat immer wieder bewiesen, daß sie nicht vor unangenehmen Entscheidungen zurückschreckt, sei es in ihrer Ehe, ihrer eigenen Familie oder in ihrem öffentlichen Leben. Konventionell wäre es gewesen, wenn sie um des äußeren Anscheins willen an einer unglücklichen Ehe festgehalten und sich um ihrer geistigen Unversehrtheit willen einen Liebhaber gesucht hätte. Diese Lösung war nie eine Möglichkeit für die Prinzessin, die oft gesagt hat, sie weiß in ihrem Herzen, daß ihr Lebensweg fordernd und schwierig sein wird.

Doch in den letzten zwei Jahren ist so etwas wie eine Transformation vor sich gegangen. Vor der Trennung erlebten ihre Freunde eine Frau, die innerlich langsam abstarb. Sie war ein blasser Schatten der sorglosen Teenagerin, die sie einst gekannt hatten. Die harten Entscheidungen, die sie gefällt hat, haben ihr zu der einen Sache verholfen, von der sie nie zu träumen gewagt hatte: Hoffnung. Während sie am Rand eines neuen

Lebens schwankt, sind ihre Gedanken häufig durchdrungen von verständlicher Wut und dem Gefühl des Verrats. Die vergeudeten Jahre, in denen sie in einer elenden Ehe erstickt, von einem treulosen Ehemann und einer Institution und einem gesellschaftlichen Umfeld betrogen wurde, die sich verschworen, über sein Benehmen zu schweigen, während sie von ihr erwarteten, daß sie ein lächelnder, aber stummer Paradiesvogel sei, der in seinem goldenen Käfig der Presse und der Öffentlichkeit vorgeführt wird, haben sie traurig gemacht. Das neue Leben, das sie sich Schritt für Schritt aufbaut, bringt eine andere Art von Freiheit – die Freiheit, für ihre eigenen Aktionen und Entscheidungen die Verantwortung zu übernehmen, anstatt sich auf ewig unterzuordnen oder jemand anderen dafür verantwortlich zu machen, seien es nun der Ehemann, königliche Hofbeamte oder die Medien. Im Augenblick sind viele Bedingungen für eine Scheidung gegeben. Die Verhandlungen über ihre Abfindung sind fast abgeschlossen, die verfassungsrechtlichen Fragen wurden geprüft, und man hat in dieser Hinsicht einen Konsens gefunden. Wenn sie am 9. Dezember 1994 die Scheidung einreichen will, so steht ihr das frei. Ihr Widerwillen, diesen Schritt als erste zu machen, und ihre Bereitschaft, weiterhin der Krone zu dienen, beleuchten das Dilemma, vor dem sie steht. Wenn sie eine Karriere als eine »Prinzessin für die Welt« aufbauen will, und nicht nur als Prinzessin von Wales, wenn sie wieder heiraten und noch weitere Kinder haben möchte, dann muß sie von ihrem königlichen Podest heruntersteigen, auf dem sie im letzten Jahrzehnt gestanden hat, und ihren halbgöttlichen Status aufgeben.

Langsam, vorsichtig und vielleicht unbewußt legt sie die Schleier des Geheimnisvollen ab, die ihren Abgang bislang umgeben haben. Die königlichen Kleider, die Dianas geheimnisvollen Nimbus der Weiblichkeit definierten, sind im königlichen Schrank geblieben oder weggegeben worden. Ihre königlichen Privilegien, die ihren Status in der Gesellschaft bezeichneten, haben sich in Luft aufgelöst, und ihre Liebesaffäre mit der Kamera, die sie als letzte Stummfilmgöttin herausstellte, hat buchstäblich in Tränen geendet.

Widersprüche gibt es noch und noch. Sie sehnt sich danach, normal zu sein, eine anonyme Frau auf der Straße, und genießt dennoch Anerkennung, Ruhm und öffentlichen Beifall. Ihre unprätentiöse Menschlichkeit, der Trost, den sie den Opfern der Gesellschaft gibt, ist aufrichtig, doch ohne ein breiteres Publikum bleibt er wohlmeinend, aber letztlich wirkungslos. Wie eigensinnige Wohlfahrtsarbeiter nur zu gut wissen, besteht der eigentliche Zweck einer Prinzessin darin, für Publicity zu sorgen. Der Preis für ihr Glück, in Form eines anderen Ehemannes und einer Familie, wäre hoch, weil dadurch unwiderruflich das emotionale Gleichgewicht zwischen ihr und ihren Söhnen und, genauso wichtig, ihr Einfluß auf den künftigen König beeinträchtigt würden.

Ihre Lage ist nicht beneidenswert. Ihr höchster Wunsch ist es, nicht wegen der Stellung, die sie einnimmt, sondern wegen der Persönlichkeit, die sie ist, akzeptiert und geliebt zu werden. Eine Frau, die für das, was sie tut, bewundert wird und nicht dafür, wer sie ist. Das ist keine einfache Aufgabe. Wie die Kritik an ihrer Person zeigt, fühlt sich die Gesellschaft mit starken selbstbestimmten Frauen unwohl. Die Öffentlichkeit bewundert lieber das stumme Leiden einer Jackie Kennedy und behandelt redegewandte ehrgeizige Frauen wie Hillary Clinton oder – was das betrifft – Madonna mit ablehnendem Mißtrauen. Als die letzte Ikone des zwanzigsten Jahrhunderts wird Diana allgemein geliebt. Die Öffentlichkeit wird das Bild, das sie von ihr hat, nicht so einfach aufgeben. Man mag es nicht, wenn die Heiligen auch eine Schattenseite haben.

Die Prinzessin von Wales hat die Dämonen in ihrer Ehe besiegt und das königliche System. Ihre Aufgabe ist es, sich den Dämonen in ihrem Inneren zu stellen, während sie ein neues Leben beginnt. Wie die Prinzessin einmal einem engen Freund gestand:

Ich hatte als junges Mädchen so viele Träume. Ich hoffte auf einen Ehemann, der sich um mich kümmert, der für mich eine Vaterfigur wäre, der mich unterstützen, mich ermutigen würde, »Gut gemacht« oder »Das war nicht gut genug« sagen würde. Nichts davon habe ich bekommen. Ich konnte es nicht glauben. Ich habe in den letzten Jahren viel gelernt. Von jetzt an werde ich mir selbst gehören und mir treu bleiben. Ich will nicht mehr länger nach der Vorstellung von jemand anderem leben, was und wer er auch sein sollte. »Ich werde ich selbst sein.«

Anhang

Bedingungen für eine finanzielle Regelung, sollten Charles und Diana sich scheiden lassen

Erste Konsultation

Wenn ein Klient zum erstenmal einen Anwalt konsultiert, um sich wegen seiner gescheiterten Ehe beraten zu lassen, ist es notwendig, die Zielvorstellungen des Klienten zu erkunden und festzustellen. Es könnte verfrüht sein, an eine Scheidung zu denken; es müssen alle Aspekte in Betracht gezogen werden, auch die Möglichkeit einer Aussöhnung.

Im Familienrecht erfahrene Anwälte und vor allem solche, die sich an den Verhaltenskodex der Solicitors' Family Law Association halten, setzen sich zum Ziel, eine feinfühlige, wirkungsvolle und wirtschaftlich vertretbare Behandlung von Familienzwisten zu fördern und den einzelnen zu helfen, ihre Differenzen beizulegen und Lösungen zu suchen, die allen Mitgliedern der Familie und insbesondere den Kindern gerecht werden.

Trennung

Die Parteien können vereinbaren, getrennt zu leben und ein juristisch durchsetzbares Dokument auszufertigen, in dem sowohl die Trennung an sich wie auch die Einzelheiten der praktischen Durchführung festgelegt sind, die sich aus der Trennung ergeben. Der Inhalt des Schriftsatzes handelt zumeist von den Kindern, den Wohnverhältnissen und den Finanzen. In ihm können auch die Bedingungen, zu denen sich die Parteien schließlich scheiden lassen werden, ausgehandelt und dargelegt werden. Das Dokument hat nicht die Endgültigkeit einer Scheidungsvereinbarung und kann innerhalb bestimmter Parameter vom Gericht annulliert werden, wenn das Gericht aufgefordert ist, die Familienfinanzen im Zusammenhang mit einer Scheidung in Betracht zu ziehen.

Eine formalere Möglichkeit für die Parteien ist die Aufhebung der ehelichen Gemeinschaft. Diese kommt einer Scheidung sehr nahe und bedarf eines ähnlichen Verfahrens; es muß ein Antrag auf denselben Grundlagen wie bei einer Scheidung eingereicht werden. Damit wird die Ehe nicht für beendet erklärt, sondern lediglich die Forderung an die Parteien, zusammenzuleben; infolgedessen kann sich keine der Parteien erneut verheiraten, wenn der Entscheid über die Aufhebung der ehelichen Gemeinschaft vom Gericht ausgesprochen wurde. Diese Möglichkeit wird heutzutage nur noch selten angewendet, ist jedoch immer noch für den Klienten von Nutzen, der in bezug auf eine Scheidung starke religiöse Skrupel hegt, aber dennoch möchte, daß Kapital- wie Einkommensfragen vor einem Gericht ähnlich behandelt werden wie bei einer Scheidung.

Es ist möglich, beim Magistratsgericht einen Antrag auf eine Trennung zu stellen. Doch aufgrund der geringeren Vollmachten des Magistratsgerichts werden diese Anträge gewöhnlich nur in Fällen, wo es um niedrige Einkünfte geht, dort eingereicht.

Als sich der Prinz und die Prinzessin von Wales förmlich trennten, könnten sie einen Trennungsvertrag vereinbart haben. Dennoch wäre ein solcher Vertrag hinsichtlich der Kompliziertheit ihrer jeweiligen öffentlichen und finanziellen Lage ebenso umfangreich wie komplex und würde vermutlich langwierige und umständliche Verhandlungen mit sich bringen. Deshalb ist es unwahrscheinlich, daß ein derartiges Schriftstück in dem Zeitraum, der vor der Trennung den Parteien zur Verfügung stand, fertiggestellt werden konnte. Wahrscheinlicher ist, daß die jeweiligen juristischen Berater sich auf die Erwägung der Implikationen, die die Trennung für die Zukunft haben könnte, konzentrierten und vor allem auf die Möglichkeit einer Scheidung mit all den damit verbundenen Problemen.

Scheidung

Das englische Scheidungsrecht geht immer noch von der »Schuldfrage« aus. Es muß nachgewiesen werden, daß die Ehe irreparabel zerrüttet ist. Das Gericht verlangt, daß die Zerrüttung durch einen von fünf Faktoren belegt wird:

178

1. Ehebruch
2. Unvernünftiges Verhalten (das kann alle Arten von Benehmen beinhalten, bei denen vom Ehepartner nicht erwartet werden kann, daß er mit der anderen Partei zusammenlebt. Darunter kann auch ein unschickliches Verhältnis mit einer anderen Person fallen, gleichgültig, ob der Ehebruch sich nun beweisen läßt oder nicht.)
3. Böswilliges Verlassen, vorausgesetzt, es liegt länger als zwei Jahre zurück.
4. Getrennt zu leben und sich einig zu sein, vorausgesetzt, es dauert zwei Jahre und die Person, die den Scheidungsantrag nicht stellt, stimmt einer Scheidung zu. Das wird im allgemeinen als »freundschaftliche Scheidung« bezeichnet.
5. Fünf Jahre lang getrennt zu leben. Unter diesen Umständen kann die Scheidung selbst dann ausgesprochen werden, wenn die andere Partei ihr nicht zustimmt. Es ist dennoch möglich, das Gericht zu bitten, die Scheidung erst auszusprechen, wenn die finanziellen Ansprüche geregelt sind. Das ist häufig der Fall, wenn der Ehemann die Klage einreicht und die Ehefrau ein Interesse daran hat, die endgültige Scheidung hinauszuzögern, bis ihre finanziellen Ansprüche zu ihrer Zufriedenheit geregelt sind. Das Scheidungsurteil stellt es dem Ehemann frei, sich wieder zu verheiraten und neue Verpflichtungen auf sich zu nehmen, die seine vorhandenen finanziellen Ressourcen für seine Ex-Ehefrau und ihre Kinder verringern könnten.

Verfahren

Die Scheidungsklage wird von dem Anwalt ausgefertigt, der für die Partei handelt, die die Scheidung wünscht. Für die Klageschrift ist es unabdingbar, daß in ihr die Grundlagen der Ehegeschichte dargelegt und aus einem der fünf oben genannten Gründe um die Scheidung gebeten wird.

Zusammen mit der Klageschrift wird ein Schriftstück mit der Bezeichnung »Erklärung der Vereinbarungen« erstellt, das die Kinder der Familie betrifft und erklärt, wie die zukünftigen Pläne für sie aussehen; wo und mit wem sie leben sollen; wie sie finanziell unterstützt werden; welche Art von Kontakt zwischen den Kindern und den beiden Parteien bestehen soll. Es empfiehlt sich, dieses Schriftstück im voraus mit dem Ehepartner abzustimmen. Selbst wenn über solche Vorschläge keine Übereinkunft erzielt wird, wird das Schriftstück ausgefertigt und eingereicht, und die andere Partei hat dann Gelegenheit, in Reaktion darauf selbst einen Schriftsatz einzureichen.

Wenn die Scheidungsklage eingereicht wird, kann dies persönlich erfolgen oder, wie zumeist üblich, per Post. Die Partei, die die Klageschrift erhält, muß entscheiden, wie sie reagieren will. Er oder sie wird zusammen mit der Klageschrift und der Erklärung der Vereinbarungen ein Schriftstück erhalten, das man Verfahrensantrag nennt und zu dem eine Zustellungsbestätigung gehört. Letzteres Dokument stellt eine Reihe einfacher, jedoch bedeutsamer Fragen. Bei einer Scheidung auf der Basis einer zweijährigen Trennung wird es wissen wollen: »Stimmen Sie zu, daß ein rechtskräftiges Urteil gefällt wird?« Bei einer mit Ehebruch begründeten Klage wird es die Frage beinhalten: »Geben Sie den in der Eingabe behaupteten Ehebruch zu?« Wenn die Behauptungen in der Klageschrift akzeptiert werden, geht das Formular mit den entsprechenden Antworten zurück ans Gericht und wird die Scheidung als unwidersprochene Klage behandelt. Unter diesen Umständen wird das Gericht auf einer nächsten Stufe die Dokumentation prüfen. Wenn es mit ihr zufrieden ist, wird es die Scheidung auf die nächsthöhere Stufe bringen, d. h., zur Anhörung schreiten. Hierbei müssen nicht beide Parteien vor Gericht erscheinen. Der Richter am entsprechenden Tag wird ein vorläufiges Scheidungsurteil aussprechen, und sechs Wochen später kann der Antragsteller verlangen, daß das Urteil rechtskräftig wird. Sobald man dieses Dokument in Händen hat, ist die Ehe endgültig geschieden.

Wenn die andere Partei die in der Klageschrift angeführten Gründe nicht akzeptiert, kommt es zu einem Anhörungsverfahren. Das Gericht wird einen Termin für die Anhörung festlegen, die öffentlich stattfindet. Der Klagesteller wird vor Gericht erscheinen und die in der Klageschrift aufgestellten Behauptungen beweisen müssen, damit er ein vorläufiges Scheidungsurteil erhält. Offenkundig ist die Angelegenheit bei einer Klage auf der Grundlage einer zweijährigen Trennungszeit, wenn die andere Partei der Scheidung nicht zustimmt, damit beendet. In allen anderen Fällen kann der Antragsteller die Möglichkeit haben, die in der Klageschrift genannten Gründe zu beweisen, obwohl die andere Seite diese abstreitet.

Wenn sich der Prinz und die Prinzessin von Wales zur Scheidung entschließen, haben sie eine Reihe von Optionen zur Auswahl.

Im Dezember 1994, wenn sie zwei Jahre getrennt gelebt haben, kann jeder von ihnen einen Antrag auf der Grundlage der zweijährigen Trennungszeit einreichen, vorausgesetzt, die andere Partei stimmt einer Scheidung zu. Die Prinzessin von Wales könnte eine Scheidungsklage auf der Grundlage einreichen, daß Prinz Charles in der Fernsehdokumentation vor kurzem seinen Ehebruch zugegeben hat. Dann muß die Prinzessin den Mitschuldigen nicht mehr notwendigerweise nennen; die Verfahrensregeln stellen es frei, ob der Vorwurf des Ehebruchs unter Anführung einer namentlich genannten Partei erfolgt oder nicht.

Hätte die Prinzessin von Wales etwas davon, wenn sie die Scheidung mit der Begründung ehelicher Untreue einreichen würde? Auf die endgültige finanzielle Regelung hätte das keinen Einfluß. Das Gericht berücksichtigt das Verhalten bei der Festsetzung finanzieller Ansprüche nicht, solange das Verhalten nicht »ungeheuerlich« ist. Ehebruch fällt normalerweise nicht unter diese Definition. Er bleibt dennoch ein Verhandlungspunkt. Prinz Charles wäre eindeutig daran gelegen, die Scheidung mit einem Minimum an Publicity über die Bühne zu bringen, und bei einer Beschuldigung des Ehebruchs würde unausweichlich die Boulevardpresse zuschlagen. Wenn es zur Scheidung kommen sollte, würde er mit nahezu hundertprozentiger Sicherheit eine Entscheidung auf der Grundlage der zweijährigen Trennungszeit bevorzugen.

Das vielleicht wichtigste Element der Scheidung wird die Stellung von Prinz William als Thronfolger sein. Ich habe bereits erklärt, daß zusammen mit der Klageschrift eine Erklärung der Vereinbarungen bei Gericht eingereicht wird, in der Regelungen hinsichtlich der Kinder festgelegt sind. Ich gehe davon aus, daß die Angaben in diesem Schriftstück so knapp wie möglich gehalten werden, da die Parteien wahrscheinlich nicht wollen, daß detaillierte Vereinbarungen in bezug auf die Kinder vor Gericht eingereicht werden. Deshalb vermute ich, daß es ein separates privates Schriftstück geben wird, das diese Fragen behandelt.

Seit The Children Act im Jahr 1989 verwenden die Gericht die gefühlsbetonten Begriffe Sorgerecht und Verkehr nicht mehr. Statt dessen wird von ständigem Wohnsitz und Kontakt gesprochen. Die Prinzessin von Wales wird ihre Stellung als Mutter der Jungen schützen und sicherstellen wollen, daß sie soviel Zeit wie nur möglich mit ihr verbringen. Prinz Charles hegt vermutlich ähnliche Wünsche. Die Situation wird noch dadurch kompliziert, daß Prinz William der Thronerbe ist. Die Rechtsberater werden folglich seine besondere Stellung berücksichtigen müssen. Die Berater von Prinz Charles werden sich Gedanken machen, was wohl geschieht, falls die Prinzessin sich entschließen sollte, im Ausland zu leben oder einen Bürgerlichen zu heiraten. Beides würde auch Folgen für die finanzielle Situation haben. Es wird auch praktische Probleme geben, etwa wieviel Zeit ihrer Schulferien die Jungs bei jedem Elternteil verbringen oder ob die Kinder stets Weihnachten mit der Königin und der königlichen Familie auf Balmoral verleben sollen.

Falls hinsichtlich der Kinder eine Einigung unmöglich ist, besteht die letzte Sanktion darin, das Gericht zu bitten, die nicht gelösten Fragen zu entscheiden. Das ist das letzte, was die Berater sich wünschen würden. Beide, William, der jetzt zwölf ist, und Harry, der zehn Jahre alt ist, wären in einem Alter, da ein über derartige Fragen entscheidender Richter vermutlich die Wünsche der Jungen selbst berücksichtigen würde. Folglich würden die Kinder vermutlich der peinlichen Situation ausgesetzt, vor Gericht und »den Kameras« erscheinen zu müssen, wo der Richter dann eine Entscheidung zu den umstrittenen Fragen treffen würde.

Hinsichtlich der Prinzessin gibt es auch noch ein weiteres interessantes Problem. Ungeachtet dessen, was der Prinz und die Prinzessin von Wales hinsichtlich ihrer Kinder für Wünsche hegen, hat die Königin nach dem Gewohnheitsrecht ein absolutes Recht und die Verfügungsgewalt über die Erziehung und Ausbildung der beiden Jungs und insbesondere des mutmaßlichen Thronerben. Dieses Recht wurde letztmals 1772 bestätigt, und seitdem hat sich an diesem Gesetz nichts geändert. Zumindest theoretisch könnte die Königin folglich die Wünsche der Eltern übergehen und bestimmen, wo und wie die Kinder erzogen und bei und von wem sie großgezogen werden sollen.

Finanzielle Regelung

Bei einer finanziellen Regelung wird es stets das Ziel sein, eine vernünftige Teilung des Vermögens und des Einkommens zu erreichen, so daß die Bedürfnisse und Verpflichtungen des Ehemannes, der Ehefrau und der Kinder gesichert sind.

Zu Anfang legen beide Parteien ihre Vermögens- und Einkommensverhältnisse jeweils dem gegnerischen Anwalt vor. Sie sind rechtlich verpflichtet, dabei vollkommen ehrlich zu sein und ihre Situation umfassend und offen darzustellen. Wenn das vernünftig gemacht wird, erstellt jeder eine Auflistung seiner Vermögensverhältnisse und Verbindlichkeiten, so daß die Anwälte abschätzen können, wie eine vernünftige Teilung aussehen könnte. Falls die Parteien keine Einigung erzielen können, wird bei Gericht ein Gesuch eingereicht, und in diesem Gesuch geben beide Parteien beeidete Erklärungen (Affidavits) der gleichen finanziellen Einzelheiten ab und bitten das Gericht, eine entsprechende Verfügung zu erlassen.

Gewöhnlich ist die Ehefrau die Partei, die dieses Gesuch auf der Grundlage einreicht, daß sie finanzielle Unterstützung und Sicherheit für sich und ihre Kinder braucht. Das Gesuch wird vom Richter in nichtöffentlicher Sitzung angehört, und dazu wird gewöhnlich die Anwesenheit beider Parteien, die durch ihre Anwäte vertreten sind, für ein Kreuzverhör angeordnet. Bei dieser Anhörung ist die Öffentlichkeit nicht zugelassen, und die Befragung wird vom Richter relativ informell durchgeführt. Der Richter entscheidet dann, was er unter Berücksichtigung aller Umstände für gerecht und angemessen hält.

Was ist angemessen?

Eine Verfügung, die unter Berücksichtigung verschiedener gesetzlich vorgeschriebener Faktoren soweit wie möglich finanzielle Unabhängigkeit schafft.

Über was würde ein Scheidungsanwalt Bescheid wissen wollen?

1. Die angemessenen Bedürfnisse der Kinder, wozu auch die besonderen Bedürfnisse des Thronerben zählen.

2. Ob der Prinz und die Prinzessin von Wales einen Ehevertrag geschlossen haben oder nicht. Wenn das der Fall ist, was wurde darin vereinbart? Enthielt der Vertrag auch Vereinbarungen darüber, was im Falle einer Scheidung geschehen solle? Hatte die Prinzessin von Wales die Möglichkeit, sich unabhängigen juristischen Rat zu holen, bevor sie ein derartiges Schriftstück unterzeichnete, oder wurde sie vor ein *fait accompli* gestellt?
3. Welche finanziellen Ressourcen besitzt Prinz Charles, sowohl auf seinen eigenen Namen wie auch aus seinem Anteil am Herzogtum Cornwall?
4. Wie sehen die finanziellen Verhältnisse der Prinzessin von Wales aus?
5. Was sind in Zukunft ihre angemessenen Bedürfnisse?
6. Würde eine Scheidung das Ende ihres öffentlichen Lebens bedeuten?
7. Wie sind die Bedürfnisse hinsichtlich der Wohnqualität und der angemessenen Sicherheit der Prinzessin für sich und die Kinder einzuschätzen?
8. Wie sind die Geschenke, die während der Ehe gemacht wurden, zu berücksichtigen, und vor allem, inwieweit stellen sie persönliche Geschenke Staatsgeschenke dar?
9. Besteht die Möglichkeit einer Erbschaft, und hat eine der Parteien irgendwelche Anteile an irgendwelchen Regelungen?

Was ist bekannt oder kann vernünftigerweise geschätzt werden?

Prinz Charles hat das Recht auf Einkünfte aus dem Herzogtum Cornwall, jedoch nur bis zu seiner Thronbesteigung. Er hat keinen Anspruch auf das Kapital. Die Jahresabschlüsse des Herzogtums Cornwall legen nahe, daß das Vermögen des Herzogtums 90 Millionen Pfund übersteigt und die Nettoeinkünfte knapp 4 Millionen Pfund ausmachen. Prinz Charles hat angedeutet, daß er formell beginnen wird, sein Einkommen mit einer Rate von 40 Prozent zu versteuern, wenn er auch Ausgaben, die im Rahmen seiner offiziellen Verpflichtungen anfallen, absetzen wird. Vor kurzem wurde ferner berichtet, daß das Herzogtum Cornwall dem Prinzen Highgrove für die

Summe von 3 Millionen Pfund abgekauft hat; folglich müßte sein persönliches Vermögen zumindest in Höhe dieses Betrags liegen. Man muß davon ausgehen, daß er noch über weiteres Privatvermögen verfügt, das er im Laufe der Jahre durch die Einkünfte aus dem Herzogtum Cornwall und anderen Quellen erworben hat. Auch darf man nicht vergessen zu erwähnen, daß sich seine finanzielle Situation bei der Thronbesteigung radikal verändern und er einer der reichsten Männer der Welt sein wird.

Die Prinzessin von Wales

Über ihr Vermögen ist wenig bekannt. Es wird berichtet, die Prinzessin habe knapp 100 000 Pfund erhalten, als sie ihr Apartment in Coleherne Court kurz nach ihrer Verheiratung verkaufte. Sie ist auch unumschränkte Begünstigte nach den Bestimmungen im Testament ihres Vaters. Ihren Schmuck hat man auf einen Wert von ungefähr 20 Millionen Pfund veranschlagt. Wem der Schmuck eigentlich gehört, ist nicht ganz geklärt, vor allem, ob der Schmuck der Prinzessin von Wales persönlich überlassen wurde, oder ob er ein Staatsgeschenk darstellt, das sie in Wirklichkeit treuhänderisch verwaltet. Alle Ausgaben der Prinzessin werden im Augenblick von Prinz Charles mit seinen Einkünften aus dem Herzogtum Cornwall bestritten; sie lebt mit freundlicher Genehmigung der Königin in einer mietfreien Suite im Kensington-Palast.

Wie würde das Gericht die Ansprüche der Prinzessin von Wales behandeln?

Der Matrimonial Causes Act von 1973, das Ehegesetz, schreibt vor, welche Dinge das Gericht berücksichtigen muß, bevor es eine Entscheidung fällt. Als erstes muß das Wohlergehen der minderjährigen Kinder in der Familie berücksichtigt werden, die noch nicht achtzehn Jahre alt sind. Das Gericht müßte deshalb die Situation der Prinzen William und Harry erwägen, um sich zu überzeugen, daß bei einer finanziellen Regelung die Vereinbarungen für die Kinder angemessen sind. Das Gericht würde folglich die Situation der Kinder und vor allem die des Thronerben berücksichtigen. Einige andere Fragen, die das Gericht per Gesetz berücksichtigen muß, sind folgende:

1. Einkommen, Renditen, Grundbesitz und andere finanzielle Ressourcen beider Parteien und dazu die mögliche angemessene Steigerung der Renditen einer jeden Partei, die man erwarten kann.
2. Die finanziellen Bedürfnisse, Verbindlichkeiten und Verpflichtungen, die jeder der Ehepartner in absehbarer Zukunft hat oder wahrscheinlich haben wird.
3. Der Lebensstandard, den die Familie vor dem Scheitern der Ehe hatte.

Es ist interessant zu bedenken, daß das Gesetz 1984 geändert wurde. Bis dahin mußte das Gericht den Anspruchsteller soweit wie möglich in die gleiche Lage versetzen, in der er oder sie vor der Scheidung gelebt hatte. Das wäre eine weitaus höhere Verbindlichkeit gewesen und hätte bedeutet, daß das Gericht verpflichtet gewesen wäre, den Lebensstandard der Prinzessin von Wales zu prüfen und zu erhalten, wohingegen es heute nur ihren Lebensstandard vor der Scheidung berücksichtigen muß und beispielsweise entscheiden kann, dieser sei zu hoch gewesen.

Das Gericht ist auch verpflichtet, das Alter der Parteien, die Dauer der Ehe und das Verhalten beider Parteien einzubeziehen, wenn das Verhalten so ist, daß es nach Meinung des Gerichts ungerecht wäre, es nicht zu berücksichtigen. Es ist bereits weiter oben erklärt worden, daß das Verhalten ungeheuerlich gewesen sein muß, wenn es auf eine finanzielle Regelung Einfluß haben soll, und es gibt nichts, das bei dem Prinzen von Wales oder der Prinzessin von Wales nahelegen würde, daß ihr Verhalten in dieser Hinsicht von Relevanz wäre. Das Gericht ist außerdem verpflichtet, zu erwägen, ob es zwischen den Parteien jetzt oder in der Zukunft einen endgültigen Abbruch der Beziehungen geben sollte.

Berücksichtigt man all diese Fragen, so hat die Prinzessin von Wales offenkundig einen sehr beträchtlichen Anspruch, der in großem Maße auf ihren angemessenen Bedürfnissen gegründet sein wird. Diese könnten befriedigt werden durch:

a. eine Auszahlung von Kapital zur Deckung des Kaufpreises für ein oder mehrere Häuser und zur Investierung des Restbetrags, damit der Prinzessin ein Lebensunterhalt und dazu eine angemessene finanzielle Unterstützung für die Kinder sicher sind;

oder

b. eine Auszahlung (nicht so hoch wie bei a.) zur Deckung des
   Kaufpreises für ein Anwesen und zur Schaffung eines
   finanziellen Polsters, verbunden mit einer Unterhaltszahlung für die Prinzessin und einer angemessenen finanziellen
   Unterstützung für die Kinder;
c. am wenigsten attraktiv wäre für die Prinzessin die Bereit-
   stellung einer kostenlosen Wohnung plus Unterhalt und
   finanzielle Unterstützung für die Kinder.

Das Gericht ist verpflichtet, den endgültigen Abbruch der
Beziehungen in Betracht zu ziehen; so das Vermögen angemessen hoch ist, wird das Gericht stets diese Richtung einschlagen
und versuchen, die Finanzen der beiden Parteien vollkommen
zu trennen, um zukünftige Auseinandersetzungen soweit wie
möglich zu vermeiden. Ist es folglich möglich, einen Geldbetrag
aufzubringen, der die unter a. angeführten Forderungen erfüllt?
Mit anderen Worten, der Prinzessin ein Haus oder mehrere
Häuser zu geben und noch ausreichend Kapital zu lassen, das
dann Einkünfte abwerfen würde, mit denen die Prinzessin
einen angemessenen Lebensstandard halten könnte. Das Gericht wird bei der Festsetzung des Geldbetrags, der zu zahlen
wäre, nicht danach streben, der Prinzessin von Wales eine so
hohe Summe zuzusprechen, daß sie von den Kapitalzinsen
leben und das Kapital selbst nach ihrem Tod an ihre Erben
weitergeben könnte. Es würde ins Auge fassen, eine niedrigere
Summe bereitzustellen, so daß das Kapital zum Zeitpunkt ihres
Todes aufgebraucht wäre. Die Gerichte wenden manchmal zur
Festsetzung dieser Summe eine Berechnung an, die Duxbury
Calculation genannt wird. Das ist keine exakte Berechnung,
und bei jedem Fall kommt es auf die jeweiligen speziellen
Umstände an. Dennoch könnte man zum Beispiel sagen, daß
eine Frau von zweiundvierzig Jahren, die das Recht hat, ein
Jahreseinkommen von 100 000 Pfund zu erwarten, von einem
Betrag in Höhe von mehr als 2 Millionen Pfund ausgehen
könnte. Diese Summe würde auf einer Lebenserwartung von
noch neununddreißig Jahren gründen. Das Gericht würde
normalerweise nicht diese Art Regelung für jemanden anstre-
ben, der noch so jung ist wie die Prinzessin von Wales.
Gewöhnlich würde das Gericht sagen, daß jemand in ihrem

Alter in der Lage sein sollte, in Zukunft für sich selbst zu sorgen oder selbst einen Teil zum Unterhalt beizutragen, sobald die Kinder nicht mehr von ihr abhängig sind. Es gibt offenkundig zahlreiche Gründe für die Behauptung, daß dies im Fall der Prinzessin von Wales kein angemessenes Argument sei, und ich bin sicher, daß ihre Berater auf die größtmögliche Summe drängen werden. Das Gericht würde außerdem die Frage des Schmucks der Prinzessin in Erwägung ziehen, und ob er berücksichtigt werden sollte, zusammen mit ihrem frei verfügbaren Anteil am Anwesen ihres Vaters.

Es wurde berichtet, daß die Prinzessin von Wales in London ein Haus im Wert von zwischen 2 und 5 Millionen ins Auge gefaßt hat. Auf der Basis, daß das Anwesen ausreichend groß sein müsse, um ihren Mitarbeitern Platz zu bieten und auch ihr selbst und den Kindern eine angemessene Privatsphäre und Sicherheit zu bieten. Obwohl die Aktiva des Herzogtums Cornwall mehr als 90 Millionen Pfund betragen, hat Prinz Charles allerdings keinerlei Anrecht auf dieses Kapital, und das Gericht könnte folglich Prinz Charles nicht zwingen, etwas von diesem Geld der Prinzessin von Wales auszuzahlen. Ihre Kapitalansprüche könnten sich nur auf das Vermögen von Prinz Charles beziehen, und obwohl wir wissen, daß er infolge des Verkaufs von Highgrove über 3 Millionen Pfund verfügt, ist ungewiß, wieviel er sonst noch besitzt. Dennoch kann das Gericht gewillt sein – da er mit nahezu hundertprozentiger Sicherheit den Großteil des Vermögens seiner Mutter erbt, sobald er König wird –, der Prinzessin praktisch das Ganze auf Charles' Namen laufende Kapital zuzusprechen.

Prinz Charles erhält jedoch ein Jahreseinkommen in beträchtlicher Höhe, und deshalb würden seine Berater vermutlich argumentieren, daß eine finanzielle Regelung von einer relativ niedrigen Bargeldsumme in Verbindung mit einer Unterhaltsleistung, die für die Dauer ihres Lebens oder bis zu ihrer Wiederverheiratung gilt, ausgehen sollte. Aus der Sicht der Prinzessin von Wales betrachtet, wäre ihr klar, da die Höhe der Unterhaltsleistung stets variabel ist, daß im Falle einer Veränderung ihrer Lebensumstände die Möglichkeit bestehen könnte, daß der Unterhalt verringert oder eingestellt wird, wenn sie wieder heiraten sollte.

Die Festlegung der Unterhaltszahlung würde sich nach dem

Einkommen von Prinz Charles richten, das, nach Abzug der Steuern, mindestens 3 Millionen Pfund im Jahr betragen würde. Die Unterhaltsansprüche einer Frau belaufen sich zumeist auf ungefähr ein Drittel der Nettoeinkünfte des Mannes, vorausgesetzt, sie hat kein eigenes Einkommen. Prinz Charles erhält keinen Zuschuß aus der Zivilliste, und deshalb werden seine Berater sein Nettoeinkommen um die Kosten seiner öffentlichen Verpflichtungen reduzieren wollen. Diese wurden von königlichen Beobachtern auf ein Minimum von 1 Million Pfund geschätzt, obwohl darin auch einige Ausgaben der Prinzessin von Wales eingerechnet sein können. Zieht man die Einkommensteuer und den fiktiven Betrag von 1 Million Pfund für offizielle Verpflichtungen ab, verbleibt ein Nettoeinkommen von annähernd 2 Millionen Pfund. Folglich hätte die Prinzessin auf der Basis der Ein-Drittel-Rechnung einen Unterhaltsanspruch von ungefähr 660 000 Pfund. Das Gericht würde außerdem festzustellen versuchen, was für sie angemessene Bedürfnisse sind, und falls diese weniger als ein Drittel seines Nettoeinkommens ausmachen würden, könnte sich ihr Anspruch verringern.

Es ist schwierig, die Bedürfnisse der Prinzessin von Wales zu bewerten. Prinz Charles hat angeben, daß er jährlich für ihre »Körperpflege« 160 000 Pfund ausgebe. Rechnet man zu diesem Betrag die Kosten für die Haushaltsführung hinzu, so kommt offensichtlich eine Riesensumme zusammen, obwohl die Kosten ihres Haushalts sehr stark von ihren offiziellen Verpflichtungen und auch davon, wie viele Häuser er umfaßt, abhängen. Ihre Berater werden diese Kosten festsetzen und maximieren, während die Berater von Prinz Charles zu zeigen versuchen werden, daß das Budget der Prinzessin zu hoch sei und ihre Bedürfnisse reduziert werden müßten. Es ist schwer zu erkennen, wie ein Jahreseinkommen, das 500 000 Pfund übersteigt, gerechtfertigt werden könnte.

Prinz Charles, und in gewissem Grad auch die königliche Familie, vor allem die Königin, müßten außerdem die besondere Situation der Prinzessin von Wales berücksichtigen und daß sie dem Anschein nach in der Lage sein muß, einen angemessenen Lebensstandard zu halten, der der Mutter des Thronerben entspricht. Folglich könnte die Königin erwägen müssen, Prinz Charles mit einer beträchtlichen Summe auszuhelfen, damit die Regelung überhaupt eingehalten werden kann. Die Königin könnte bereit sein, die Vereinbarung einer Regelung in Erwägung zu ziehen, bei der die Prinzessin eine Leibrente aus einem Fonds bezöge, der ihr unter der Bedingung ein Haus stellt, daß der Fonds an ihre Kinder fällt, wenn sie stirbt oder wieder heiratet. Ohne die Hilfe seiner Mutter hat Prinz Charles anscheinend nicht das Kapital, um die Bedürfnisse der Prinzessin zu befriedigen und einen klaren Bruch zu bewirken.

Die finanziellen Verhandlungen werden unweigerlich geheim bleiben, und es ist höchst unwahrscheinlich, daß das Gericht gebeten wird, die finanziellen Ansprüche der Prinzessin von Wales zu regeln. Die Publicity wird trotzdem eine interessante und möglicherweise wichtige Frage sein. Solange die Prinzessin sich die Zuneigung der Öffentlichkeit erhalten kann, ist ihre Verhandlungsposition sehr stark. Sollte sich die Meinung der Öffentlichkeit über sie wandeln, kann dies sich direkt und negativ auf die Höhe ihrer Ansprüche auswirken.

Fassen wir zusammen: Bei den finanziellen Verhandlungen befindet sich die Prinzessin von Wales in einer verwundbaren Position wegen:
1. ihres Wunsches, ihren Einfluß auf die Kinder und insbesondere das uneingeschränkte Recht zu behalten, die Kinder großzuziehen;
2. ihres zu vermutenden Wunsches, sich in der Öffentlichkeit ein angesehenes Image und möglicherweise in gewissem Grad ein öffentliches Leben und die Anerkennung als Mutter des Thronerben zu erhalten;
3. des Bedürfnisses/Wunsches, einen kostspieligen Lebensstil unabhängig von der königlichen Familie beizubehalten.

Ihre größten Vorteile sind:
1. Sie könnte beschließen, Prinz Charles auf der Grundlage des Ehebruchs zu verklagen und eine finanzielle Regelung vor Gericht zu erkämpfen.
2. Wenn sie sich abwartend verhält und nichts unternimmt, besteht die Möglichkeit, daß sie eines Tages Königin von England wird.
3. Sie könnte drohen, ihren Schmuck zu verkaufen, da ihre

finanziellen Bedürfnisse nicht befriedigt werden. Das könnte möglicherweise für Prinz Charles eine unangenehme Publicity zur Folge haben, vorausgesetzt, ihre Forderungen werden nicht als unerhört empfunden.

Die größten Vorteile von Prinz Charles sind:
1. Anscheinend kann er nicht über ein großes Kapitalvermögen verfügen und wäre deshalb nicht in der Lage, eine enorme einmalige Abfindung zu bezahlen.
2. Beim Tod seiner Mutter wird er einer der reichsten Männer der Welt werden, und deshalb ist er vermutlich in einer Situation, in der er seine Mutter überzeugen kann, ihm bei einer finanziellen Regelung unter die Arme zu greifen, um zu einer Abwicklung zu kommen, die für die Prinzessin von Wales akzeptabel wäre.

Prinz Charles ist verwundbar, weil:
1. hinsichtlich der Verfassung seine Berater bestrebt sein werden, die Situation der Prinzessin von Wales zu entscheiden, bevor Prinz Charles König von England wird;
2. er natürlich den Wunsch hat, seinen Einfluß auf die Kinder zu behalten;
3. er in bezug auf die finanzielle Regelung nicht als gemein gegenüber der Prinzessin von Wales dastehen will;
4. weil er eine negative Publicity soweit wie möglich vermeiden wollen wird.

Auf der Grundlage, daß ein endgültiger Bruch erzielt wird und die Prinzessin von Wales in der Lage ist, einen jährlichen Bedarf an Nettoeinkünften in Höhe von oder von knapp 500 000 Pfund nachzuweisen, würde ich davon ausgehen, sie wäre bereit, eine einmalige Abfindung in Höhe von ungefähr 15 Millionen Pfund in Betracht zu ziehen.

GEOFFREY WATERS
Scheidungsanwalt und Partner
von Wedlake Bell Solicitors